手把手教你做

指数投资

指数基金+公司组合

张 强◎著

雪球ID：指数基金

中国铁道出版社有限公司

CHINA RAILWAY PUBLISHING HOUSE CO., LTD.

图书在版编目（CIP）数据

手把手教你做指数投资：指数基金＋公司组合 / 张
强著 . —北京：中国铁道出版社有限公司，2021.7
ISBN 978-7-113-27391-0

Ⅰ．①手… Ⅱ．①张… Ⅲ．①股票投资－基本知识
Ⅳ．① F830.91

中国版本图书馆 CIP 数据核字（2020）第 216640 号

书　名：**手把手教你做指数投资：指数基金＋公司组合**
　　　　SHOUBASHOU JIAO NI ZUO ZHISHU TOUZI: ZHISHU JIJIN+GONGSI ZUHE
作　者：张　强

责任编辑：吕　芰　　　　编辑部电话：(010) 51873035　　　　邮箱：181729035@qq.com
编辑助理：张　明
封面设计：宿　萌
责任校对：苗　丹
责任印制：赵星辰

出版发行：中国铁道出版社有限公司（100054，北京市西城区右安门西街 8 号）
印　　刷：北京柏力行彩印有限公司
版　　次：2021 年 7 月第 1 版　2021 年 7 月第 1 次印刷
开　　本：700 mm×1 000 mm　1/16　印张：17.5　字数：204 千
书　　号：ISBN 978-7-113-27391-0
定　　价：59.00 元

序言

巴菲特十次以上推荐普通投资者选择低成本的指数基金，因为指数基金最适合没有经验的普通投资者。据统计，全球指数基金长期年化收益率在一成左右，在中国证券市场成立的指数基金也是这样。

指数基金跟踪的指数包括上证指数、深成指数、沪深300指数等。最早一批上市的指数基金，华夏上证50ETF（510050）从2005年年初至2020年年末收益是5.7倍，年化收益率是11.5%。易方达深证100ETF（159901）从2006年3月至2020年年末收益是7.7倍，年化收益率是14.8%。华安上证180ETF（510180）从2006年4月至2020年年末收益是4.89倍，年化收益率是11.4%。华夏中小板ETF（159902）从2006年6月至2020年年末收益是4.94倍，年化收益率是11.6%。在这十多年间，持有这些指数基金的年均收益率是一成多些。2010年以来，指数基金的品种越来越多，如果用好一些基本面类的策略指数，收益率会更高。

指数基金中的成分股票几经变迁，见证着中国上市公司的发展变化。上证50ETF的成份公司经历了从招商银行、浦发银行、中信证券，到中国神华、中国平安、兴业银行，再到民生银行、海通证券、交通银行的变化过程，为数不多的公司如招商银行一直榜上有名。到2020年末，上证50ETF成分股权重的前十名是贵州茅台、中国平安、招商银行、恒瑞医药、兴业银行、中国中免、伊利股份、中信证券、隆基股份和三一重工。深成100ETF的成分公司经历了从万科A、五粮液、平安银行，到苏宁云商、盐湖股份、中兴通讯，再到西山煤电、格力电器、潍柴动力的变化过程，为数不多的公司如万科A和五粮液一直榜上有名。到了2020年末，深成100ETF成分股权重的前十名是五粮液、美的集团、宁德时代、格力电器、立讯精密、东方财富、万科A、海康威视、迈瑞医疗和泸州老窖。同样，上证180ETF和中小板ETF这些指数，都见证着中国各种类型的上市公司的发展变化。

指数基金是永续的，有着自动优胜劣汰的功能。指数基金投资者的长期收益在扣除低廉的基金管理的成本费用之后，是可以跑赢八成以上的投资者的投资收益的。

指数基金属于公募基金的一种。公募基金从1998年成立至2017年的20年间，标准股基、混合偏股、封闭偏股的平均年化收益率分别为17.08%、16.9%、12.59%。标准债基、普通债基平均年化收益率分别为3.72%、6.75%。20年间股票指数、基金都实现了盈利，为什么多数股民、基民亏损累累？为什么2007年没有几只股票下跌，却有四成的股民亏损？2011至2013年，很多投资者开始销户和赎回基金，九成以上的证券账户成了休眠账户，但在2015年投资者们为何又开始疯狂的抢购？穷其原因，无非是市场的涨跌变化造成了投资者的追涨杀跌，他们把运气当作能力，被情绪控制，一轮轮牛熊周期下来，最后实现盈利的投资者寥寥无几。

从不成熟到成熟，从不会辨别市场上各种鱼龙混杂的方法策略到逐渐摸清适合自己的方法策略，建立自己的投资体系，需要一个过程，需要经历牛熊循环，需要试错很多次，才能到达彼岸。

在资本市场里面，既有一赚二平七亏的规律，也有指数基金长期年化收益率一成左右的规律。资本市场是一个人性规律和市场规律交织的复杂体。我们要探索的是如何从市场这个复杂体中规避人性的弱点，适应和遵循市场的规律，从而实现可观的长期稳定的复利。

有了指数基金是二平起点的概念，我们可以通过策略指数基金和自建公司组合的方法提升收益，争取年化超额收益率5%，即争取做到年化收益率15%左右。基本面类的策略指数包括价值因子、红利因子、低波因子、质量因子等，如今，策略指数基金越来越多，有单因子构成的策略指数基金，也有多因子构成的策略指数基金，这些都可以成为我们投资的工具。

通过低估的优秀的公司，做一个指数化的公司组合，争取年化超额收益率一成，即年化收益率20%左右。这个数据不是凭空而来的。如东博老股民、小小辛巴、陶博士、股海十三年、草帽路飞、闲来一坐话投资、Lagom、富捷等雪球老师公开的组合，长期年化超额收益率都在一成多，年化收益率两三成，十年达成了十倍的收益。这在价值投资中是比较高的收益率了。这需要独立思考能力和一定的能力圈。研究能力再资深的高手，如茅台03、风生水起老师的投资体系，年化收益率六成以上，做出了十年百倍的业绩，是价值投资的极限了。资深高手的投资理论可以供我们投资者研究学习和实践，真正能做出来怎样的业绩，要看我们投资者的能力圈和悟性了。

普通投资者做到年化收益率15%，十年四倍，已经非常不错了。这可以分解成两个五年翻番两次实现。如果想提高到年化收益率26%，十年十倍，则可以分解成两个五年，每五年三倍多。一个优秀的上市公司，未来年均利润两成以上，在估值偏低时买入，理论上未来也可以达到年均两成以上的业绩。我们做到每年超额收益率一成，那么七年仅凭超额利润即可翻倍。当然，这些是要建立在一定的能力圈之上的，只有真正理解公司估值和成长因素，具有一定的商业和人性的认知力、洞察力的投资者，才能够做到。即使这样，也不可能保证买卖的每个公司都能盈利。所以进行相对集中、适当分散的持仓，能力再放宽一些，就有了低估分散不深研的类指数化的公司组合。

我的能力圈是用指数基金和指数化投资的方法做公司组合。

第一，用普通指数基金进行资产配置。

第二，用策略指数基金争取超额收益。

第三，用指数基金的逻辑构建公司组合，进行指数化投资。

这样利用多策略的方式既能避免利用一个策略在一定的阶段满盘皆输的局面发生，又能实现稳定的超额收益，争取长期复利收益最大化。

本书的前言部分，谈到了理财投资的必要性、股票和指数基金的长期安全性和如何取得复利，介绍了理财投资的复利价值要在安全性的基础上取得。投资股票和指数基金可以使得长期投资者取得可观的复利收益。本书的第一章介绍了开源节流的方式，是我们投资者积攒资产的第一步。第二章介绍了如何用股票账户和基金账户进行全球资产配置。第三章开始介绍用指数基金和股票组合进行资产配置。第四章、第五章、第六章进行指数基金介绍、策略指数基金介绍和用指数基金逻辑构建公司股票组合的方法的介绍，教你做好资产配置、持有可以穿越牛熊的优秀标的，以及与长期持有资产配置组合相匹配的心理认知。了解市场规律和人性规律是非常重要的，走出心理误区，是投资取得成功的必要条件。第七章是详细解答了定投的相关问题。有了开源节流的资金，有了投资的工具和标的，在定投中也要用好估值方法，在合适的时机定投合适的标的。第八章是手把手教你构建你的价值投资体系、做好资产配置，规划美好人生。长期优秀的组合带来长期稳定的复利，指数基金可以用于做出家庭规划，可以用于做未来的养老金和教育金的规划。

最后，需要感谢所有在笔者写作期间提供帮助的人和公司，尤其是中证指数有限公司，本文介绍中证指数产品的资料均授权于中证指数公司官方网站。理财是一种生活方式，理财就是理人生。做好资产配置，规划美好人生。

张强

前言

　　随着财富的日益积累，通过理财实现财富的保值、增值，是人们日常生活必不可少的一部分。人们的财富管理有着非常重要的两个环节：消费和投资。消费是人类收入的原动力，投资是人类未来生活的保障。取得收入后要懂得合理运用，要懂得开源节流、合理投资、理性消费。所以，理财就是理生活，理财也是人生规划的一个重要部分。

　　理财为人们未来生活提供了一份安全保障，在英文中"security"既有价证券的意思，也有安全保护的意思。"secure"也可以当作保险。"stock"（股票）一词也有常备的存货的意思。"fund"（基金）一词也是储备。把节约下来的"savings"（银行储蓄）储备起来当作存货，以保障未来生活的安全。

　　为什么要存成有价证券作为未来的安全保障？因为有价证券有保值增值和抵抗通货膨胀的功能。投资有价证券是把现金变成了资金，进入了可以产生价值并能够增值的经济运行环节。储蓄存款不能增值，等于借给了银行，但银行拿到储蓄存款后可以通过投资实现增值，储户也可获得一小部分的利息作为借款补偿。

　　经济增长需要印发货币，货币的印发除了满足经济增长的需求之外还有可能造成通货膨胀。不做理财，财富就会被稀释。跑赢M2（广义货币：M1+非金融性公司的定期有效+储蓄存款+其他存款+证券公司客户保证金+住房公积金中心存款+非存款类金融机构的存款）财富基本上不会被稀释；跑赢GDP（国内生产总值）相当于跑赢了社会平均水平；跑赢了CPI（通货膨胀），生活质量不会下降。所以，跑赢通货膨胀是最基本的要求。

无论跑赢哪类标准，理财都是为了资产配置收益的最大化。一般来说，资产的收益性、安全性和流动性三者不可兼得。

具备安全性和流动性的资产，收益性一定会低一些。如货币基金、逆回购、短期债券产品、银行理财产品等，这些产品专门投向风险小的货币市场、期限短的债券市场，或者做组合配置取得稳定收益。

具备安全性和收益性的资产，流动性一般会差一些。债券中的长期债券，与短期债券相比，它的利率风险、信用风险要大一些，流动性要低一些，因此收益也相对高一些。有的债券基金可以投资可转债和股票，混合型基金持仓的债券和股票的比例范围更灵活，股票型基金以及指数基金需要近似满仓投资一篮子股票，该类基金收益最高，但风险也最大。这种风险是波动的风险，不是安全性的风险。后面我们会提到资本市场的各类资产的长期收益率，股票指数的收益率是最高的。但是，这是在牺牲流动性的基础上获得的安全性和收益性，而股票市场的表象是流动性比较好，可是如果资金期限不匹配，不能穿越牛熊周期，就会与长期复利的实质相反。从长期持有的复利角度来比较，股票型基金比债券型基金波动大、收益高，如下图所示。

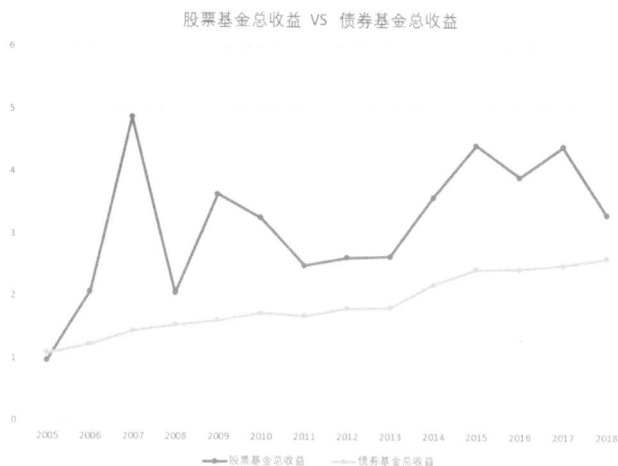

股票基金总收益 VS 债券基金总收益

具备流动性和收益性的资产，安全性一定会差一些。近些年来，随着理财意识提高，人们陆续将富余资金投入资本市场，但是，资本市场中往往充斥着一些金融乱象和庞氏骗局。中国银行保险监督管理委员会主席郭树清做主旨演讲时表示，在打击非法集资过程中，要努力通过多种方式让人民群众认识到，高收益意味着高风险，年化收益率超过6%的就要打问号，超过8%的就很危险，10%以上就要准备损失全部本金。2018年，互联网金融的倒闭潮，甚至还波及债券产品，使得几只债券基金腰斩，这些也给了我们深刻的教训。正如2008年的美国次贷危机，一些高杠杆的固定收益类产品出现了挤兑，好多公司因此倒闭。这也说明，要取得流动性和收益性，安全性一定会降低。如果有流动性和收益性的承诺，要么是庞氏骗局，要么是不能刚性兑付，不能做资金池的产品，因为这种产品发生挤兑的风险很大。这不是波动的风险，而是本金部分或者全部损失的风险。

理财的目标虽然是争取资产配置收益的最大化，但也必须注意以下几点。第一，安全性是必须保证的。有了安全性才能保证长期复利的可持续性。第二，在安全性的基础上或是追求收益的最大化，或是追求流动性但适当降低收益性的要求。追求收益的最大化，必须承受波动的风险，长期持有指数基金可以达成目标。追求流动性、降低收益，可以做一些货币基金、逆回购、短期债券产品、银行理财产品等，定期拿回，既不影响使用又可以获得稳定的收益。所以，在安全性的基础上进行资产配置，最重要的是要清楚持有的期限，防止资金期限错配。

全球指数的长期年化收益率在一成左右，做得好的巴菲特、彼得·林奇长期年化收益率在一成以上。巴菲特有着宁可要波动起伏的15%的回报，也不要四平八稳的5%的回报的理念。这种理念也更符合长期投资者的根本利益。

2017年，巴菲特预计道琼斯指数将逼近10万点。在20世纪，道琼斯工业指数从66点涨到了11497点，到了2016年年底，道指已经进一步增长到了19763点。

在20世纪，道琼斯工业指数上涨了近200倍，年化收益率也就是在5%。道琼斯指数从不到百点上涨到如今，经历了1929年的经济危机、两次世界大战、石油危机、海湾战争、纳斯达克指数泡沫破灭、21世纪的金融危机，从长期来看，它似乎把一切的"坎坷"都踩在了脚下。实际上，道琼斯指数也在不断"新陈代谢"，随着2018年通用电气被剔除出指数，最初构成指数的20家上市公司，一家也不剩了。但指数是可以永续的。

与道琼斯指数相比，标普500指数和纳斯达克指数的年化收益率会高一些。标普500指数主要选取作为行业领导者的公司，长期ROE好的公司更容易入选到指数里面。标普500指数是从1957年开始编制的，以1941年至1943年为基期，起始点是10点。截至2018年年末标普500是2506.85点，年化收益率是8.5%左右。标普500指数是价格指数，算上标普500平均股息率（2%~2.5%），标普500在过去的77年里给投资者带来10%~11%的年化收益率。纳斯达克1971年成立，纳斯达克指数的基本指数是100点，截至2018年年末是6635.28点。48年66倍，年化收益率是9%左右。算上纳斯达克的平均股息率，指数年化收益率为11%左右。

巴菲特称，"几乎可以肯定的是，美国企业及其对应的一篮子股票，未来的价值终将会远超过现在"。创新、生产力提高、企业精神及丰富的资本等因素将会促成这一结果。未来几年主要市场有可能下跌，甚至恐慌可能会时有发生，这将影响到所有股票。但"财富的积累可能会时不时被短暂地打断，却不会被停止。每隔10年左右，乌云就会笼罩在经济的上空，随后便会下起金子雨"，在倾盆大雨到来之际，"我们要马上拿起大洗衣盆冲出去，而不是茶勺，这就是我们要做的"。所以，巴菲特多次建议投资者坚持投资低成本的指数基金。

同样，恒生指数以1964年7月31日基数日，基数点是100点，到了2018年年末，恒生指数是25845.70点。55年的年化收益率是10.5%左右。到了2018年年末，恒生指数算上股息率的全收益指数是72232.22点，是基数的720倍左右，年化收益率是12.7%。恒生中国企业指数1994年是1000

点，2018年年末是10124.75点，24年收益10倍，年化收益率是10%。恒生中国企业指数算上股息率的全收益指数是19657.04点，24年收益20倍，年化收益率是13.5%左右。

沪深市场的沪深300指数和中证500指数在2004年年末都为1000点。截至2018年年末，沪深300指数是3010.65点，14年3倍，年化收益率是8%左右。沪深 300全收益指数是3755.91点，14年3.8倍，年化收益率是10%左右。中证500指数是4168.04点，14年4.2倍，年化收益率是11%左右。中证500全收益指数是4634.46点，14年4.6倍，年化收益率是11.5%左右。

市场指数一般是价格指数，价格指数是不含分红的，当成份公司有了分红，指数自动下滑。所以，用全收益指数计算收益比较客观。指数基金在成份公司分红后，构成基金累计净值的一部分，会定期、不定期地分给投资者。

那么，为什么有的指数不涨或涨幅落后？为什么投资指数的市场投资者大部分仍然是一赚二平七亏？

指数是长期上涨的，在上涨的过程中，由于指数的编制不同，指数和指数之间也就存在很多不同。比如，上证指数2009年前很多超级大盘股IPO发行上市，在高位纳入了指数后，开始下跌从而影响了指数，但从2009年至2015年上证指数和深成指数的涨跌没有差别那么大了。2015年5月20日，在中小创业板热火朝天的时候，深成指数成份公司数量从40只扩容到了500只，以便更好地反映深圳市场的变化。所以，从中小创业板泡沫破灭后，深成指落后于深证100指数，上涨没有多少，下跌却没落下。没有进行再次编制的深证100指数，比较客观，没有出现跟跌不跟涨的情况。

指数之间也是不同的，例如沪深300指数和标普500指数。沪深300指数时涨时跌，标普500指数经历下跌再慢慢上涨。但在20年的涨跌尺度比较中，又是另外一个样子。美国成熟市场和新兴市场的涨跌经常是十年河东、十年河西。下图是30年来上证指数和标普500指数的比较图。

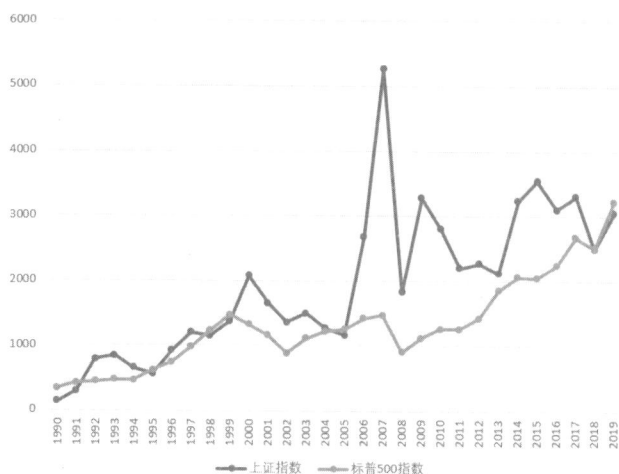

那为什么还会一赚二平七亏？这是投资者的错误投资策略造成的。指数基金有着低廉的管理费、托管费，而且基金运作透明、基金交易少，所以可以跟踪指数，长期坚持也能跑赢八成以上的市场参与者。如果频繁交易，高昂的费用会使收益损失一些。如果情绪化交易高买低卖，负价差也会使本金损失一些。一些错误投资倾向导致了即使在涨跌平稳的成熟市场，散户的长期年化收益率也仅在2%左右。因此，不要在高估了的时候进入，也不要频繁操作。我们要把资产当成资产而非筹码，这样就可能避免一些比较普遍的错误。易方达消费基金经理萧楠透露，自己管理的基金，大部分持有人投资时间非常短，有近四成的客户拿了不到90天就卖出，平均收益只有3%，而能坚持持有5年的客户只有0.4%，却赚了245.95%！拿不住，即使是非常好的标的，不涨，或者涨得太慢，还有业绩不佳、负面报道等，每一个都可以成为坚实的卖出理由。正确地做资产配置的方法，将会在后面的章节中详述，书中也进行了长期投资心理分析，介绍如何避免发生这些错误。如果我们知道会失败在哪里，那么我们就不会到那个地方。

第1章
让你的财富池满起来

第2章
该给你的资产做个全球化的配置了

第 3 章
天生一对：指数基金 + 公司股票组合

第 4 章
手把手教你选指数基金

第 5 章
会选还要会买：基本面策略指数基金

第 6 章
用指数基金的逻辑构建你的公司股票组合

第 7 章
资产配置 + 定投指南：指数基金 + 公司组合

第 8 章
做好资产配置与定投，规划美好人生

后记

第 1 章

让你的财富池满起来

第1节　开源——投资的源头

投资是用积累的财富做资产配置实现保值增值。这需要开源获得原始资金，也需要节流守住财富。

很多人开源的途径是工作收入，例如每个月的固定工资收入，业余兼职收入。一般来说，居民收入包括工薪收入、经营净收入、财产性收入、转移性收入等。

提高收入有几种途径。第一，提升做本职工作的能力，提高水平，争取更上一层楼。第二，多读书多深造，如果有更好的发展机会可以通过跳槽增加收入。第三，做好本职工作的同时，充分挖掘自己的兴趣点，充分利用好自己的业余时间，做一名斜杠青年，额外增加几份收入来源。

斜杠青年，来源于英文Slash，出自麦瑞克·阿尔伯撰写的书籍《双重职业》中。现在，斜杠青年指的是不再满足"专一职业"的生活方式，而选择拥有多重职业和身份的多元生活的人群。可以说，现在的年轻人更加懂得如何发掘自己的兴趣，体验人生多种精彩。

斜杠青年具有一些特征，读书多、运动多、懂得时间管理、有决心有毅力挖掘自己的兴趣来深耕自己的专长，从基础做起逐渐成就卓越。

基于自己的兴趣爱好，来选择自己的发展方向，才会保持持久的热情。独立思考、读书学习、用脑做事。投资自己是回报最大的投资。当自己在一定领域有了一定的经验，就可以考虑继续开源了。

知识开源

知识开源是指在兴趣爱好所在领域精进技能。例如，对外语翻译感兴趣，则可以通过提高外语的听说读写译技能，做在线翻译或者现场的外语翻译；对摄影写真感兴趣，则可以学习写心得体会，也可以学习开工作室；对网络授课感兴趣，则可以在专业的领域打造技能做好课件，实现睡后收入，一不留神可能成为网红；手工烘焙爱好者，做蛋糕时乐在其中，非常享受制作过程；写作是一种普通人易于实践的技能之一，对其感兴趣的人可以通过公众号、简书、相关论坛等进行知识分享，通过赞赏功能、接广告和知识付费等形式进行转化获利，有了一定的内容，还可以出版自己的书籍；家庭绘本馆，是一个给孩子们讲解绘本故事、提供亲子阅读活动、提供借阅服务的平台，通常举办类似读书会既可提高知名度，也可以附带销售相关商品。知识开源很广，还有诸如跟妆、影评、书法绘画、动漫设计等都是可以进行知识转化获利。

在任何一个领域，不仅可以实践，还可以把这个领域讲授出来，而且可以卖这个领域的相关产品。拿英语举例，可以当翻译，可以教英语，可以卖英语资料。拿天文举例，可以当野外探路者，在夜空下与人谈天说地，可以教天文知识，可以卖天文相关器械。

时间开源

此类是做钟点工，通过出卖时间获取收入，如果要做到资深，也需要一定的技能，如钟点工、保姆、保洁、兼职司机、跑腿代购、宠物照看等。

资源开源

此类是对已有的资源进行充分利用，实现资源价值最大化。如二手货网上交易、网购代购、房屋短租、开民宿等。

要想通过拥有某项技能、出卖自己的时间、挖掘价值实现资源开源，离不开一条——投资自己。学习是这个时代最有效的提升技能的方式。

以前互联网不发达，资源共享不充分，学习时遇到不会的问题，要么查阅书籍词典，要么到图书馆翻阅资料，要么找到合适的资深专家虚心请教。近年来随着互联网的普及，资源实现了充分共享。现在可以通过自学接触到各行各业的信息，进入各领域进行学习深造，非常便捷。很多高深学科的学习者通过网络自学成才的例子屡见不鲜。随着知识分享做得越来越多，知识、资源和技术不再是孤立闭塞的，而是开放的、对大众共享的。只要肯用心，只要肯努力，通过互联网不仅可以学习到全球范围内的知识课程，还可以方便快捷地搜索到自己需要的知识、资源和技术，从系统的学习、理解领悟，到形成自己的知识体系框架。

制定切实的目标，这里的目标指清晰的、不能太杂的目标。根据SMART原则，目标要具有明确性、衡量性、可实现性、相关性和时限性。比如，学习一门外语，300小时可以掌握初级水平，600小时可以掌握中级水平，1 200小时可以达到高级水平。这是目标的可衡量性。把这些时间分配到几个月，一天学习几个小时，让目标能够实现。学习外语与可以读懂外语书、可以浏览国外TED网站、做翻译工作、教外语或当境外导游等目标是相关的。时限性是指在可完成的时限中分清轻重缓急，先做重要的事情，尽可能不做不重要的事情。

有了目标，自然而然会做时间管理，把兴趣和爱好做得精通的人都是高度自律的人。从建立一个小目标、设置几个微习惯到时间管理，利用纪律来规划人生。

美国著名的精神科医师大卫·霍金斯(Dr. David R.Hawkins)的"能量级别论"研究告诉我们，善的能量级别高，恶的能量级别就低。开悟级别（700~1 000）、平和、喜悦、热爱、理性、宽容、主动、乐观、积极（600、540、500、400、350、310、250、200）都是正能量；骄傲、仇恨、欲望、恐惧、伤悔、绝望、自责、自愧（175、150、125、100、75、50、30、20）都是负能量；如果低于10则是亚健康状态，接近0则无可救药了。

投资人生会拥抱财富。当人生的积极向上的能量越来越多，就会变得积极主动、乐于分享、平和理智、充满爱和喜悦，甚至能够开悟。当能量等级达到250以上的时候，人不用跟着钱跑，钱都会跟着人跑了。

第2节　节流——让你的财富梦想可期

有了目标，就要高效率地专注做有价值的事情，做好重要的事情。从兴趣和爱好出发，按照规划和纪律，做好大方向、大概率的事情。在财富开源阶段，注重打造自身的学习技能和能力、培养兴趣爱好，开始学习定投；当财富积累到了一定阶段，从以定投为主转到以资产配置为主；当工作相对稳定，财富也形成一定的规模了，定投对整体财富的影响很小了，就开始以资产配置为主追求稳定的收益了；当财富充分自由了，可以做好全球大类的资产配置，收益率不用太高，争取每年实现稳定的利润就可以了。下章这部分会详细讲到。

财富形成规模，离不了开源同样也离不了节流。有人说钱是挣出来的，不是省出来的。可是没有良好的消费习惯，即使月收入从2 000元变到20 000元，月光族仍然是月光族。一夜暴富后挥霍破产的例子比比皆是。比如，美国彩票中奖者破产率达到75%，每年12名大奖得主最后9名破产。据美国国家经济研究局的一项调查显示，欧美的大多数头奖得主在中奖后不到5年内，因挥霍无度等原因变得穷困潦倒。因为这些奖金把踏踏实实做事情的心态破坏掉了，最终导致中奖者不仅挥霍掉了钱财，也挥霍掉了好的习惯和好的性格，甚至是挥霍掉了生命。人品决定态度，态度决定行为，行为决定习惯，习惯决定性格，性格决定命运。理财就是理生活，正确的理财可以帮助人们在正确的道路上，修炼出好的品质，如踏踏实实地做事情的心态，有助于形成节流这样的好的理财态度，而节流这样的好的理财态度有助于形成慢慢积累这样的好的理财行为，进而会形成好的理财习惯，最终培养出好的性格，而好性格决定着好的命运。

节流的目标也有利于培养良好的消费习惯。有了良好的消费习惯，不仅会变得淡定、理智、平和，还能积累财富。财富都是积少成多的。比如，每月积攒1 000元，每年也能积攒出12 000元。第一年的12 000元，年化收益率10%，到了30年后就是20.9万元。第二年的12 000元，到了第30年就是19万元。以此类推，每年投入1.2万元，按照年化收益率10%的复利计算，到了第30年会积累到197.39万元。而且，每年的收入在增加，定投数额也可以再增加，最后积累的金额会更多。

节流最重要的是把钱花在刀刃上，有规划地消费，要买必须用到的东西，避免各种炫耀消费、焦虑消费和冲动消费。

节流至少有两层含义。第一，我们的财富是有限的，不能有了钱随便花，要做合理的支出规划。积累资金用于投资，积少成多。第二，要开源也要守得住财。财不入急门，一些五花八门的传销理财骗局，吸引了一批一批的参与者。而且有的参与者被一个传销理财骗局坑了，即便是再跳入另一个坑里，也不肯学习理财知识，弄清理财是怎么回事，懂得资本的实质，利润产生的来源，复利增长是怎么产生的。

我们需要做的是，要有足够的恒心和耐心，勤奋学习，边成长、边反思、边领悟，这也符合能量等级表中的250以上的部分。擅长自我管理的人，也是自律的人，每天读书、运动，会休息、会感恩，能在工作、家庭、人际关系上取得平衡，有着健康的体魄和理财的收获。投资自己，培养爱好，养成好的习惯，这些都会给我们带来精神和物质上的收获。

总之，有了清晰的目标和清晰的规划，再进行合理的把控，就能在良性循环的轨道中前行。所以，理财就是理人生，理财就是理生活，理财就是理梦想！当被动收入大于主动收入，人生就有了自由选择权。不断积累的过程，也是自我磨炼的过程，修身养性，提升自我，把时间花在美好的事物上。理财的态度和方式，一样可以影响时间的消耗，影响人生的规划，甚至影响人生的命运。投资了自己，投资了时间，我们会离梦想越来越近。

当我们有了正确的理财理念和理财习惯，就要趁早理财。如同上面的例子，每年投入1.2万元，按照年化10%的复利计算，到了第30年会积累到197.39万元。如果晚投入5年，那么积累了25年只能积累到118万元，仅为197.39万元的六成。所以，越早开源节流，越有助于积累资金。最好的时间就是当下。

为了更好地积累财富，让我们尽早地从开源节流开始吧！

总结

1. 投资需要开源节流。

2. 根据自己的兴趣爱好，运用多种途径进行开源。

3. 投资自己，提升自己的能量等级。

4. 节流是一种习惯，也是一种生活态度。

5. 开源节流投资理财，先要投资自己，理财就是理自己的人生，实现精神物质双丰收。

第 2 章

该给你的资产做个全球化的
配置了

第1节　根据自身的情况定制自身的资产配置方案

理财的目的是资产保值增值，理财的目标是争取被动收入大于日常生活支出，最终实现财务自由，这其中最核心的问题是如何做好资产配置。资产配置是非常个性化的。因为每个人的经历不同，每个人的需求不同，因此需要根据每个人的年龄、承受风险和波动的能力、现在的存量资产、现在的和未来的收入和支出情况等因素来制订方案。

2018年，养老目标基金开始发行。暂且老年以60周岁为标准，对于20世纪80年代出生的人群，到了2040年就进入了老年阶段；对于20世纪90年代出生的人群，到了2050年就进入了老年阶段。考虑到以上现实情况，2018年，以养老为目标的基金便应运而生了。每只养老目标基金不是一只基金，而是做的一种基金组合，即FOF基金。

基金是以股票、债券等有价证券为投资标的的。而FOF基金是以基金为投资标的的，从中筛选，利用基金做资产配置。

养老目标基金根据每个人的年龄不同、每个人承受风险和波动的能力不同，分为目标日期基金与目标风险基金。

目标日期基金是根据年龄设置的，称为TDF，该类基金是以投资者退休日期为目标，根据不同生命阶段的不同风险承受能力进行投资配置的基金。此类基金假定投资者随着年龄增长，风险承受能力逐渐下降，因此会随着所设定目标日期的临近，逐步降低权益类资产（股票、股票基金、混合型基金等）的配置比例，增加非权益类资产的配置比例。核心是根据不同生命阶段的风险承受能力调整投资配置，年龄越大，经历的牛熊周期越少，越适合把指数基金资产陆续换成固定收益类的资产。

比如，华夏养老目标日期2040三年持有期混合型基金中基金（FOF）、华夏养老目标日期2050五年持有期混合型发起式基金中基金（FOF）都属于此类。

如下表所示，截至2018年末，28家基金公司旗下布局了40只养老目标基金。

基金公司名称	目标日期型	目标风险型
南方	养老目标日期 2035 三年持有期	富元稳健养老目标一年持有期
泰达宏利	养老目标日期 2040 三年持有期	泰和平衡养老目标三年持有期
易方达	1. 汇诚养老目标日期 2043 三年持有期	
	2. 汇诚养老目标日期 2038 三年持有期	
	3. 汇诚养老目标日期 2033 三年持有期	
鹏华	养老目标日期 2035 三年持有期	
广发		稳健养老目标一年持有期
富国		鑫旺稳健养老目标一年持有期
银华	养老目标日期 2035 三年持有期	
华夏	1. 养老目标日期 2040 三年持有期	
	2. 养老目标日期 2035 三年持有发起	
	3. 养老目标日期 2045 三年持有期	
	4. 养老目标日期 2050 五年持有期	
万家		稳健养老目标三年持有期
工银瑞信	1. 养老目标日期 2035 三年持有期	
	2. 养老目标日期 2050 三年持有期	
中欧	1. 预见养老目标日期 2035 三年持有期	
	2. 预见养老目标日期 2050 五年持有期	
嘉实	1. 养老目标日期 2040 五年持有期	
	2. 养老目标日期 2050 五年持有期发起式	
博时		颐泽稳健养老目标 12 个月定期开放
中银		安康稳健养老目标一年定期开放
国泰	民安养老目标日期 2040 三年持有期	
汇添富	1. 添富养老目标日期 2050 五年持有期	
	2. 添富养老目标日期 2040 五年持有期	
	3. 添富养老目标日期 2030 三年持有期	
兴全		安泰平衡养老目标三年持有期
建信		优享稳健养老目标一年持有期
华安	养老目标日期 2030 三年持有期	
民生加银		康宁稳健养老目标一年持有期
招商		和悦稳健养老目标一年持有期
国投瑞银		稳健养老目标一年持有期
国联安		安享稳健养老目标一年持有期
海富通		稳健养老目标一年持有期
上投摩根		锦程稳健养老目标一年持有期
兴业	养老目标日期 2035 三年持有期	
交通施罗德		安享稳健养老目标一年持有期
长信		颐天平衡养老目标三年持有期

（数据来源：证监会网站　　统计时间：2019-01-05）

目标风险基金是根据特定的风险偏好设置权益类资产和固定类资产的配

置比例的，称为TRF。此类基金假设投资者对自身的承受风险和波动的能力比较清楚，有主动管理仓位的能力，针对不同的投资者对基金组合的风险和波动的目标需求，设计了不同层次的目标风险投资方案基金。对于承受风险和波动能力低的投资者，可以选择权益类资产低的基金组合；对于承受风险和波动能力高的投资者，可以选择权益类资产高的基金组合。资产配置是动态再平衡，在再平衡中保持着一定的资产类别配置。

作为投资者，如何清楚地判断自身的承受风险和波动的能力，从而确定自己的风险偏好？这与年龄、投资经验、现有的存量资产、现在和未来的收入支出情况相关即增量资产的变动情况、对市场的认知和对自身心理的认知、投资目的、投资偏好、做投资决策偏理性还是偏草率、承受亏损的能力和对风险的适应程度即风险和回报的平衡程度等因素相关的。投资者在进行证券开户和基金开户时，都有证券风险评估问卷，里面就包括这些内容，投资者可以根据这些相关的因素的评分，确定自身是保守型、稳健型还是积极型投资者，从而选择合适的产品。

总之，目标日期基金是根据投资者退休时点的风险收益预期，由基金管理者控制风险水平。管理者根据退休时间调整基金组合状况，使基金收益日益稳健。目标日期基金设计得很好，适合初入市场小白一次性投入。其实投资除了与市场相关，还与心理有很大的关系。小白可以不懂市场，但是需要长期持有，不再炒作，一直持有到老。目标风险基金资产配置的依据是投资者的风险承受能力和偏好。由管理者再平衡资产组合，维持初始风险特征，由投资者主动决策购买哪一款基金组合来进行风险和收益的匹配。

如果通过以上内容的阅读，你学习到了一些知识，那么恭喜你开始有资产配置的意识了。我们学习投资知识后，做的资产配置，实际上也是我们为自己量身定制的一款与目标风险相匹配的FOF基金组合。

权益类资产短期是波动的，长期又是安全的。首先，我们的基金组合要保证期限不能错配。期限错配包括跨越不了股票、债券、大宗商品等资产的牛熊周期，包括杠杆过高导致爆仓使得市场再次上涨和爆仓的投资者一点关系也没有了。所以，我们在必须熟知自己的投资期限后再做决定，另外，不要盲目地上杠杆。其次，是根据自身风险偏好进行配置选择。此时，投资者除了考虑主观的性格、心理因素之外，还要考虑我们自身客观的收入支出因素。比如，投资者A正处于事业上升期，下月开始薪水增高，风险承受程度可以提高；投资者B得到了一笔财产，致使原先持仓比例变少，也可以提高持仓比例；投资者C未来需要一笔大的支出，那么要计划慢慢降低权益类的资产比例；投资者D需要出国打拼，那就需要重新规划。

第 2 节　不同的资产规模做不同的资产配置

很多投资者朋友在市场不同阶段咨询怎么样做资产配置，股票、债券和货币基金等资产各占多少仓位比例合适。这些因人而异。上节我们了解了如何根据年龄、承受风险和波动的能力、对风险的厌恶程度来相应地选择养老目标基金和目标风险基金。自己通过学习，也可以为自己设计一款组合。以上是存量资产管理的部分，即我们的长期组合的管理的部分。而增量资产管理的部分，即我们进行定投的部分，没有详细叙述。即使我们买了养老目标基金和目标风险基金，我们还需要把后续的资金进行定投。所以，这还需要谈及使收入和支出达到平衡的因素。这节我们来谈一下怎么样根据自身的收入和支出情况进行资产配置。

在我们的职业生涯中，我们要经历很多的阶段。一般来说，我们的职业生涯起步阶段是我们的财富准备阶段。随着自身能力的提高，通过开源节流，慢慢积攒了一定的财富，进入财富初级阶段。接着，工作有了稳步提升，在一定的领域中做得比较专业和出色了，逐渐到了工作自由阶段。在这阶段财富也会有一定质的提升，慢慢达到财富自由阶段。

在职业生涯的不同阶段，我们有着不同的任务。相应的，事业规划和财富规划也需要做出不同的调整。

1. 财富准备阶段

在财富准备阶段，一般当年可用于理财投资的金额，即长期的存量资金，小于等于当年总收入。即当年存量资金/当年增量资金小于等于1。此阶段以多读理财书、学习一定的理财知识、积极进行开源节流管理、形成良好的理财习惯、不做月光族、学习怎样避免入不敷出为主。有了稳定的现金流，有了每月可持续定投的增量小额资金，但暂时还没能积累起存量资金。此时，可以用小钱初试牛刀进行定投，在实践中学习。

比如，支付宝的智能定投中的目标投，就是为此类群体设计的。因为沪深300指数是熊长牛短，在熊长牛短的市场最适合做定投，因为没有人可以买在最低点卖在最高点，而长期做投资要会适时止盈。等待是困难的，而很多投资者喜欢赚快钱，盲目跟着买入后，受不了底部就割肉再来一轮。如果在底部区域买入，即便市场不会跌太多，但等待的过程也是痛苦煎熬的，越痛苦越要忍过去，后面能赚很多。所以，进行长期投资，要有一个合理的年化收益目标。如果不能忍耐，只能把定投变成定存，设置一个合理的目标，后期再慢慢减仓和清仓。

存量资金较少，还未到资产配置阶段，可以用目标投来学习进出市场的时机。目标投不仅可以做自动智能定投，还可以做自动智能止盈。智能工具目标投可以提前设置，这样就能有效保证严格执行计划。目标投可以设置4%~10%的止盈目标。而且上面还有提示，根据从2004年年底到现在沪深300指数的估值分位，在现在投入，要实现设置的这个目标，按照估值分位和历史回测大约需要多少天。这样一条完整的智能线：设置小目标——定期自动投——达标自动卖。定时间、定金额、定方式、省心省力。下跌定投摊薄成本，上涨到了一定的程度，设置目标开始收割。结束本轮定投计划后，改变定投金额，进行新一轮的定投和目标计划。这样，在市场的每一阶段都会有比较清楚的认识了。

目标投适合积攒资产的投资者使用。可以帮助投资者在市场每一个阶段了解市场所在的位置、了解可以配置的比例，安排好定投计划，实现盈利，学习到财富积累的丰富经验；可以帮助投资者在市场的每个阶段都能做到理性的判断，进行申购赎回。投资者在不断的尝试后，学习到了一定的经验，有了一定的理念，积累到了一定的资金量，下一步就需要考虑资产配置了。

2. 财富初级阶段

在财富初级阶段，一般投资者当年可用于理财投资的金额，即长期的存量资金，大于等于当年总收入的1倍，小于等于当年总收入的5倍。在这阶段，存量资金财富初具规模，收入减掉支出剩下的增量资金初步形成持续的现金流，可供每月定投。这点是对一般情况而言，实际仍需因时而异、因人而异。

比如，现在的长期的存量资金是30万元，年收入是10万元，存量资金是增量资金的3倍。这10万元里面，年消费了40%，结余了6万元。一般增量资金，一半投入指数基金，一半投入货币基金，投入货币基金的部分是资产配置组合之外的资金储备池，这样，当年可投入的增量资金是3万元。占资产配置组合的10%。

具体地说，资产配置组合中包含了指数基金、债券基金、货币基金等各类基金，是以指数基金为主的长期配置。资产配置组合之外的货币基金储备池是用于消费的不时之需，以及市场的极端低估的情况，当资产配置组合已经满仓时，可将调配回来的大额定投资金放入货币基金储备池。

这里有一点需要说明，在职业的初步阶段，也是人生的初步发展阶段，如果需要准备资金用在购买结婚用品上、用在首付房款上、用在还房贷上、用在购买汽车上等，当年的结余可能不够定投。所以，未来几年计划需要用到的资金，也一定先排除在外。计提后，收入减掉正常支出后的一半用于定投资产配置组合。

增量发生变数需要调整计划，因时而异。如果有一定的未预料到的大额支出，如装修、购置用品以及医药开支之类的，这会影响计划的进行，需要调整计划。如果有了一笔额外的大额收入，如公司提升发了一笔奖金、额外收到赠予以及遇到中奖之类的，同样，也是需要调整计划。

存量资金和增量资金的比例相同，定投也需因人而异。例如，长期存量资金是9万元，年收入是3万元；长期存量资金是90万元，年收入是30万元。这两种情况扣除开支，剩下的结余会不尽相同。第一种情况年收入可能会被全部消费掉。第二种情况年收入减掉正常消费，结余了27万元，一半是13.5万元，占资产配置组合的15%。

正常情况下，资产配置组合是年收入的3倍，扣除正常消费支出后，当年可投入的增量资金占资产配置组合的10%。即资产配置组合年初满仓，分红再投,一直不进行任何其他调仓,到了年末,也相当于空仓了10%。这也是为什么一些长期投资者,把积累资产当成任务。在低估的时候买,不考虑卖出,即便持续走低,也用源源不断的现金流再买,并一直持有。

在这一阶段做定投,每年还是能够影响资产配置组合10%左右的仓位的。在第一阶段,增量资金可以影响存量资金100%,甚至100%以上。因此即使全部亏损,可能一年甚至不到一年的收入就能弥补。然而在第二阶段,投资者在有了一定的财务理念后,仍要学习如何进行合理的资产配置。资产配置组合是以长期升值的指数基金的配置为主,在低估区域满仓,在中高估区域适当减仓。

为什么不是清仓?因为清仓容易踏空。如果下跌3~5年,又积攒了30%~50%的资金,可以陆续买入。另外,还有额外存储的货币基金做后盾。如果过分计较涨跌,又会陷入沉迷市场不按计划操作导致亏损的误区。这个阶段做好事业才是最重要的。

在中高估区域清仓为什么会踏空?中国的市场波动大些,而在美国的市场低估和高估不是那么明显,可能指数连续低市盈率运行,随之业绩也同样连续低迷,2008年金融危机前就是如此。也可能指数连续高市盈率运行,随之业绩也同样连续增长,2008年金融危机后的10年即是如此。当然,在极端的情况下,估值也是有用处的。当市场走向成熟,受业绩之外的因素影响不大的时候,寻找优秀的标的穿越牛熊更为重要,选时不如选股就是这个道理。

所以,在这一阶段要长期满仓穿越牛熊,兼顾做好事业,创造源源不断的现金流,陆续投入,滚起雪球。

3. 工作自由阶段

在工作自由阶段,一般投资者当年可用于理财投资的金额,即长期的存量资金,大于等于当年总收入的5倍,小于等于当年总收入的10倍。在此阶段,资产配置组合即存量资金规模已经稳定,持续的现金流即增量资金对组合影响越来越小。这需要通过组合的资产配置来调节仓位,提供源源不断的现金流。

比如,存量资产是90万元,年收入是10万元,年消费了40%,结余只剩下了6万元。这样，3万元投入货币基金，3万元投入指数基金。每年贡献的仓位是3%以上。如果资产配置组合从年初到年末一直满仓，分红再投，也不进行任何其他调仓，每年会额外多出3%以上的现金。用这些钱做定投对组合收益影响很小。遇上3年熊市，仅能拿出占整体组合的10%的资金作为支持。算上额外搬来的货币基金，效果也不会很明显。

这需要做好资产配置即存量资产管理，做到以稳定为主。在做好事业的同时，做好开源节流，用成熟的理念做好资产配置。在此阶段，非常激进型的、有着成熟的长期持有心态的投资者，依然可以在满仓穿越牛熊的过程中，在市场被极度高估时，降低仓位。而比较稳健的投资者，可以把股票类的指数基金的仓位保持在六成至八成，债券类的基金和货币基金保持在两成至四成，做好动态再平衡。定期审查资产配置，市场过快下跌或者在市场过快上涨后，再次调高或者调低股票类的指数基金的仓位配置比例。当然也可用机械的五五配置法，一半股票指数基金，一半债券基金和货币基金。假设当股票市场翻倍后，债券基金和货币基金几乎没变，仓位自动从1∶1变成了2∶1，股票指数基金仓位也就变成了2/3。反之，假设当股票市场下跌一半后，债券基金和货币基金几乎没变，仓位自动从1∶1变成了0.5∶1，股票指数基金仓位变成了1/3。在波动较大的市场中，五五平衡配置的效果还是很明显的。

资产配置在一方面会带来源源不断的现金流，即相对的现金流，可以用于抄底，另一方面在极端的涨跌中，好的资产配置策略可以让投资者从容应对市场变化，无论涨跌都开心。长期持有中，心态好是最好的。

在这阶段，从追求财富最大化转变成为追求财富稳定增长。做好事业，开源节流；做好资产配置，巩固好资产积累的成果。

4. 财富自由阶段

在财富自由阶段，一般投资者当年可用于理财投资的金额，即长期的存量资金，大于等于当年总收入的10倍。到了这个阶段，存量资产基本上能够积累到100万元以上。还是上面的例子，年收入是10万元，消费4万元，还剩下6万元。3万元投入指数基金，该投入对100万元的资产配置组合的仓位影响在3%以内。对300万元的资产配置组合的仓位影响是1%。

相反, 在这个阶段资产配置组合可能已经开始为生活开支提供现金流了, 不靠任何的收入来源, 仅靠资产配置组合的升值。当理财收入能够涵盖必要消费支出, 那么恭喜你已经达到财富自由的初级阶段了。假设在以上的例子中, 存量资金刚刚达到增量资金的10倍, 即刚刚达到最基本的财富自由阶段的存量资产和增量资产比例。此时投资者若持有100万元的以指数基金为主的资产组合, 年化收益率达到10%, 即年理财收入10万元并把其中的4%即4万元用来作为生活必要消费, 剩下的6%留存组合继续升值, 对抗通货膨胀。这样, 投资者就能依靠资产组合的收益进行必要的开支, 从而进入最基本的财富自由阶段。

以上举例说明, 仅为大家提供了一种理财思路, 具体操作还要因人而异。4万元在有的地区做不了什么, 在有的地区可以维持一定的生活。如果做比较稳健的资产配置, 指数基金和债券基金、货币基金做动态平衡, 年化收益率10%也难以达到, 所以一开始趁着年轻尽量以股票指数基金为主进行滚雪球式财富积累, 只要不遇到极度高估泡沫, 那么长期持有并且定投股票指数基金还是最好的选择。而且, 10倍以上, 例如到了30倍、50倍, 到了300万元、500万元, 此时相应的年均可供支取的资产配置组合带来的理财收入就会达到12万元、20万元, 持有该资产配置组合的投资者已经在通往财富自由的路上了。

到了财富自由阶段, 首要任务是规避风险而不是继续满仓穿越牛熊实现财富收益最大化。理财带来年均收益率10%已经很可观了。资产上了1 000万元, 做好资产配置, 年化收益率6%~10%, 也是可以接受的。要知道, 能够稳定地每年提取4%的收益, 只有在两种情况下才可以实现的。第一种情况是, 组合中资产无论涨跌, 不卖出, 每年支取4%的分红。这需要满仓能够带来4%分红的资产, 如全仓持有红利基金。而且, 在高估时仍要卖出, 因为在分红率一定的情况下, 股票价格越低, 相应的股息率越高; 股票价格越高, 相应的股息率越低。第二种情况是, 每年无论分红多少, 保证当年的现金部分能够满足4%的提取需求。比如, 现在持有80%的股票指数基金和20%的货币基金, 至少可以满足5年的资金需求, 每年提取4%, 无论市场涨跌, 正好可以把这20%的货币基金全部提取完毕, 仓位回归至100%。在这5年中, 股票指数基金上涨, 还可以继续做动态再平衡。股票指数基金下跌, 也已经留足了价值回归的时间。如果不上涨，相当于在低估区域满仓了。这是在初始配置时需要考虑到的问题，如果极度高估，透支了未来5年以上的价值，那么资产配置必须重新调整，比如，可以持有20%的股票指数基金和80%的货币基金了。以上仅是举例，在实际操作中，还要根据需要做个性化的资产配置处理。

总之，在这一阶段的资产配置，以安全地追求绝对收益为主，挖好管道，逐渐把以主动收入为主变成以被动收入为主，从被动收入中支取相应的消费资金。

财富自由是一个目标。很多投资者也有其他目标，比如养老金目标、子女教育金目标等。当资金达到一定的规模，能够支撑起这个目标的实现，就可以了。这些，通过正确的理财途径，通过合理的资产配置，进行长期的复利增长，都是可以达到的。

从财富准备阶段，积累经验和积累第一桶金；到财富初级阶段，通过积累的经验和资金，进行合理的资产配置；再到工作自由阶段，做一个稳健的资产配置组合；最后到财富自由阶段，做一个追求绝对收益为主的安全的资产配置组合，并为生活质量的提升贡献一份力量。投资者可以按照以上路径，构造资产配置组合，实现财富自由。

一个资产配置组合可以包含多种资产，长期可以取得稳定平滑的收益。我们看看有钱人都是怎么做全球大类资产配置的。

第 3 节　有钱人都是怎样做全球大类资产配置的

美国是全球财富最多的国家，2020年世界十大首富排行中有8名来自美国。美国富人的资产多数在可投资性资产上，而住宅等不动产的占比并不高。美国在1918年至2018年的100年里面，股票投资的年化收益率大约是8.3%，债券投资的年化收益率大约是5%，房地产投资的年化收益率大约是3.8%，原油和黄金投资的年化收益率分别是3.6%和4.2%。美国100年的平均通货膨胀率在2.5%至3%之间。美国的可投资资产全部跑赢了通货膨胀。资本性质的资产全部跑赢了商品性质的资产。当然，阶段不同，各类资产的收益也不同。美国在城镇化率的过程中，投资者也曾热衷于投资房地产，至今美国的城镇化率已经达到了80%以上。在美国富人的可投资资产组合中，股票、债券，共同基金、专业管理账户占到了可投资性资产的六成。

这也与美国的机构化和专业化的资产管理密不可分。如果投资证券市场，必须能够实现长期可观的复利增长，而且这不能仅仅是理论上的。个人投资者无论是调研能力还是操作能力都不专业，无法达到财富复利增长的目标。所以，随着美国市场从不成熟走向成熟的过程，到了2018年底，包括美国养老金机构等，美国机构投资者持有市值占比高达九成以上。随着机构投资者的增多，散户投资者的减少，换手率得到了降低，从而增强了市场的稳定。个人通过共同基金的方式参与市场，实现了与机构投资者共赢，也实现了长期财富复利增长的目标。

沪深市场过去是由散户主导的市场，现在随着养老机构入市、外资机构入市，注册制的推行、量化对冲工具的增多、大数据和智能投顾的推行，A股也在去散户化的路上。

当然，如果个人投资者利用好了优点，回避了机构的缺点，收益可能会做得更好。相反，机构投资者虽然有优点，但也有与散户类似的缺点，收益可能会做得更差。所以，我们要了解机构投资者和个人投资者的优缺点，如下表所示，注意扬长避短。

机构投资者	专业性、搜集信息全面； 专业投研团队、专业研判分析、效率高、准确度高； 交易行为受到限制、资金量大所以风格比较稳健、持有期限长； 有业绩排名压力，反而有时候有追涨杀跌的行为
个人投资者	不专业、搜集信息成本高而且不全面； 投研分析不专业不全面、效率低、准确度低，容易造成非理性； 交易行为不受限制会发生风格漂移交易频繁甚至追涨杀跌持有期限较短，导致了交易成本高，交易费用高，最终收益低； 没有业绩排名压力，还有收入现金流，反而没有长期持有的压力

正因为散户的优势比机构少，所以买入低成本运作的指数基金是普通投资者最好的选择。因为指数基金跟踪指数，可以取得市场的平均收益。虽然机构有着各种优势，但是市场参与者之间进行博弈，扣除各种费用，博弈后整体会跑输指数基金。

机构虽然有信息获取、专业性和风格稳定的优势，但是也有业绩排名压力。如果散户能够做到风格稳定地配置指数基金和精选公司，进行指数化的组合投资，严格遵守能力圈原则，在能力圈的范围内，也会取得优秀的业绩。因为散户没有业绩排名的压力，有时间的优势。具备成熟投资思维的散户会成为赢家，而具有散户思维追涨杀跌的机构会成为输家。

所以，我们可以通过指数基金做好资产配置。如果我们要做全球大类资产配置，买境外股票、境外债券、黄金、原油、白银、REITS等资产，其实也很容易。通常一个证券账户、一个基金账户足够满足我们的全球资产配置的需求。

第 4 节　简单的基金分类：你可能不知道你的证券基金账户还有全球资产配置功能

随着各类资产的证券化，我们在做全球大类资产配置时，用证券账户和基金账户，基本上是可以配置绝大多数品种的。

A股证券账户是股票账户，除了有买股票的功能，还有买场内基金的功能。场内基金对应着场外基金，一只基金首先是在场外进行认购成立。经历了3个月左右的封闭期后，这只基金如果在证券市场进行交易，那么，这只基金既属于场外基金也属于场内基金。所以，场外基金和场内基金是同一只基金的两种形式。场外基金是一级市场，可以在基金公司网站、基金代销网站、银行、券商进行申购赎回，区别于券商渠道场内基金申购赎回。场内基金是二级市场，是各类证券进行流通的市场，可以进行买卖交易。所以，证券账户可以进行各类场内基金交易。场内证券账户的基金申购赎回功能，与银行、基金公司的一样，都属于一级市场的申购赎回，不在本节讨论。

在二级市场进行交易的基金一般有封闭式基金、ETF基金和LOF基金等种类。我们来简单了解一下。

（1）封闭式基金

封闭式基金（Closed-end Funds），是指基金发行总额和发行期在设立时已确定，在发行完毕后的规定期限内发行总额固定不变的证券投资基金。封闭式基金的投资者在基金存续期间内不能申购赎回基金份额，只能到证券交易场所上市交易。

为了基金份额稳定，做出好的业绩，同时为了折价溢价稳定，利于二级市场的交易获利，现在的很多封闭式基金可以定期开放，有些是LOF形式基金。

封闭式基金属于信托基金，在基金合同期限内份额固定不变。此类基金多是主动型的基金，不是指数型的基金。在固定期限内主动运作获得收益。很多战略配售型基金属于这种类型。

（2）ETF基金

交易型开放式指数基金，通常又被称为交易所交易基金（Exchange Traded Funds，ETF），是一种在交易所上市交易的、基金份额可变的一种开放式基金。

交易型开放式指数基金属于开放式基金的一种特殊类型，它结合了封闭式基金和开放式基金的运作特点，投资者既可以向基金管理公司申购或赎回基金份额，同时，又可以像封闭式基金一样在二级市场上按市场价格买卖ETF份额，不过，申购赎回必须以一篮子股票换取基金份额或者以基金份额换回一篮子股票的方式进行。由于同时存在二级市场交易和申购赎回机制，投资者可以在ETF市场价格与基金单位净值之间实时套利交易。套利机制的存在，使得ETF避免了封闭式基金普遍存在的折价问题。

根据投资方法的不同，ETF可以分为指数基金和积极管理型基金，国外绝大多数ETF是指数基金。目前国内推出的ETF也是指数基金。ETF指数基金代表一篮子股票的所有权，是指像股票一样在证券交易所交易的指数基金，其交易价格、基金份额净值走势与所跟踪的指数基本一致。因此，投资者买卖一只ETF，就等同于买卖了它所跟踪的指数，可取得与该指数基本一致的收益。ETF基金通常采用完全被动式的管理方法，以拟合某一指数为目标，兼具股票和指数基金的特色。

总之，此类基金基本都是被动指数基金，也是我们常用的资产配置工具。ETF指数基金结合了开放式基金和封闭式基金的优势，运作透明费用低廉。

因为ETF基金申购赎回必须以一篮子股票换取基金份额或者以基金份额换回一篮子股票，所以散户只能在场内买卖。如果有对应的ETF联接基金，散户在场外可以申购赎回相应的ETF联接基金。ETF基金部分后面章节会做详细的介绍。

（3）LOF基金

LOF基金，英文全称是"Listed Open-Ended Fund"，汉语称为"上市型开放式基金"。也就是上市型开放式基金发行结束后，投资者既可以在指定网点申购与赎回基金份额，也可以在交易所买卖该基金。

LOF基金有场内和场外申购赎回功能，也有场内交易功能，是通过份额转托管机制将场外市场与场内市场有机联系在一起的一种基金。

LOF基金既可以用现金在一级市场上申购以及赎回换成现金，也可以在二级市场上交易。LOF基金的透明度、套利都不及ETF基金，有的LOF基金是半开放半封闭的状态，所以LOF基金的折溢价相对ETF基金的高些，在二级市场上的流动性也相对差些。LOF基金有的是被动型的指数基金，有的是主动型的基金，这需要根据基金合同的介绍进行分辨。所以，LOF基金中的指数基金也是资产配置的一个工具。如果二级市场流动性差，可以只在一级市场进行申购赎回。

我们简单地了解了基金分类，基金是先在一级市场发行，后在二级市场上市。所以，场外基金的种类比场内基金可选择的种类丰富。基金有股票型基金、债券型基金、混合型基金、货币型基金，等等。股票型基金中的指数基金，是我们用来做资产配置的重点。指数基金中又分为宽基指数基金、行业指数基金、风格指数基金、策略指数基金、主题指数基金、各交易所指数基金等，还有境外指数基金、境外行业指数基金等。除了股票型的指数基金，还有债券型的指数基金、货币型的指数基金、境外债券型的指数基金、境外商品型的指数基金（黄金、白银、原油等大宗商品型的指数基金）、境外REITS指数基金（房地产信托投资基金）等。指数基金远远不止这些，如已经发行上市交易的大成有色金属期货ETF、华夏饲料豆粕期货ETF；2021年公募REITS基金，也就是把基础设施项目等资产证券化的基金。只要是资产都可以进行资产证券化，作为指数基金进行交易。

中国的基金起步才20余年，远远不及美国市场的基金品种丰富，美国市场的指数基金品种包括细分国家、境内外细分地区和细分行业的指数基金，包括N倍做多和N倍做空的指数基金以及各种衍生品指数基金等。中国的基金种类也会越来越丰富，目前这些指数基金品种也足够我们用来做大类资产配置的了。

指数基金主要是ETF基金和LOF基金，区别如下表所示。

类型	ETF	LOF
申赎方式	实物申赎、如需现金申赎可以做 ETF 联接基金（未来会推出场外申赎 ETF）	现金申赎
交易方式	被动指数基金、实时套利	被动指数基金或主动基金、不能实时套利，须做转托管套利。
场内场外（普通资金）	场内交易所买卖	场内交易所买卖、场外申购赎回、场内申购赎回
实时净值跟踪和持仓透明度	实时公布 IOPV，实时能够计算出持仓比例	每日公布前一日净值，季报公布组合持仓前十名，半年报或年报公布持仓全部明细
流动性和仓位	流动性好，仓位最高 100%	流动性取决于基金的规模和交易活跃程度，仓位最高 95%
费用和跟踪误差	年费率低、跟踪误差小	年费率等于或高于 ETF、跟踪误差平均高于 ETF

（数据来源：根据网络资料整理）

用基金可以做资产配置，最便捷的就是用场内基金做资产配置。有很多投资者要开美股账户和港股账户，殊不知交易费用最低、往返时间最少、最不容易失误的方法是在A股账户中买境外股票指数基金。其优点具体如下。

（1）交易费用最低。指数基金费用仅仅是券商收的佣金，比如我的是万分之零点五的佣金，交易100手纳斯达克ETF，价格是2.613元。那么，成交金额是26 130元，佣金费用仅为1.31元。这比买A股股票的佣金还便宜，更不用说港股美股高昂的费率和税金了，买美股指数基金佣金费用完胜买A股的佣金费用。买卖指数基金与买卖股票一样方便，指数基金合规、没有外汇额度限制、不用额外缴纳各类的境外相关的汇兑费用和税。等到了哪天决定降低境外资产的配置比例，提高A股资产的配置比例，如果从境外调回资金不仅又要收一笔费用，即汇兑费用，而且也不是一天之内能完成的事情。买港股可以有沪港通和深港通,买美股、德股就没有此类方便的渠道了。所以,买指数基金是最方便的方式。如下图所示。

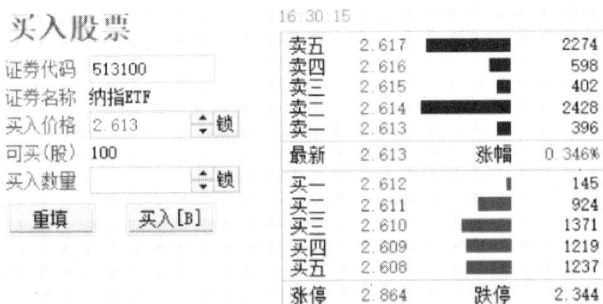

(2)往返时间最少。指数基金可以采取T+0交易制度进行交易。在沪深市场里面,QDII-ETF、QDII-LOF、QDII-FOF都是可以进行T+0交易的。包括美国、德国、法国、印度、日本等在内的各种指数基金,以及黄金、白银、原油指数基金等,不用像场外基金一样申购赎回来回得十天半个月。所以,买指数基金是最快捷的方式。

(3)最稳健不容易失误的方法。指数基金可以跑赢八成机构,在成熟的境外市场,散户不仅在不熟悉的市场里面信息优势锐减,而且还要面对各种不设涨跌停板、可以随时退市的公司。

指数基金是最好的配置工具。巴菲特建议普通投资者买最普通的指数基金。指数基金费用低廉,长期能跑赢八成机构。巴菲特关于指数基金和对冲基金机构的10年赌约也是完胜。长期持有90%的指数基金和10%的政府债券构成的组合就足够了。而我们普通投资者,如果能有足够的外文水平,能够流畅阅读报表、新闻,可以开美股一试,如果只有最基础的判断,甚至连最基础的判断也很差,仅仅做资产配置,那么在场内买境外指数基金,无论是精力还是能力,都是对于我们普通投资者来说,性价比最高的选择。

指数基金的种类和渠道等相关问题,我们会在后面的章节中陆续介绍。

在本章节我们先了解到用沪深证券账户做全球配置是可以的。场外基金比起场内基金,品种更丰富了,除了以上提到的,还有投资全球的广发全球医疗指数基金、投资英国的建信富时100指数基金等。投资者可以根据需要自行查询。

第5节　全球大类资产配置长期收益率大比拼

在过去的100年里，在美国，若在黄金、房产、债券、指数基金里各投入1美元，那么到了100年后的今天投资黄金的1美元，上涨了30倍；投资房产的1美元，上涨了90倍；投资债券的1美元上涨了400倍；投资指数基金的1美元，年化收益率10%，上涨了14 000倍。

在过去的210年里，扣除通货膨胀率的影响，美国股票、债券、短期国债、黄金及美元在1802~2012年的真实总收益率如下图所示。

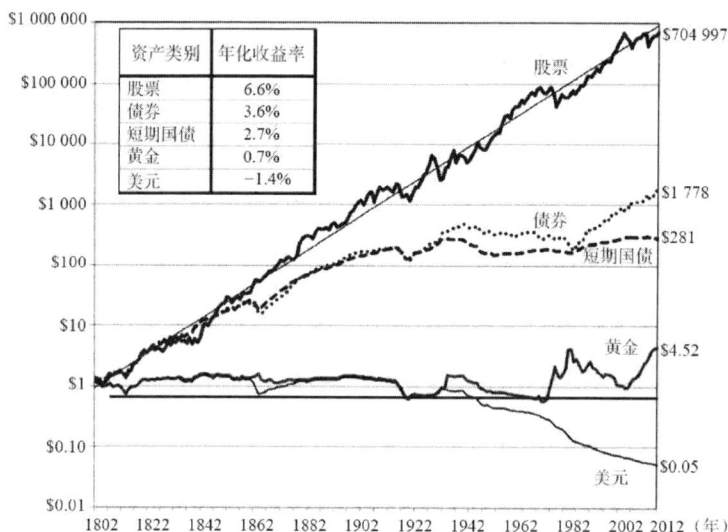

资产类别	年化收益率
股票	6.6%
债券	3.6%
短期国债	2.7%
黄金	0.7%
美元	−1.4%

（图片来源：《股市长线法宝》）

用1美元分别投资于美国的：① 股票；② 长期政府债券；③ 美国短期国债；④ 黄金⑤ 美元。在这210年股票收益率中，股票收益率远远高于其他种类的投资标的。

扣除通货膨胀率的影响，类似指数基金的股票投资组合年均真实收益率为6.6%；长期政府债券年均收益率为3.6%，短期债券年均收益率只有2.7%；

而黄金一直被大众认为是保值投资商品，其收益率只比通货膨胀率略高一点，平均只有0.7%。

长期股票收益率最高，股票指数基金本身具有优胜劣汰的功能，只要有一只公司股票在，指数基金就在，所以指数基金是永续的。因此，长期股票指数基金收益率是最高且最安全的。股票收益率虽然可能在短期内受利率、风险及心理（如乐观与悲观情绪、恐惧与贪婪）等因素影响而波动，但这些波动放在长期过程中都显得微不足道。在过去的210年里面，市场经历了多轮的经济危机、金融危机，以及经历了两次世界大战、石油危机等不利因素的影响。短期不利因素影响导致市场下跌后，长期继续上涨又使市场涨幅创出历史新高，之前的下跌变成了一点点的小坑了。

长期持有可以得到平均收益，而频繁交易却远远落后平均收益。从1995年至2014年的20年间虽然全球债券基金的回报是每年5.74%，但是债券型基金的投资者仅得到了每年0.71%的回报，落后于同期年均通胀率的2.37%。股票型基金的投资者在美国每年的平均回报率是5%，而标普500指数在同一期间每年的回报率为9.22%。我们可以就此得出两方面的结论。第一，不要频繁交易，追涨杀跌。第二，即使投资股票，也要选择低成本的透明的指数基金。而且，无论哪个长期的时间段，被动型的指数基金的收益都会跑赢多数主动型的基金的收益。

即使在全球范围内也是这样。有三位英国经济学家调查了16个国家在过去一个世纪里的股票和债券的历史收益率，将其研究成果发表在一本名为《乐观者的胜利：101年全球投资收益》的书里。尽管战争、恶性通货膨胀和大萧条等灾难光顾了这些国家的大多数，但是16个国家都提供了绝对为正的除去通货膨胀因素后的股票收益率。进一步讲，在一些经历过战乱的国家，比如意大利、德国和日本，其固定收益资产的收益率却绝对为负。因此，股票相对于其他金融资产的优越性在所有国家都得到体现。最低的比利时仅为2%左右；最高的澳大利亚，达到8%左右。瑞典、澳大利亚和南非的股票收益率超过了美国，但是世界股票平均收益率与美国的相差无几。

每个国家的股票回报率都优于债券回报率。过去两个世纪以来，美国股票市场的优秀业绩不是一个特例。股票业绩优于固定收益资产的理论已经在各个国家都得到了验证。在长期，各国的主要股市指数的年化收益率与各国的GDP的年均增幅是密不可分的。在过去的几十年里面，世界二十个国家的代表指数的年化收益率是6.5%，而这二十个国家的名义GDP的年化增长率是7%。

从1990年到2017年中国的上证指数的年化收益率是12.81%。因为价格指数不包含分红，而且上证指数也存在新股上市后影响指数编制的问题。所以，中国股市表现与其他国家一样，与GDP年均增幅基本一致。

我们做的资产配置组合，可以配置全球各国指数基金，达到长期收益的稳定。另外，也可以在指数不便宜的时候，配置一些固定收益品种，使得组合配置更加安全更加稳健。

第6节　找到你最想要的固定收益品种

定投组合之外的定存的储备池，最好用的还是货币基金，如余额宝。在组合中，有变现需求的部分也可以买成货币基金、逆回购和债券基金。

（一）货币基金

作为储备工具和配置中可为股票指数基金提供现金流的工具，收益率不是最重要的，安全性和流动性是最重要的。货币基金投资是既安全又具有很高流动性的货币市场工具，包括期限在1年以内的短债、政府公债、商业本票、银行承兑汇票、大额可转让定期存单、债券回购等。

在各平台都有对接各种基金公司的货币基金，如微信中腾讯理财通里的余额+货币基金、微信零钱通，支付宝总资产里的余额宝等。这些平台上的货币基金最低1元申购，方便快捷，而且赎回变现速度快，金额在1万元以内的可以当天2小时内赎回变现到账。我每次用的快速赎回，基本上都是在几分钟之内到账。使用微信和支付宝消费支取时，可以直接从零钱通和余额宝中将货币基金支取划转掉。所以，货币基金的安全性和流动性都是不错的。适合我们普通投资者用于短期理财或者作为日积月累的定存资金储备池的一部分。

在证券场内交易，卖出股票的资金暂时不用，也可以通过证券交易买卖场内的货币基金。如银华日利（511880）、华宝添益（511990）等，它们在分红规则上有些区别，如银华日利采用集中方式分红，华宝添益采用每日结转方式分红。如下图所示。

	代码	名称	涨幅%	现价	涨跌	买价	卖价
1	159001	保证金	-0.00	100.000	-0.001	100.000	100.001
2	159003	招商快线	0.00	100.000	0.001	100.000	100.001
3	159005	添富快钱	0.00	100.000	-0.001	100.000	100.001
4	511600	货币ETF	0.01	100.010	0.011	100.010	100.013
5	511620	货币基金	-0.03	99.961	-0.032	99.963	100.000
6	511650	华夏快线	0.00	100.005	0.005	100.003	100.005
7	511660	建信添益	0.01	100.012	0.009	100.011	100.012
8	511670	华泰天金	-0.00	100.002	-0.001	99.790	100.004
9	511690	交易货币	0.01	100.020	0.008	100.019	100.020
10	511700	场内货币	0.01	100.010	0.008	100.007	100.010
11	511770	金鹰增益	0.00	99.999	0.004	99.942	100.000
12	511800	易货币	-0.00	100.005	-0.005	100.001	100.013
13	511810	理财金H	-0.00	100.008	-0.002	100.007	100.008
14	511820	鹏华添利	0.00	100.003	0.002	100.001	100.005
15	511830	华泰货币	0.00	100.002	0.004	100.002	100.004
16	511850	财富宝E	0.01	100.012	0.007	100.012	100.014
17	511860	博时货币	0.01	100.011	0.009	100.001	100.012
18	511880	银华日利	0.02	100.700	0.016	100.701	100.702
19	511900	富国货币	0.01	100.010	0.010	100.007	100.010
20	511910	融通货币	0.01	100.014	0.013	99.790	100.013
21	511920	广发货币	0.09	100.086	0.091	99.790	100.084
22	511930	中融日盈	0.00	100.001	0.004	100.001	100.005
23	511950	广发添利	1.07	101.100	1.075	99.790	101.100
24	511960	嘉实快线	0.00	100.002	0.004	99.790	100.030
25	511970	国寿货币	0.00	100.002	0.001	99.950	100.008
26	511980	现金添富	-0.02	100.001	-0.019	100.000	100.001
27	511990	华宝添益	0.00	100.014	0.005	100.013	100.014

现在很多证券公司也做起了"余额宝"，即使不买货币基金，闲置资金也可以经过设置后自动存入证券公司的"余额宝"，如海通证券的通财钱包、招商证券的天添利。投资和用闲钱赚取收益两不误。

此外，在证券账户中的资金交易日也可以做逆回购。

（二）逆回购

逆回购，指资金融出方将资金融给资金融入方，收取有价证券作为质押，并在未来收回本息，并解除有价证券质押的交易行为。央行逆回购，指中国人民银行向一级交易商购买有价证券，并约定在未来特定日期，将有价证券卖给一级交易商的交易行为。逆回购为央行向市场上投放流动性的操作，而逆回购到期为央行收回流动性的操作。国债逆回购回购标是国债，信用等级等同于国债。正回购则为央行从市场收回流动性的操作，正回购到期则为央行向市场投放流动性的操作。这些操作都直接或者间接地影响着市场利率。投资者或金融机构也可以在证券交易所和银行间债券市场进行逆回购交易。

逆回购标的包括沪市204开头、深市1318开头的标的。国债逆回购的安全评级是国债评级。

上交所回购品种：

1天国债回购（GC001，代码204001），2天国债回购（GC002，代码204002）；

3天国债回购（GC003，代码204003），4天国债回购（GC004，代码204004）；

7天国债回购（GC007，代码204007），14天国债回购（GC014，代码204014）；

28天国债回购（GC028，代码204028），91天国债回购（GC091，代码204091）；

182天国债回购（GC182，代码204182）。

深交所回购品种：

1天国债回购（R-001 代码131810），2天国债回购（R-002 代码131811）；

3天国债回购（R-003 代码131800），4天国债回购（R-004 代码131809）；

7天国债回购（R-007 代码131801），14天国债回购（R-014 代码131802）；

28天国债回购（R-028 代码131803），91天国债回购（R-091 代码131805）；

182天国债回购（R-182 代码131806）。

从2017年5月22日起，国债逆回购已经开始实施新的计息方式了。修改后计息天数由原来的名义天数变为实际占用天数，全年计息天数由360天变为365天。

实际占用天数即计息天数的计算如下。

比如，你在4月10日星期五（期间是非法定节假日）进行了逆回购操作，进行国债逆回购操作的下一个交易日4月13日星期一开始计息，如果是1天的逆回购，计息天数是1天，即4月13日这1天。虽然到了星期一资金可用，但是资金不可取，到了4月14日星期二资金才可以取出。如果提前一天，即4月9日星期四进行了逆回购操作，进行国债逆回购操作的下一个交易日4月10日星期五开始计息，如果是1天的逆回购，计息天数是3天，即4月10日周五、4月11日周六、4月12日周日这3天。虽然星期五资金可用，但是资金不可取，到了4月13日星期一资金才可以取出。

非节假日期间，遇上周末，1天回购、2天回购、3天回购和4天回购哪天计息开始，哪天计息结束，需要计算一下。列表如下，计息结束日的下一个交易日资金可取。

短期回购品种计息天数

品种	逆回购日期	计息开始日	计息结束日	计息天数
	周一	周二	周二	1
	周二	周三	周三	1
1 天回购	周三	周四	周四	1
	周四	周五	周日	3
	周五	下周一	下周一	1
	周一	周二	周三	2
	周二	周三	周四	2
2 天回购	周三	周四	周日	4
	周四	周五	下周一	4
	周五	下周一	下周一	1
	周一	周二	周四	3
	周二	周三	周日	5
3 天回购	周三	周四	下周一	5
	周四	周五	下周一	4
	周五	下周一	下周一	1
	周一	周二	周日	6
	周二	周三	下周一	6
4 天回购	周三	周四	下周一	5
	周四	周五	下周一	4
	周五	下周一	下周二	2

目前证券交易软件上一般会标注计算出这些数据。国债逆回购的年化收益率，以10万收益（元）、可用日年化收益率、计息天数、可用日期这些数据分别标注，一目了然。以下是海通App的周五逆回购的图例。

.29.

2019年1月21日起，债券质押式回购延长交易时间30分钟，即延长至15时30分闭市，此次交易机制调整仅针对交易时间。这样平抑了回购利率的大幅波动，也提升了投资者参与回购市场的积极性。

（三）债券和债券基金

债券是政府、金融机构、工商企业等机构直接向社会借债筹措资金时，向投资者发行，并且承诺按一定利率支付利息并按约定条件偿还本金的债权债务凭证。债券的利息是固定的；有着确定的到期日；单一债券的收益率可以根据购买价格、现金流以及到期收回的本金计算；单一债券离到期日越近，所承担的利率风险越低。

然而，遇上有问题的企业，踩上地雷，买了这些企业债券一样会暴跌。如15康美债（122354）在公司遇上困难后，股价最低跌到了40元，截至2019年第一季度收盘，15康美债的价格依然不到面值的七成，如下图所示。

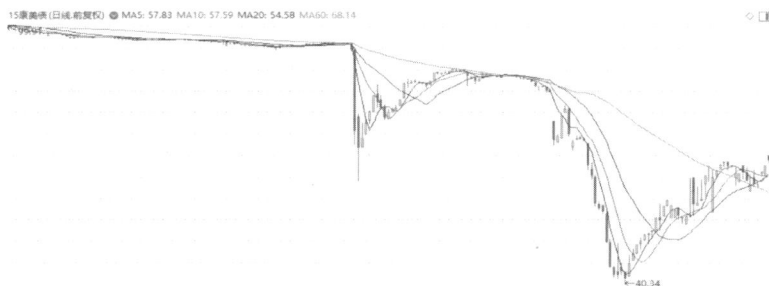

（图片来源：招商证券App）

好消息是2019年12月康美药业发布了关于"15康美债"公司债券回售的公告，回售申报期是2019年12月17至2019年12月23日（交易日）按照面值100元进行回售，保障了投资者的权益。

在这方面债券基金的风险比单一债券的风险要低一些。债券基金，又称为债券型基金，是指专门投资于债券的基金，它通过集中众多投资者的资金，对债券进行组合投资，寻求较为稳定的收益。根据中国证监会对基金类别的分类标准，基金资产80%以上投资于债券的为债券基金。

债券基金中最纯正的是纯债基金，此外还包括了偏债基金和可转债券基金。

根据投资范围的不同，债券基金可以分为纯债基金、一级债基、二级债基以及可转债基金。

具体如下。

纯债基金：只投资债券，不参与新股申购，也不投资股票。由于最新监管规定，目前“一级债基”已经没有资格参与新股申购了，现在“一级债基”基本上等同于“纯债基金”。

二级债基：主要投资债券，但可少量投资股票；所以此类债基可以做“固收+”的品种配置。同理，如果是纯债基金打底，配置少量股票型的指数基金，便成了“固收+”的FOF基金组合。所以，偏债型、混合型、偏股型的基金，本书不进行详细介绍。

可转债基金：主要投资可转债。

我们从每只债券基金的简介中，基本可以了解到每只债券基金的投资范围，了解到这只债券基金的类型。

如嘉实超短债债券基金（070009）的投资范围，从天天基金网站的介绍中能够查询得到，如下图所示。

基本概况　　其他基金基本概况查询：请输入基金代码、名称或简拼

基金全称	嘉实超短债证券投资基金	基金简称	嘉实超短债债券
基金代码	070009（前端）	基金类型	债券型
发行日期	2006年03月30日	成立日期/规模	2006年04月26日 / 61.463亿份
资产规模	249.45亿元（截止至：2019年12月31日）	份额规模	237.1174亿份（截止至：2019年12月31日）
基金管理人	嘉实基金	基金托管人	中国银行
基金经理人	李金灿、李曈	成立来分红	每份累计0.44元（136次）
管理费率	0.41%（每年）	托管费率	0.14%（每年）
销售服务费率	0.25%（每年）	最高认购费率	0.00%（前端）
最高申购费率	0.00%（前端）	最高赎回费率	1.50%（前端）
业绩比较基准	一年期银行定期储蓄存款的税后利率	跟踪标的	该基金无跟踪标的

基金管理费和托管费直接从基金产品中扣除，具体计算方法及费率结构请参见基金《招募说明书》

○ 投资目标

本基金通过控制投资组合的久期不超过一年，力求本金稳妥，保持资产较高的流动性，降低基金净值波动风险，取得超过比较基准的稳定回报。

○ 投资理念

坚持相信由战略性资产类别配置和证券品种选择的积极投资，并结合风险控制的战略性应用，能为投资组合提供持续稳定的增加价值。本着承担最小的风险，谋求投资收益的最大化的投资原则，稳健投资。在获取合理收益的同时，使投资组合承担较低风险，同时保持组合较好的流动性。真正达到为持有人规避风险，提供稳定回报的目的。

○ 投资范围

本基金投资范围为固定收益类金融工具，具体包括国债、金融债、信用等级为投资级及以上的企业债和次级债券等，债券回购，央行票据、银行存款以及法律、法规或中国证监会允许基金投资的其它金融工具。本基金不投资于可转换债券。如法律法规或监管机构以后允许基金投资其他品种，基金管理人在履行适当程序后，可以将其纳入投资范围。

○ 投资策略

本基金主要目标是在保持传统货币市场基金的本金稳妥、高流动性特点的同时，通过适当延长基金投资组合的久期，投资于期限稍长的固定收益工具，获取更高的投资收益。因此本基金的投资策略也是在货币市场基金投资策略基础上的增强型投资策略，一方面将基金的大部分资产投资于货币市场工具，保持基金资产的高流动性，同时提供稳定的收益；另一方面，通过价值挖掘，将一小部分资产投资于收益率较高的固定收益类投资工具，比如投资级的企业债、金融债、次级债、浮动利率债等，为基金资产提供超额收益

（图片来源：天天基金网）

我们可以判断出来这是一只纯债基金。纯债基金的风险主要是来自债券的利率风险和信用风险。

债券基金的平均到期日常常会相对固定，债券基金所承受的利率风险通常也会保持在一定的水平。单一债券的信用风险比较集中，而债券基金通过分散投资则可以有效避免单一债券可能面临的较高信用风险。

债券基金还可以投资一些非流通债券。通过债券基金间接投资债券，可以获得很高的流动性，随时转让赎回债券基金，而且还不用考虑单只债券分红税的问题。

债券基金的波动风险，主要还是来自市场利率。债券的价格和市场利率是呈反向关系的。比如，市场利率是2%，投资者会购买利率2%左右的债券。市场利率升至2.2%了，那么债券价格只有降低一些，使债券预期收益率高一些，投资者才会买这只债券。所以，当市场利率上升，债券的价格会下降，这样可以提升债券预期回报率；当市场利率下降，债券的价格会上升，这样可以降低债券预期回报率。所以，市场利率水平处在低位而且预期要升息时，尽量买短债基金或货币基金；市场利率水平处在高位而且预期要降息时，尽量买长期债券基金或银行理财产品。

债券基金比货币基金波动率高，股票基金比债券基金波动率高。所以，在存储池里面，货币基金适合持有期在1年以下的资金配置，债券基金适合持有期在1~3年的资金配置。在资产配置组合里面，债券基金可以作为资产配置的一部分来降低资产组合的波动。如果股票指数基金出现了高估，债券基金出现了低估，那么可以配置一些债券基金来代替股票指数基金。

选择债券时的考虑因素因利率水平、信用风险、期限的不同而不同。利率不要处于较低水平而且有升息预期；尽量避免有信用风险的债券；债券期限越近，波动风险越低，所以超短债的波动要远远低于普通债券的波动，无杠杆的债券基金也比有杠杆的债券基金的波动要小。下面我们会详细分析。

债券为投资人提供了固定的回报并且到期还本，风险低于股票，所以相比于股票基金，债券基金具有费用较低、收益稳定、风险较低的特点。

那么，我们怎样判断债券基金是否被低估？以及购买某只债券基金有没有踩雷的风险呢?

配置债券基金,在利率高位并有利率降低预期的时候配置效果最佳。此时,以长期的债券基金为主,越是长期的债券基金,受利率影响越大一些。如果市场利率一直低迷,可以选一些中短期的债券基金,因为中短期债券基金投资的债券离到期日比较近,受利率影响小一些。如果有加息预期,那么可以换成超短债券基金和货币基金。

超短期债券与中长期债券相比,具有波动小比较稳定的特点,货币基金快速赎回政策限额1万元后,其对超短期债券的优势锐减,同时2018年的雷潮不断,超短期债券的优势涌现了出来。在2018年的雷潮下,一些公募基金旗下的债券基金产品不断爆雷,中融融丰纯债1年亏损一半遭到腰斩退市。除了中融基金,华商等其他基金公司旗下的债券基金产品也出现了不同程度的踩雷现象。2018年华商双债丰利C(000418)亏损33.51%,排名在债券基金中垫底。

债券基金是用来保值增值、平抑市场波动的。在经济下行,雷潮不断的环境下,以企业信用债为主体的债券基金,一样未能幸免,甚至波及到了超短债基金。债券基金的安全性是最重要的。所以,结合债券基金的类型,下面举例综合谈谈选择债券基金的思路。

首先,要选择有实力的基金公司旗下的债券基金产品,如2018年有的债券基金也爆雷斩半后退市。所以,尽量不要选择小且没有实力的基金公司。选择好的有专业团队的基金公司,并且投资于范围也比较分散、流动性好的债券基金。

其次,在经济环境差的情况下,选择纯债基金时尽量选择杠杆低的纯债基金。纯债基金的收益来源于利息收入,风险是利率波动的风险,有的债券基金会持有债券质押融资,融得的资金又继续投入到债券市场,这样就可以获得杠杆收入,但风险会更大些。

再次,利率处于较低水平可能升息时配短期债券基金,利率处于较高水平可能降息时配长期债券基金。如果要当成现金和定期存款配置,那么,最好配置超短债券基金和货币基金。

最后,以持有信用风险债券为主的债券基金风险大,因此持仓应分散。债券的借款人包括政府、金融机构、上市公司和企业等。一般来说,政府或者央行违约的可能性基本为零，所以政府发行的债券风险极低。而公司和企业的风险相对会高一些。所以，债券基金的持仓债券一定要分散。组合中配置的债券基金一定也要分散。

现在拿纯债券基金中的广发中债7~10年国开债指数A（003376）和广发纯债债券A（270048）举例。

（1）广发中债7~10年国开债指数A（003376）：中债7~10年期国开债指数是国开债指数基金，是填补了除国债外没有跟踪其他单一发行体的债券指数基金，以及跟踪长期限政策性银行债的指数基金两项空白。这个指数的构成主要是国家开发银行在境内公开发行且上市流通的6.5~10年（包括6.5年和10年）的待偿期的债券。这种债券的特点：第一，收益率往往高于同期限的国债。第二，安全性较高不投信用债，收益也比信用债低。第三，期限较长，指数弹性较大。第四，债券指数基金不可质押，无杠杆。国开债是国家开发银行所发行的政策性金融债。国开行、中国进出口银行和中国农发行三大政策性银行均直属国务院领导。国开行是中国最大的政策性银行债发行方。所以，国开债已经基本成为中国债券市场无风险利率一个主要基准和利率市场化的代表性品种之一，流动性要明显高于国债。对比以上几条，国开债不投信用债，有政府的保障，违约率极低，基本为零，而且无杠杆。广发中债7~10年国开债指数A（003376）年管理费率低、运营好，所以成为债券基金中最稳定的品种。

（2）广发纯债债券A（270048）：作为纯债基金，仓位比较激进。2013年没能顶住债券市场的压力下跌了6.23%。2014年至2018年分别上涨了19.24%、15.32%、0.88%、1.79%和6.57%，年年取得了正收益。2019年依然保持正收益，2019年基金收益率为2.63%，同类平均收益率为6.26%。5年以上的业绩算是同类平均水平。由此看出，纯债的风险要高于国开债。广发基金是管理债券基金数量最多的基金公司，品种丰富，管理水平不错。

（3）广发安泽短债债券A（002864）：安泽短债这只网红基金，波动堪比货币基金，收益略高于货币基金。短债的收益率不如其他债券基金高，可是波动小也安全。如果说国开债是依靠投资品种获得安全，那么短债则是依靠投资期限获得安全，如下图所示。

（图片来源：天天基金网）

广发安泽短债债券A（002864）的累计收益率走势线是一条向上的直线，收益与同类债券平均收益一样，波动堪比货币基金。

以上述三个债券基金为例。在利率处于正常水平不会紧缩的环境下，从避免信用债取得安全性考虑，我们可以投资国开债指数基金。从期限上取得安全性考虑，我们可以选低波动的短债债券基金。从收益上出发可以考虑选择带杠杆的纯债，但是一定要选择有实力的管理水平高的基金公司的纯债，这样是最安全的。无论是收益性还是稳定性都不是最重要的，安全性是要考虑的最重要的因素。

债券基金仅2011年略亏，债券基金2007年至2018年的业绩表现，如下表所示。

2007年至2018年债券基金业绩表

年份	债基平均收益
2007 年	17.11%
2008 年	7.37%
2009 年	4.61%
2010 年	7.08%
2011 年	−2.57%
2012 年	7.21%
2013 年	0.69%
2014 年	20.06%
2015 年	11.16%
2016 年	0.34%
2017 年	2.54%
2018 年	4.56%

（数据来源：天天基金网）

最后，再来说说可转债券和可转债基金——兼具债性和股性。

可转债券亦称作可转换公司债券，是一种公司债券，持有人有权在规定期限内按照一定的比例和相应的条件将其转换成确定数量的发债公司的普通股票，可转债具有双重属性，即债券性和期权性。首先它是一种债券，具有面值、利率、期限等一系列要素；其次在一定条件下，它可以转换成发债公司的普通股票。

发行公司事先规定债权人可以选择有利时机，按发行时规定的条件把其债券转换成发行公司的等值股票（普通股票）。可转换公司债是一种混合型的债券形式。可转换债券的收益比一般债券的收益要低一些，但在投资机会选择的权衡中，这种债券仍然受到投资者的欢迎。因为可转债"下有保底，上有收益"。如果转股价格是10元，当股票价格是10元及以下时，可转债价值是100元面值加利息，是债券的性质。当股票价格是13元时，可转债价值是130元，达到公司强制赎回条款中的转股条件时，持有者就可以进行转股了。通常在转股期内，公司股票的收盘价格不低于当期转股价格的130%（含130%），就要注意公司公告了。当连续交易日的收盘价格达到了指定条件时，可转债要么会被强制赎回，要么会被转成股。每个公司的强制赎回条件都不同。所以，为了防止忘记关注公告，防止可转债被便宜赎回，到了130元以上，不转股直接卖出也行，如果长期看好，则可以换成公司股票。公司发行可转债的目的就是为了转股，通常是不愿意看到转股失败而只能进行还债的结果的。所以，有的可转债有转股价向下修正条款。例如，钧达股份（002865）2020年3月13日的公司公告中指出，公司股价已出现任意连续30个交易日中，至少有15个交易日的收盘价低于当期转股价格的85%的情形，公司决定将"钧达转债"的转股价格由此前的21.66元/股向下修正为14.93元/股，生效日期为2020年3月16日。

即使只算债券性质这方面，可转债的票面利率平均也在1%~2%，有许多的可转债设有到期回售条款，回售价通常是面值的105%~110%。这样分摊到六年期限，利率基本上是在2.5%~3%。

投资可转债券时，主要需注意转股价、强制赎回条款、下调转股价条款、回售保护条款这些方面。

可转债券具有债券、股票双重性质。因为可以转股，所以可转债的固定利息通常比普通债券的固定利息低，而且有着5%~30%的换股溢价。这也是投资者踊跃申购可转债的原因。优质公司发行的可转债，就算上市时跌到了转股价的90%，市场也可能会给可转债105元~115元的价格。

可转债发行条件是在上市公司中优中选优，不像纯债，可转债至今没有出现过违约事件。想要发行可转债，首先要求最近3年连续盈利，并且要求三年的净资产收益率平均在10%以上，即使是属于能源、原材料、基础设施行业的公司也不得低于7%；可转债发行后，公司的资产负债率不能高于70%，累计的债券的余额不能够超过公司的净资产的40%。

可转债券属于次等信用债券，在清偿顺序上，同普通公司债券、长期负债（银行贷款）等具有同等追索权利，但排在一般公司债券之后，同可转换优先股（优先股和普通股相比，可得到优先清偿的机会）。可转债说到底是一张债券加一张看涨期权的合体。向下看，有债券保底；向上看，期权上涨不封顶。可转债券有向下修正转股价和强制赎回条款，可以使转股由不可能变成可能，使转股变得更快一些。可转债券上涨30%以上转股，对上市公司有利，也对投资者有利，这是上市公司和投资者利益高度一致的地方。

除了申购和投资可转债，也可以投资可转债基金获得收益。选择可转债基金同样也要选择实力好业绩好的基金公司和其旗下的基金产品。同样需要长期持有做配置。如兴全可转债混合基金（340001）成立于2004年5月11日，成立以来到2019年第一季度末，净值是原先的8倍多。

基金的业绩比较基准是80%×中证可转债券指数+15%×沪深300指数+5%×同业存款利率。比起同类混合型股票基金，兴全可转债混合基金（340001）有着业绩优、波动小，尤其是下跌年份相当抗跌的特点。

从天天基金网中可以查询到基金的历史收益和同类基金平均的历史收益。如下图所示。

时间	1季度涨幅	2季度涨幅	3季度涨幅	4季度涨幅	年度涨幅	同类平均（年度）	同类排名（年度）
2019年	14.54%	---	---	---	---	---	---
2018年	0.24%	-4.25%	-0.03%	-1.74%	-5.73%	-13.93%	793|2974
2017年	-0.10%	1.95%	2.62%	2.98%	7.63%	10.54%	1114|2765
2016年	-4.06%	2.83%	2.49%	-0.22%	0.89%	-7.23%	466|1331
2015年	5.98%	2.89%	-10.14%	9.29%	7.09%	46.34%	711|745
2014年	1.45%	5.23%	6.76%	34.41%	53.18%	22.46%	35|611
2013年	5.77%	-0.67%	5.17%	-0.58%	9.85%	14.43%	328|529
2012年	0.82%	2.01%	-4.36%	3.39%	1.69%	4.83%	325|459
2011年	-2.02%	-2.08%	-10.56%	0.65%	-13.63%	-23.09%	20|392
2010年	-3.28%	-3.03%	10.13%	4.25%	7.67%	3.80%	110|335
2009年	14.10%	8.44%	-0.27%	9.54%	35.17%	63.01%	255|270
2008年	-10.81%	-6.30%	-2.61%	-1.13%	-19.53%	-47.84%	3|215
2007年	28.28%	30.84%	29.45%	-2.05%	112.84%	117.83%	98|165
2006年	12.80%	24.91%	1.87%	19.64%	71.73%	113.08%	98|106
2005年	0.79%	1.16%	3.33%	2.07%	7.53%	3.25%	18|70

（图片来源：天天基金网）

总之，可转债和可转债基金是有债券的特点也有股票的特点，是混合型的性质。做低风险投资可以申购可转债进行保底和套利，在进行套利时，需和正股比价，做长期投资可以长期持有可转债等待转股。详细了解可转债可以参考安道全写的《可转债投资魔法书》，也可以参考集思录、雪球等网站的可转债的相关文章进行学习。2020年4月份可转债ETF（511380）上市，也为投资者提供了波动相对小，收益相对稳定的低风险投资的配置工具。对于可转债基金，选择时要了解可转债基金的历史收益和持仓。

作为现金和定期存款的等价物在组合中进行配置，只有货币基金和安全的纯债基金，包括国债尤其是债券基金中的超短债券基金符合要求。债券基金的长期平均收益在6%~7%，货币基金在2%~4%。所以，非长期的资金和由于资产配置的需要的资金可以投资于货币基金和债券基金，长期资金还是需要配置于年均10%左右的指数基金，尤其是其中的更优秀、收益更高的基本面类的策略指数基金。

第7节　三项平衡才妥妥的：安全性、收益性和流动性

一般来说，资产的收益性、安全性和流动性三者不可兼得。

通过资产配置章节的介绍，我们更清楚地了解到了长期资产配置安全性是最重要的，时间是复利的朋友，波动不是安全的风险，永久性的损失才是安全的风险。只要资金和期限相匹配，我们可以取得长期复利收益。

(1) 货币型基金、逆回购、短期债券产品、银行理财产品：安全性和流动性高、收益性低。适合1年以内的资金配置。

(2) 债券型基金（纯债基金）：长期债券基金安全性高；流动性比货币基金和短债基金差，比股票基金好（流动性从一个牛熊周期循环考察）；收益性比货币基金和短债基金都高，比股票基金低。长期债券比短期债券要受到利率风险、信用风险的影响大一些，流动性要低一些，收益也相对高一些，适合1~3年的资金配置。很多中长期银行理财产品的底层资产是以债券品种为主的。

债券的牛熊周期基本上是两三年一轮。下表为中证全债指数的牛熊周期表。

行情阶段	时间起止日	历经时长
第 1 轮牛熊	2002 年 12 月 31 日至 2004 年 4 月 28 日	1 年 4 个月
第 2 轮牛熊	2004 年 4 月 28 日至 2008 年 1 月 7 日	3 年 9 个月
第 3 轮牛熊	2008 年 1 月 7 日至 2009 年 11 月 23 日	1 年 10 个月
第 4 轮牛熊	2009 年 11 月 23 日至 2011 年 9 月 20 日	1 年 10 个月
第 5 轮牛熊	2011 年 9 月 20 日至 2013 年 12 月 20 日	2 年 3 个月
第 6 轮牛熊	2013 年 12 月 20 日至 2017 年 12 月 27 日	4 年
平均值		2 年 6 个月

（来源：银华理财家）

(3) 混合型基金、可转债混合基金：收益和风险介于债券型基金和股票型基金之间。

(4) 股票型基金：包括主动型的股票基金和被动型的股票指数基金。指数基金需要近似满仓投资一篮子股票，收益最高，风险最大。这种风险是波动的风险，不是安全性的风险。股票基金需要在牺牲流动性的基础上，来获得安全性和收益性，所以适合长期投资者，为了避免不必要的损失，资金和投资期限必须相匹配，至少用5年以上的长期资金来配置股票型基金，才能实现长期稳定的复利增长。

(5) 其他品种：不了解的品种不做。互联网金融日益兴起，各种品种也鱼龙混杂。互联网金融P2P的爆雷，甚至波及了正规的P2P业务，给投资者们上了生动的一课。早在2008年的美国金融危机，美国的固定收益类的品种被波及的很多。投资者不仅需要了解这些投资渠道是否安全，还要了解底层资产是否安全，即使都没有问题，最后还要了解是否能经受住极端环境下的压力。

证监会严格监管的各种投资品种：

股票、公募基金

诈骗分子的各类平台：

各种虚假投资平台、虚假交易盘子

互联网金融是如此，各类商品、收藏品、艺术品、其他的五花八门的品种等也是如此。这些不熟悉的品种无论被说得多么天花乱坠，为了本金安全，我们投资者一定要本着做能力圈之内的投资原则，因此，坚决不做能力圈之外的品种，只做能力圈内的品种，如上图所示。

如果有20%的利润，资本就会蠢蠢欲动；如果有50%的利润，资本就会冒险；如果有100%的利润，资本就敢于冒绞首的危险；如果有300%的利润，资本就敢于践踏人间一切法律。

——马克思 《资本论》

第 8 节　买对指数基金，让你的资产长期都有高收益；选好股票组合，自己当自己的基金经理

资产配置的核心是股票型指数基金的配置，因为股票类的指数基金是各类资产中长期收益最高的品种。而且，指数基金有着优胜劣汰的功能，只要有一家上市公司在，指数基金就在，指数基金是永续的。股票型指数基金，顾名

思义，是股票的组合。所以，我们投资者不仅可以买股票型指数基金，也可以自己模仿股票型指数基金做自己的股票组合，同时做好资产配置，即自己当自己的基金经理，争取实现长期收益最大化。

有的投资者容易接受指数基金，认为指数基金只要亏损就可以补仓，一直亏损一直补仓到底，牛市一定会来，从而获得好的收益。股票可能会因上市公司业绩下滑从而基本面变差，甚至退市。而且股票容易受操纵、容易做庄、容易受信息优势不对称的影响。

有的投资者容易接受股票组合，认为集中持有优秀的公司，具备护城河垄断性的公司是长期利润的来源。指数基金太分散了，上证50指数有50家公司的股票，深证100指数有100家公司的股票，还有沪深300指数、中证500指数、中证1000指数等，也是包含成百上千只股票。

指数基金和公司股票组合是各有特点。指数基金可以跑赢八成以上的市场参与者，这也决定了跑赢指数基金的是少数，而且这个少数群体还是不固定的。然而，投资和投机不同，长期指数基金是上涨的，年均收益率在一成左右，长期投资跑输指数基金也不意味着一定亏损，而短期投机股票95%的参与者亏损，如同短期投机期货97%的参与者亏损一样，少数实现盈利的群体随着时间推移还不固定。公司股票组合可以从指数基金的成分公司中优中选优，进行精选，这注定了稳定风格的投资者集中持有优秀公司股票组合的收益率能高一些。可是，再好的策略也不会年年取得超额收益，难免会发生风格漂移、投资者信心不足等问题，从而影响后面的交易。纪律是一方面，心态是一方面，这也是为什么越能长期跑赢指数基金的投资者，越能敬畏市场、关注指数基金。巴菲特十余次推荐指数基金，也是因为指数基金有着一些天然的优势。这些优势本书后面会陆续介绍。以上提及的指数基金和公司股票组合的优缺点，以及怎样用正确的方法利用优点带来的好处，回避缺点带来的不利影响，也是本书后面几章要涉及的内容。

本书的第3章将介绍指数基金和优秀股票组合的用途。第4章将全面介绍指数基金。第5章将介绍基本面类的指数基金是如何取得超额收益的。第6章将介绍用指数基金的逻辑构建你的公司股票组合，即用指数基金的逻辑指导你买股票，自建公司股票组合，取得超额收益。从第3章到第6章详述了存量资产的资产配置方法。第7章将介绍怎么定投自建的指数基金组合和公司股票组合以及一些常见的问题，详述了用增量资产做定投组合的方法。

总结

1. 每个人都需要根据自身情况进行个性化的资产配置。

2. 不同的资产规模需要做不同的资产配置。财富准备阶段、财富初级阶段、工作自由阶段、财富自由阶段的配置策略都不一样。

3. 了解全球大类资产配置，自己用场外基金和场内基金也可以做全球大类资产配置。

4. 用好固定收益类的品种做好资金储备池和资产配置。

5. 安全性、收益性、流动性三者不能兼得，股票指数基金是牺牲了流动性，做长期投资带来了安全性和收益性，所以资金必须和投资期限相匹配。

第 3 章

天生一对：指数基金+ 公司股票组合

投资的方法和策略有很多种。美国波士顿大学商学教授劳伦斯·科明汉姆在《什么是价值投资》一书中将当今社会主流投资模式归纳为五种：

一是价值投资，依靠对公司财务分析寻找市场价格低于其内在价值的股票，以格雷厄姆、巴菲特为代表。价值投资者依靠对公司财务表现的基础分析找出那些市场价格低于其内在价值的股票。

二是增长投资，寻找那些经营收益能够保证公司内在价值迅速增长的公司，以菲利普·费舍尔和彼得·林奇为代表。成长投资者则致力于寻找那些经营收益能够保证公司内在价值迅速增长的公司，成长价值投资是由菲利普·费雪提出。巴菲特吸收到了格雷厄姆和费雪的精华，进行发扬光大，自成一派。

三是指数投资，通过购买股票来复制市场指数，以先锋集团的创始人——约翰·伯格为代表。指数投资者通过购买股票来复制一个大的市场细分，买下代表整个市场状况的一篮子股票。格雷厄姆认为这种战略对于防守型投资者很有效，约翰·伯格曾大力推广，巴菲特称指数基金是什么都不懂的散户最好的投资工具。

四是组合投资，试图建立一个多元化的投资组合来管控风险，以《漫步华尔街》的作者、普林斯顿大学教授伯顿·马尔基尔为代表。组合投资者通过选择建立一个多元化的投资组合承担投资风险。

五是技术投资，采用各种图表来收集市场的行为，以此来显示投资者预期是上升还是下降，市场趋势如何，以华尔街知名投资人威廉·奥尼尔为代表。技术投资者采用各种图表收集市场行为，预测市场趋势、动量价格趋势。

从价格和价值的关系方面，价值投资寻找定价低于价值的投资标的，成长投资寻找价值增长速度快于价格增长的投资标的。价格和价值的关系既是不定的，在深度挖掘中又是可以确定的。指数投资是忽略了价格和价值的关系，而购买的是整个跑道。指数投资的假设是价格与价值的关系不能确定。对于散户来说，能力圈是有限的，可以先学习利用指数基金保证好平均收益，再深入学习利用价格和价值的关系取得超额收益。很多Smart Beta指数基金通过提取价值、成长、质量等因子，在一定的编制规则下为投资者提供了可能的超额收益；有些Smart Beta指数基金运用了动量因子，这与技术投资的价格趋势相近了；也有些用多种策略进行资产配置，将风险偏好与价格价值水平相融合，这是组合投资的范畴了，FOF基金买不同风险偏好的标的做基金组合，就是组合投资。

　　本书的核心是指数基金 + 股票组合的配置，是从购买能够代表整体市场状况的指数基金入手，先争取保底收益。首先，在全面深入了解指数基金后选取合适的指数基金，因为持有指数基金可以经历市场涨跌周期变化，取得稳定的预期平均收益。有了基础以后，在以指数基金做长期资产配置的同时，侧重Smart Beta因子的指数基金，通过策略指数基金来配置价值被低估的股票，取得超额收益。最后，再慢慢扩展能力圈做好公司股票组合，从而通过指数基金组合和股票组合做好整体资产配置。

第 1 节　用指数基金做资产配置取得平均收益

　　指数基金(Index Fund)是以特定指数为标的，投资标的指数的成分股票，紧密跟踪复制标的指数表现的股票型基金。指数基金的目标是减少跟踪标的误差，使股票组合与标的指数相一致。

　　指数是按照某种选股规则成立的，它反映了这一篮子股票的平均价格走势。如上证指数、深证成指、上证50指数、深成100指数、中小板指数、创业板指数、沪深300指数、中证500指数等，香港的恒生指数、国企指数等，美国的道琼斯工业平均指数、标普500指数、纳斯达克指数等。这些指数都能反映所在市场的一篮子股票的平均价格走势。

　　如果我们买下以上全部指数对应的指数基金产品，相当于我们买下了占中国大陆、香港市场和美国市场多数市值的股票，长期持有也会享受到中国和美国经济发展带给我们的回报。

　　除了境内和境外的股票型指数基金，还有债券、货币、商品、REITS等类型的指数基金，这些都可以被我们用来做资产配置，取得相应资产类别的平均收益。

　　在第4章里我们将以股票型指数基金为主进行全面深入探讨。

第2节　用策略指数基金追求超额收益

指数基金可以取得平均收益，而不满足取得平均收益，进一步追求更高收益，用各种策略做出来的指数基金，即是策略指数基金，多数是Smart Beta指数基金。

我们先通过两段文字，来理解什么是"阿尔法和贝塔"。

"现代金融理论认为，证券投资的额外收益率可以看作两部分之和。第一部分是和整个市场无关的，叫阿尔法；第二部分是整个市场的平均收益率乘以一个贝塔系数。贝塔可以称为这个投资组合的系统风险。——《对冲基金到底是什么》

简单地说，阿尔法很难得，贝塔很容易。只要通过调节投资组合中的现金和股票指数基金（或者股指期货）的比率，就可以很容易地改变贝塔系数，即投资组合中来自整个市场部分的收益。而阿尔法是如此难得，以致许多金融教授们根本不相信它的存在。因此阿尔法会很贵，而贝塔很便宜。"

主动型基金经理试图获得更好的绩效，也就是除贝塔以外还想得到些阿尔法。但共同基金整体，扣除昂贵的管理费，是一定跑输市场平均收益的。依靠基金经理，仓位和风格还容易发生漂移。而且，选出未来表现优秀的主动型的基金，不比选出未来表现优秀的公司容易。

被动型指数基金包括交易型开放式指数基金（ETF, Exchange Traded Fund），像沪深300指数基金、中证500指数基金、恒生指数基金、恒生国企指数基金、标普500指数基金、纳斯达克指数基金都是购买纯贝塔跑道的工具。被动指数基金有着低管理费率、低换仓率、仓位95%以上等优势，在市场牛熊周期后，总能跑赢八成以上的主动型基金，而且运作透明。

那么，可不可以在一定的规则下，迫使仓位和风格固定，单纯靠基本面来选股获得收益呢？答案是可以的。每一种策略都是单独的一条跑道，也是贝塔策略。而与贝塔策略不同的是，这些都是聪明的跑道，即是聪明的贝塔策略。

Smart Beta与传统的指数编制方法不同，不是以市值高低为股票的权重依据，而是通过对选股和权重的优化，在指数化被动管理的同时，也能取得一定的权重的优化带来的超额收益。

Smart Beta结合了被动投资的优势和主动投资的优势。

被动投资优势: 把被动复制指数构成股票组合作为资产配置方式, 以追求与指数收益率之间的跟踪误差最小化为业绩评价标准。与普通指数基金相同, 也有分散投资、投资成本低廉、组合运作透明等优势。

主动投资优势: Smart Beta策略在编制策略方面, 通过主动策略去获取战胜市场的收益; 同时, Smart Beta相比于传统的Alpha策略, 在管理模式上采用指数管理(被动投资)的模式去管理资金, 相比传统Alpha策略将承受较低的主动风险, 如下表所示。

投资组合收益	=	Alpha	=	纯 Alpha	=	纯 Alpha (投资能力、技巧等)
				策略 Beta		Smart Beta (价值、质量、低波、动量、红利、规模因子等)
		Beta		市场 Beta		市场 Beta (地区、行业等)

Smart Beta策略可以分为单因子策略、多因子策略、另类加权策略、事件策略。这些因子可以是波动率因子、Beta因子、红利因子、动量因子、质量因子、价值因子、成长因子, 以及多类因子的结合, 还有等权、最小方差加权、基本面加权以及回购和分拆上市等的事件策略。

Smart Beta策略从收益导向分类, 包括了规模、价值、成长、动量、质量、红利、基本面加权、利润加权、收入加权、预期回报、多因子; 从风险导向分类, 包括了低/最小波动率/方差、低/高beta、风险加权、风险平价、最大化分散组合、去相关性; 还有从其他方面进行的分类, 分类结果包括了等权、非传统商品、非传统固定收益、多资产、ESG(环境、社会、政府)等。

目前中国市场中有等权重指数、基本面指数、红利指数、低波指数、价值指数、质量指数、增强指数等以及与这些指数相关的指数基金。我们可以通过这些策略指数基金, 来做多种策略组合取得稳定的超额收益。

美国的各类策略指数平均年化超额收益在3%左右, 中国的各类策略指数平均年化超额收益能相对高一些, 在4%~5%。

随着Smart Beta策略被市场逐渐认可, 在2019年, 此类策略ETF密集发行上市。

Smart Beta策略的因子有些深奥，我们不需要完全懂得策略因子深奥的编制原理。如同我们用家电，只需要简单了解我们用的家电的功能就可以了。我们只要简单了解这些因子，简单了解策略指数基金的构成，拿来使用即可。对此我们将在第5章进行全面深入讨论。

第3节　用优秀公司股票组合实现最大收益

价值投资优秀股票组合，无论是偏价值投资还是偏成长投资，都离不开定性分析和定量分析。基本面类因子策略指数基本上是量化后做定量分析，从而筛选出一批公司股票组合长期持有。

定量分析是从财务报表中，如资产负债表、损益表等，选出一些财务数据来分析企业的运营状况。从净资产收益率、净利润增长率、存货、应收账款、现金流等指标进行考察分析，进而分析公司估值和成长性。现代越来越多的量化数据和量化工具的产生，为我们做定量分析和做多策略指数基金提供了很大程度的便利。

烟蒂投资法的核心理念是注重投资的安全边际，寻找市场低估的投资标的，分散持有一篮子破净的股票。有兴趣的读者可以查询一下《沃尔特·施洛斯资料集》，深入了解这种投资方法。定量选公司股票的标准也是选优秀股票构建组合的参考依据之一。

下面再来谈谈定量分析法与定性分析法的结合使用。

巴菲特注重的安全边际——以远低于价值的价格买入一只股票。这是格雷厄姆的基本理念。巴菲特从捡烟蒂到收购喜诗糖果就是从突破了捡便宜思维转而注重优秀企业的成长的表现，这也是费雪非常重视的。巴菲特称自己是85%的格雷厄姆和15%的费雪，巴菲特自己是集价值和成长投资思维之大成者。

定性分析公司，一定要在自己的能力圈范围之内，尽可能地减少错误的发生。有持续稳定经营能力的公司，一般具有产品简单易懂、有护城河、管理层诚实靠谱、管理层有着好的决策能力、好的企业文化、专注力、强大的品牌吸引力等特点；在进行定性分析时，除了考察企业的负债结构是否合理，还要考察分析企业的业务性质、在行业中的地位、行业前景空间和业务前景、企业的竞争优势和劣势，等等。有些内容在公司财务报告中没有，我们不仅需要从公司财务报告中根据蛛丝马迹读出问题，还需要分析企业所在的行业发展状况、行业环境以及调研企业产品、企业竞争对手等。这里的很多方面需要投资者具有商业洞察力，能够洞悉未来，这也是最难的。

一个企业核心的部分还是需要进行定性分析。马化腾当年和他朋友一起做QQ时，由于资金紧张，决定把QQ这款产品卖给当时中国互联网大佬张朝阳，标价300万元，对方只愿意以60万元接手，结果价格没有谈拢。如果张朝阳知道腾讯产品有今天的发展，那当时抢还怕来不及呢。这种商业洞察力、对企业未来成长性的判断，没有量化公式可循，是艺术的范畴，需要长期的经验积累、对社会经济发展趋势的敏锐观察并且能够进行综合判断考量。所以，查理·芒格有了格栅思维模式，帮助其进行整体性、多样化的思考。

商业分析能力是最稀缺最难获得的能力之一。没有做过生意的人，没有丰富的实践经验的人，是很难具有这种能力的。所以，只有少数具备商业洞察力和悟性好的投资者，才能在能力圈内集中投资做出出色的业绩来。

一般的投资者可以扩展能力圈，相对集中，适当分散，定量分析和定性分析相结合。如果什么都不会，选指数基金和策略指数基金也很好。总之，要清楚自己的能力圈在哪。巴菲特曾告诉我们，投资成功最重要的是能力圈原则："投资人真正需要具备的是对所选择的企业进行正确评估的能力，请特别注意'所选择'（selected)这个词，你并不需要成为一个通晓每一家或者许多家公司的专家。你只需要能够评估在你能力圈范围之内的几家公司就足够了。""对你的能力圈来说，最重要的不是能力圈的范围大小，而是你如何能够确定能力圈的边界所在。如果你知道了能力圈的边界所在，你将比那些能力圈虽然比你大5倍却不知道边界所在的人要富有得多"。巴菲特特别自制，总是能够坚守自己的能力圈："我们努力固守于我们相信我们可以了解的公司。这意味着那些公司具有相对简单且稳定的特征。如果企业业务非常复杂而且不断变化，那么我们就实在是没有足够的聪明才智去预测其未来现金流量。碰巧的是, 这个缺点丝毫不会让我们感到困扰。对于大多数投资者而言, 重要的不是他到底知道什么, 而是他们是否真正明白自己到底不知道什么。只要能够尽量避免犯重大的错误, 投资人只需要做很少几件正确的事情就足以成功了。"

所以, 研究投资要拓展能力圈, 进行投资要固守在能力圈之内。价值投资的大师们的年化收益率在两成左右, 即年化超额收益率在一成左右。在中国的价值投资的圈子里, 无论是博客还是论坛, 有着10年以上业绩的投资者, 年化收益率在两三成左右, 即年化超额收益率在一成左右比较普遍。企业利润与经济增速有关, 随着经济增速降低到合理水平, 投资者争取年化收益率10%~15%比较合理。

长期投资普通指数基金年化收益率一成左右, 策略指数基金年化收益率一成以上, 优秀公司股票组合年化收益率两成左右。无论是集中投资还是分散投资, 无论是定性投资还是定量投资, 最重要的是与自己的能力圈相匹配, 做好自己能力范围之内的事情。

用优秀公司股票做组合, 我们将在第6章进行全面深入讨论。

总结

1. 投资指数基金取得平均收益, 指数基金费率低、换仓率低、透明, 适合做资产配置。

2. 投资策略指数取得超额收益, 可以用策略指数基金做多种策略组合。

3. Smart Beta策略可以分为单因子策略、多因子策略、另类加权策略、事件策略。这些因子可以是波动率因子、Beta因子、红利因子、动量因子、质量因子、价值因子、成长因子, 以及多类因子的结合, 还有等权、最小方差加权、基本面加权以及回购和分拆上市等的事件策略。

4. 公司股票组合分析包括定量分析和定性分析, 定量分析可以参考策略因子量化基金, 定性分析是最难的, 需要具备商业洞察力。

5. 研究投资要拓展能力圈, 进行投资要固守在能力圈之内。对你的能力圈来说, 最重要的不是能力圈的范围大小, 而是你如何能够确定能力圈的边界所在。如果你知道了能力圈的边界所在, 你将比那些能力圈虽然比你大5倍却不知道边界所在的人要富有得多。

第 4 章

手把手教你选指数基金

第 1 节　理解指数基金

前面我们提到了指数基金(Index Fund)是以特定指数为标的，投资标的指数的成分股票，紧密跟踪复制标的指数表现的股票型基金。指数基金的目标是减少跟踪标的误差，使股票组合与标的指数相一致。

指数是按照某种选股规则成立的，它反映了这一篮子股票的平均价格走势。如上证指数、深证成指、上证50指数、深成100指数、沪深300指数、中证500指数等，香港的恒生指数、国企指数等，美国的道琼斯工业平均指数、标普500指数、纳斯达克指数等。这些指数都能反映所在市场的一篮子股票的平均价格走势。

为什么是指数基金？

巴菲特十次推荐指数基金，这是因为指数基金有低费用成本（管理费、托管费）、低换手率的优势，是理财初学者最容易进入并且达到一赚二平七亏中的二平的工具。

巴菲特忠告妻子持有标普500指数基金，这样会有足够的流动性来提供需要的金钱，同时拒绝所有买卖股票的建议。在2013年股东信中，巴菲特再次表达了对指数基金的看好，"如果要立遗嘱，去实现把现金交给守护我妻子利益的托管人。我对托管人的建议再简单不过了：把10%的现金用来买短期政府债券，把90%的资金用于购买非常低成本的标普500指数基金。我相信遵循这些方针的信托，能比聘用昂贵投资经理的大多数投资者，获得更优的长期回报，无论是养老基金、机构还是个人。"巴菲特立遗嘱并不是建议把现金去投资自己创造的伟大的"世界第一高价股——伯克希尔·哈撒韦公司"。巴菲特很明白，伯克希尔过去的巨大成功，并不代表未来还能取得巨大成功，尤其他走了以后。他早就说过，即使推倒重来，他也无法复制过去伟大的成功！如果建议仅集中投资一个伟大的公司，其实就是孤注一掷！而标普500指数基金就完全不一样了，相对于投资一个公司的风险，其风险也就是五百分之一。

20多年前，巴菲特在推荐指数基金的时候是这么说的："大部分投资者，包括机构投资者和个人投资者，早晚会发现最好的投资股票方法是购买管理费很低的指数基金。"10年之后，他拿出了50万美元与纽约对冲基金Protege Partners立下了一个10年的赌局，后者选择了5只FOF基金与股神选择的标普500指数基金进行终极PK。

又一个10年过去了，在2017年的公开信里，股神"毫无保留"地公布了结果（见下表）。

年份	FOF 基金 A	FOF 基金 B	FOF 基金 C	FOF 基金 D	FOF 基金 E	标普 500 指数基金
2008	−16.5%	−22.3%	−21.3%	−29.3%	−30.1%	−37.0%
2009	11.3%	14.5%	21.4%	16.5%	16.8%	26.6%
2010	5.9%	6.8%	13.3%	4.9%	11.9%	15.1%
2011	−6.3%	−1.3%	5.9%	−6.3%	−2.8%	2.1%
2012	3.4%	9.6%	5.7%	6.2%	9.1%	16.0%
2013	10.5%	15.2%	8.8%	14.2%	14.4%	32.3%
2014	4.7%	4.0%	18.9%	0.7%	−2.1%	13.6%
2015	1.6%	2.5%	5.4%	1.4%	−5.0%	1.4%
2016	−3.2%	1.9%	−1.7%	2.5%	4.4%	11.9%
2017	12.2%	10.6%	15.6%	无	18.0%	21.8%
累计收益率	21.7%	42.3%	87.7%	2.8%	27.0%	125.8%
平均年化收益率	2.0%	3.6%	6.5%	0.3%	2.4%	8.5%

从2008年到2017年，指数基金完胜！

无论是赢了和对冲基金的"十年赌约"，还是避免听消息频繁交易、追涨杀跌、根据情绪选股选时，指数基金是可以帮助投资者们做到这些受情绪影响做不到的事情的。

由此可得出以下五点。

首先, 指数基金可以取得二平收益。

其次, 无论是机构、量化大数据还是AI, 作为整体市场的一部分, 相互博弈的结果是扣除高昂的费用后, 大多数跑输指数基金。如果每年落后2%, 那么40年后将会落后一半多。而且这些参与者出于各种原因, 可能不会始终使用同一种策略, 所以也给了基本面策略指数基金的机会。

再者, 指数基金的成分公司优胜劣汰, 永不倒闭。你也可以做全球指数基金。只要市场参与者和资本市场在, 指数基金会继续发挥复利作用。

再次, 资本市场规律——全球指数是长期保持着复利的。

(1) 美国道琼斯指数从首次被公布的1896年5月26日的41点, 到2020年底的30606点, 经历了125年的时间, 年化收益率为5.4%, 加上分红还要高些, 从3万多点, 按照4%的速度, 100年后上涨到100万点。

(2) 恒生指数以1964年为基期, 指数定为100点, 现在在30 000点左右, 30倍。指数都是不含分红的, 加上分红再投资是80倍, 年化收益率13%。

(3) 假设年化收益率是8%, 每30年上涨10倍即可。上证指数和深成指数均不含分红, 它们在近30年的时间里分别上涨了30多倍和10多倍。沪深市场成立以来, 全收益指数年化收益率在15%左右。

最后, 人性规律——不同操作模式的长期赚钱概率不同。

现实中, 七成的参与者群体做短线, 97%的群体亏损, 3%的盈利(其中1%的是暴利, 都是追求这个暴利做的, 但是这部分群体经常变化, B把A挤下去, C会把B挤下去); 两成的参与者群体做中线, 75%的群体亏损, 25%的群体盈利; 7%的参与者群体做长线, 8%的群体亏损, 92%的群体盈利。这样构成的一赚二平七亏(70%×3%+20%×25%+7%×92%=13.5%)。这也是为什么长期只有极少数的短线的参与者是盈利的, 虽然其中有短期暴利; 多数的参与者盈利的都是做中长线的, 这里面基本上没有短期暴利, 而是依靠长期复利滚雪球。长期持有指数基金不会陷入基本面的判断错误, 也不会陷入高买低卖的选时的贪婪恐惧的错误(每次市场高位开户的数量最多, 每次市场低位销户的数量最多）。长期投资亏损都难。即使是稍微弱于指数基金,长期投资也会多少有些盈利的。

指数基金购买渠道有一级市场场外申赎和场内申赎基金渠道,二级市场证券场内交易基金渠道。后面章节我们将介绍这两种渠道的区别。

基金组合可以是根据一定条件做的FOF基金,如目标日期基金、目标风险基金、智能投顾等,也可以是自己挑选出优秀基金建立一个组合。

第 2 节　给指数基金做个梳理

学习了解指数基金,有以下几点问题需要重点关注。

(1)指数基金都有哪些? 怎么样能查询得到?

还记得我们在前面章节提到,ETF基金基本上都是指数基金,紧密实时地跟踪相应指数,ETF基金也是指数基金中规则最透明的、费率最低的、可以用公司股票换购的、标的最透明的指数基金。LOF基金中有的是指数基金,有的不是指数基金。LOF可以在一级市场上用现金申购和赎回场外份额,在二级市场上进行场内份额交易。ETF不是百万级别以上的资金,只能在二级市场上进行场内份额交易,在一级市场上可以申购赎回相应的ETF联接基金。未来随着交易机制的成熟,ETF基金将在一级市场上开放。

我们可以从ETF分类和LOF分类中查询到现有的指数基金。

在证券行情软件沪深股票列表中下方的菜单栏里,选择“基金”菜单中的“ETF基金”, 我们可以查询到全部的四百多只ETF基金。如下页图所示。

我们可以查询到,ETF基金包括股票指数型、债券型、货币型、黄金型等指数基金。股票指数型的里面,又有境内、境外、行业、主题等指数基金。

	代码	名称		现价		代码	名称		现价
1	159001	保证金		100.001	31	159923	100ETF		1.628
2	159003	招商快线		100.001	32	159925	南方300	R	1.647
3	159005	添富快钱		100.001	33	159926	国债ETF		117.100
4	159801	芯片基金		0.949	34	159928	消费ETF	R	3.090
5	159802	800ETF		--	35	159929	医药ETF		1.678
6	159803	浙江ETF		--	36	159930	能源ETF		0.584
7	159804	创精选88		0.971	37	159931	金融ETF		1.529
8	159806	新能车		0.956	38	159932	500深ETF		1.430
9	159807	科技ETF		1.016	39	159933	金地ETF		1.935
10	159809	恒生湾区		--	40	159934	黄金ETF	R	3.548
11	159810	浦银创业		--	41	159935	景顺500		1.425
12	159813	芯片		--	42	159936	可选消费		1.287
13	159901	深100ETF	R	4.939	43	159937	博时黄金		3.576
14	159902	中小板		3.247	44	159938	医药	R	1.503
15	159903	深成ETF		1.108	45	159939	信息技术	R	1.185
16	159905	深红利	R	1.769	46	159940	金融		0.929
17	159906	深成长		1.082	47	159941	纳指ETF		1.765
18	159907	中小300		1.305	48	159943	深证ETF		10.930
19	159908	博时创业		1.637	49	159944	材料ETF		0.694
20	159909	深TMT		5.215	50	159945	能源		0.537
21	159910	深F120	R	1.784	51	159948	创业板EF		1.993
22	159911	民营ETF		4.258	52	159949	创业板50	R	0.706
23	159912	深300ETF		1.341	53	159951	中关村A		0.856
24	159913	深价值		1.804	54	159952	创业ETF	R	1.101
25	159915	创业板	R	1.834	55	159953	工业ETF		0.719
26	159916	深F60	R	3.949	56	159954	H股ETF		0.905
27	159918	中创400		1.515	57	159955	创业板E		1.028
28	159919	300ETF	R	3.760	58	159956	创业板F		1.076
29	159920	恒生ETF	R	1.293	59	159957	创业板HX		1.132
30	159922	500ETF	R	5.409	60	159958	创业板ET		1.108

2019年一些Smart Beta策略指数基金ETF也陆续发行上市了，如央视50ETF和基本面50ETF。

LOF基金有的是指数基金，有的不是指数基金。一般相同品种的有了ETF基金和ETF联接基金，因其费率低、仓位足，就可以不用考虑LOF基金了。ETF联接基金和LOF基金可相互替代。

境内基金品种丰富，一般都会有不少同类型的ETF，一些策略基金ETF也开始陆续发行上市。境外QDII基金同样也可以在分类中查询到，该类基金主要包括港股通、香港基金、美国基金、原油基金以及其他国家地区和其他品种基金，如美元债等。如下图所示。

	代码	名称		现价
1	159920	恒生ETF	R	1.293
2	159941	纳指ETF		1.765
3	159954	H股ETF		0.905
4	159960	恒生国企		0.926
5	159963	恒生中国		0.899
6	160125	南方香港		1.012
7	160140	美国REIT		0.928
8	160216	国泰商品		0.281
9	160322	港股精选		1.030
10	160416	石油基金		0.777
11	160644	互联网QD		0.912
12	160717	恒生H股		0.747
13	160719	嘉实黄金		0.896
14	160723	嘉实原油		0.815
15	160922	恒生中小		0.858
16	160923	海外中国		--
17	160924	恒指LOF		0.895
18	160925	中华300		--
19	161116	易基黄金		0.775
20	161124	香港小盘		--
21	161125	标普500		1.126
22	161126	标普医药		1.194
23	161127	标普生物		1.145
24	161128	标普科技		1.579
25	161129	原油基金		0.807
26	161130	纳指LOF		1.295
27	161229	国投中国		1.169
28	161714	招商金砖		0.909
29	161815	银华通胀		0.391
30	161831	恒生中企		0.869

当然，这是软件的大致筛选，一些基金的划分也不是非常准确，但是，主流指数基金和大多数非主流指数基金都能在行情软件分类里面找到，各行情软件指数基金分类也不完全一样。细分的小范围的指数基金，在我们需要时，需要我们自己慢慢挖掘。书中也会提到这些现有的指数基金。

（2）具体每一只指数基金的数据从哪里查询？

查询一只指数基金的数据，必须查询到相应的指数数据。最权威的指数网站，也是最主要的网站是中证指数有限公司网站，此网站以查询上证指数和沪深系列、中证系列指数为主；其次还有国证指数网站，可以查询深证指数系列和国证指数系列的指数；中华证券交易服务网站，可以查询沪港深指数以及其他细分行业等指数，如中华交易服务半导体行业指数；还有华证指数网站等，这些网站都提供了相应的指数查询功能。

现在看看中证指数有限公司网站能带给我们哪类信息。[①]

http://www.csindex.com.cn/

在中证指数有限公司的首页（见上图）中，会发布一些动态与公告，包括指数的发布和指数的调仓之类的一些信息，如下图所示。

还能够查询到板块表现、行业指数和行业市盈率这些信息，并且有计算说明文档。限于篇幅，仅列出几幅图片，如下图所示。

---

① 本书中所展示的与中证指数有限公司相关内容，包括但不限于图片、指数介绍、编制方案、单张信息等指数数据集相关资料（"指数数据"）来源于中证指数有限公司（"中证"）。中证并未就指数数据的提供做出过任何明示或暗示的保证，包括对其适销性、适销品质、所有权、特定目的的适用性、安全性及非侵权等的保证。任何人因指数数据不准确、缺失或因依赖其任何内容而造成的任何损失和损害，中证概不承担责任（无论其为侵权、违约或其他责任）。

指数系列中有中证系列指数、上证系列指数、深证系列指数、新三板系列指数、中华交易系列指数、AMAC系列指数。投资者可以将指数系列同资产类别、指数分类、热点指数、地区覆盖、指数币种、是否定制等选项一起进行筛选，进而查询到相应的指数信息。深证系列指数网站也在完善，但一些主要指数包括央视50指数还需要在国证指数网站进行查询。中证指数公司网站此部分内容如下图所示。

指数筛选　[指数系列: 中证系列指数 ⊗]　[地区覆盖: 境内 ⊗]　[资产类别: 股票 ⊗]　[指数分类: 行业 ⊗]　[是否定制: 非定制指数 ⊗]

指数系列：　☑中证系列指数　□上证系列指数　□深证系列指数　□新三板系列指数　□中华交易系列指数　□AMAC系列指数

资产类别：　☑股票　□债券　□基金　□期货　□多资产　□其他

指数分类：　□综合　□规模　☑行业　□风格　□主题　□策略　□综合债　□信用债　□利率债　□可转债　□其他

热点指数：　□Smart Beta　□红利/高股息　□低风险　□绿色/ESG　□沪港深　□大数据　□杠杆及反向　□事件驱动　□国企改革　□区域

地区覆盖：　☑境内　□境外　□跨境

指数币种：　□人民币　□港元　□美元　□欧元　□瑞郎

是否定制：　□定制指数　☑非定制指数

为您找到相关指数203个

指数代码	指数名称	成分股数量	最新收盘	1个月收益率(%)	资产类别	热点	地区覆盖	币种
000908	300能源	10	1269.06	0.84	股票	…	境内	人民币
000909	300材料	34	1884.11	0.44	股票	…	境内	人民币
000910	300工业	53	2046.47	0.28	股票	…	境内	人民币
000911	300可选	30	4870.62	0.84	股票	…	境内	人民币
000912	300消费	16	20842.36	1.33	股票	…	境内	人民币
000913	300医药	29	11358.48	0.99	股票	…	境内	人民币
000914	300金融	77	5839.54	0.09	股票	…	境内	人民币
000915	300信息	34	2395.20	5.17	股票	…	境内	人民币

此外，还有债券估值、产品服务、研究分析、下载中心等选项。我们可以查询到指数产品的介绍及研究分析，可以下载指数产品资料，可以查询指数与指数化论坛等。

需要指出的是以上介绍中证指数公司网站的图片仅是样本示例，来源中证指数公司网站2020年4月份的数据。最新准确资料以网站实时更新为准。

我们要直接查询一个指数，最直接的方法是输入指数名称，在搜索栏里查询。以查询沪深300指数举例，点开000300或沪深300。里面有指数简介、指数表现、行业权重分布、十大权重股、相关公告等信息，还能查询到相关的沪深300指数产品。

行业权重分布   截止日期：2021-06-01

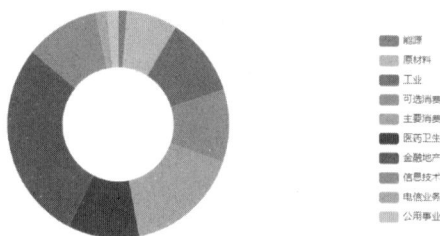

- 能源
- 原材料
- 工业
- 可选消费
- 主要消费
- 医药卫生
- 金融地产
- 信息技术
- 电信业务
- 公用事业

十大权重股   截止日期：2021-06-01

代码	简称	行业	权重
600519	贵州茅台	主要消费	5.59
601318	中国平安	金融地产	3.83
600036	招商银行	金融地产	3.53
000858	五 粮 液	主要消费	3.04
000333	美的集团	可选消费	1.96
601166	兴业银行	金融地产	1.63
600276	恒瑞医药	医药卫生	1.62
601888	中国中免	可选消费	1.62
000651	格力电器	可选消费	1.35
601012	隆基股份	工业	1.33

沪深300

指数简介

沪深300指数由上海和深圳证券市场中市值大、流动性好的300只股票组成，综合反映中国A股市场上市股票价格的整体表现。"沪深300指数®"商标归属于中证指数有限公司，未经中证指数有限公司事先书面同意，任何人不得以任何形式使用。

该指数已纳入截至2018年9月30日的IOSCO金融基准原则鉴证报告范围。

资料下载

- 编制方案
- 指数单张
- 成份权重
- 成份列表
- 指数行情
- 收益率
- 指数估值

相关产品   更多>>

产品名称	产品类型
博时沪深300指数A	指数基金
长盛全债指数增强债券	指数基金
长城久泰沪深300指数A	指数基金
嘉实沪深300ETF联接(LOF)A	联接基金
大成沪深300指数A/B	指数基金

相关公告　　　　　　　　　　　　　　　　　　更多>>

关于调整沪深300和中证香港100等指数样本股…	2019-12-02
关于调整沪深300和中证香港100等指数样本股…	2019-06-03
关于调整沪深300和中证香港100等指数样本股…	2018-12-03
沪深300、上证50和中证500等指数2018年第…	2018-05-28
关于调整沪深300和中证香港100等指数样本股…	2018-05-28
沪深300、上证50和中证500等指数2017年第…	2017-11-27
关于调整沪深300和中证香港100等指数样本股…	2017-11-27
关于调整沪深300和中证香港100等指数样本股…	2017-05-31

热门指数　　　　　　　　　　　　　　　　　　更多>>

指数名称	成分股数量
沪深300	300
中证500	500
中国互联网50	43
上证50	50
红利指数	50

（图表来源：中证指数公司网站 2021.06.01.）

　　相关指数产品和相关指数公告，如需了解更多，点击更多可查询。资料下载栏中的那几份文件，是详细查询指数编制方案、指数编制规则、指数成分公司、指数行情、指数收益率所必不可少的资料。

　　本书中列举的一些常用的指数基金，很多指数的数据，基本都是从中证指数公司网站、国证指数公司网站提取的。

　　此外，中华证券交易服务有限公司、恒生指数网站、标普指数等网站为我们提供了一些沪港深指数和境外指数的数据，还有一些量化数据分析网站也为我们查询指数基金提供了便捷。

第3节　带你认识常用的宽指基金

在市场的各类指数中，最常用的是宽基指数，所以，股票指数基金中最常见的是宽指基金。

宽基指数，主要是相对于窄基指数而言的，是市场上最主要、最具代表性的指数，指覆盖股票面广泛，具有相当代表性的指数。按照美国证券机构的标准，宽基指数一般需要达到几个条件：① 含10个或更多个股票；② 单个成分股权重不超过30%；③ 权重最大5个股票累计权重不超过指数60%；④ 成分股平均日交易额超过5 000万美元；⑤ 包括行业种类要多。

所以，行业指数属于窄基指数。多数主题指数覆盖面不是很宽，与行业指数类似，也属于窄基指数。策略指数里面覆盖面宽的指数，如中证红利指数、标普红利指数，都属于宽基指数；覆盖面窄的指数，如各行业的红利指数，都属于窄基指数。

跟踪宽基指数的基金即为宽基指数基金，宽基指数基金通过买入成份公司股票构建投资组合，通过设定权重，能够降低某一个股或者行业权重过重的风险。

这样划分，可以观察市场整体情况和行业整体情况，因为宽基指数受整体市场情况影响多，行业指数受行业情况影响多。

本节重点介绍宽基指数和宽基指数基金。

（一）宽基指数

上海市场的综合代表指数是上海证券综合指数，即我们通常说的上证综合指数。上海综合指数包括上海交易所的全部股票。

沪市中的常用宽指有上证50指数、上证180指数等。这些指数分别是上证市场的包含不同公司数量的成分指数。

深圳市场的综合代表指数是深圳成分指数。深证成分股指数，是深圳证券交易所编制的一种成分股指数。2015年5月20日，深圳成分指数由原先的从上市的所有股票中抽取具有市场代表性的40家上市公司的股票作为计算对象扩展到了从上市的所有股票中抽取具有市场代表性的500家上市公司的股票作为计算对象，并以流通股作为计算权数，调整后的深圳成分指数更能综合反映深交所上市公司股票的股价走势。

深市中的常用宽指有深证100指数、深成指、中小板指、创业板指等。

综合指数是以股票的全部股本为基础计算的指数，而成分指数是仅以股票的流通股本为基础计算的指数。由于历史原因，编制指数方式不同，这里不展开叙述了。

同样由于历史原因，上证指数里包含的公司偏大盘多一些，深证指数里包含的公司偏小盘多一些。随着时代的变迁，更需要跨市场的指数来代表沪深整体市场的情况。所以，中证指数有限公司成立了，开发了中证系列指数。另外，还有国证系列指数和一些各个公司发布的系列指数，比如申万系列指数，它们虽然没有中证指数常用，但其中的一些特色指数可以参考。

中证指数有限公司（China Securities Index Co.,Ltd）成立于2005年8月25日，是由上海证券交易所和深圳证券交易所根据中国证券监督管理委员会主席办公会议精神共同出资发起设立的一家专业从事证券指数及指数衍生产品开发服务的公司。中证系列指数是跨越市场的指数，既有跨越沪深市场的指数，也有跨越沪港深市场的指数。

中证指数中最常用的宽指是沪深300指数、中证500指数。比较普遍的是中证100、中证200、沪深300、中证500、中证700、中证800、中证1000指数等。这些都是中证指数公司编制的反映市场的规模指数。

我们把中证100、沪深300（相当于中证300）和中证800这三个关键指标搞清楚了，其余的指数也会推导出来了。

中证100指数由沪深300指数成分股中规模最大的100只股票组成。

沪深300指数由上海和深圳证券市场中市值大、流动性好的300只股票组成。

中证800指数由中证500和沪深300指数成分股组成。

在此基础之上会推导出如下指数：

中证200，沪深300剔除中证100，即市值排名在约101~300的股票；

中证500，中证800剔除沪深300，即市值排名在约301~800的股票；

中证700，中证800剔除中证100，即市值排名在约101~800的股票；

中证1000，剔除中证800后的剩余市值排名前1 000的股票，即市值排名在约801~1 800的股票。

境外宽基指数比较常用的是香港市场指数和美国市场指数。

香港市场指数可以通过恒生指数网站查询到，比较常用的是恒生指数和国企指数。

美国市场指数比较常用的是道琼斯指数、标普500指数和纳斯达克指数。

最常提及的指数基金包括上证50指数、深证100指数、中小板指数、创业板指数、沪深300指数、中证500指数、恒生指数、国企指数、标普500指数和纳斯达克指数基金。分别代表着上证、深证、深证中小板、深证创业板、中证大盘、中证中盘、香港指数、香港国企指数、美国指数、美国市场上市的科技指数。

这十只宽基指数将会在介绍宽基指数基金时挑选几只核心的进行介绍，顺带提及一些相关的指数。因为指数也不是一成不变的，比如2018年的香港国企指数不再是单纯的H股，扩容纳入了红筹股和民营股共10只，国企指数中的40只H股，组成了纯H股，名为"恒生H股指数"。2020年恒生指数和恒生国企指数又纳入了很多互联网科技巨头公司，再次完善了指数。未来会有越来越多的新的指数编制方法、指数改革措施、指数基金，这些都需要读者朋友们在以后实践中持续跟踪。目前这十只指数基本上足以代表最核心的宽基指数了。随着科创板指数的推出，又有了可以代表沪深市场发展的新的指数。

【知识点1：价格指数与全收益指数】

价格指数与全收益指数的区分，是包括宽基在内的全部指数都需注意的重要方面。

沪深市场指数一般都是价格指数，我们在做统计时还需要全收益指数。

价格指数是以某个时期为基期，用价格变动反映一篮子股票变化水平的指数。价格指数仅计算股票价格的波动，不考虑上市公司现金分红因素的影响，当指数的成分公司进行现金分红，价格指数会自动下滑。

上市公司分红派息的形式有现金分红派息、股票送转，只有现金分红派息影响指数。

我们有时候会看到早上还未开盘，有的大盘指数会微跌，这是已经剔除了成分股票分红后的价格。上市公司在四月份的年报集中披露过后，一般都会迎来分红季，五六月份大盘的下跌，其实也有成分股集中分红后自动下滑的影响。

全收益指数是考虑分红的指数，也称"总回报指数""总收益指数""全收益指数"。我们把上市公司的股票分红，进行再投资后，此时的指数就变成了全收益指数。即把成分公司股票派发的现金红利在除息日收盘后进行再投资。所以，全收益指数是市场指数包含的一篮子股票的真实回报。

另外，还有净收益指数，即考虑了税收因素的影响，该指数的算法可能是更接近真实收益的一种算法。但是，税率与时间挂钩，时间越长，税率越低，越接近于全收益指数。所以，我们一般参考全收益指数。

举个例子，深证100指数。深100P（399330）是深证100价格指数，深证100R（399004）是深证100全收益指数。其余的指数带这两个字母的，也是一样。"Price"是价格，"Return"是回报。一般提到的指数什么都不带的，默认的是价格指数。

深100P指数在上市公司现金分红派息时，任指数自由回落，不做任何调整。深100R在计算中对上市公司的现金分红派息进行除权调整以保持指数不受到上市公司现金分红派息的影响，相当于分红再投资，保持了指数的连续性，反映了总收益的变化。

深证100指数是以2002年12月31日为基日，基日指数为1000点。截至2018年12月31日，深100P（399330）是3001.75点，16年年化收益率是7.15%。深100R（399004）是3787.03点，16年年化收益率是8.68%。这相差的26%是深100指数中的成份公司这16年间的分红。年化收益率相差的1.43%是深100指数中的成分公司这16年间的年均股息率，其中，26%的计算过程为（3 787.03/3 001.75-1）×100%，1.43%的计算过程为（1.086 8/1.071 5-1）×100%。

指数基金的跟踪标准和比较基准一般都是价格指数。深证100ETF（159901）的业绩比较基准是深证100价格指数。那么，2006年3月份成立的深100ETF跟踪得怎么样？从2007年年初有自然完整年度记录开始计算至2019年第一季度末，净值是原先的2.5倍。同期深证100R的指数点位也是原先的2.5倍。是的，你没读错——深100ETF（159901）持平了深证100的全收益指数。按理说，ETF指数基金的仓位在99%、扣除年管理费率0.5%和年托管费率0.1%后，跑赢不含分红的价格指数绰绰有余，但是持平全收益指数很难做到。ETF指数基金能够持平全收益指数大概有两种情况：第一，指数基金在熊市中虽然仓位接近但是也不是100%，深100ETF穿越了数轮牛熊，显然不是第一种情况。第二，指数基金可以打新，产生的打新收益归基金净值所有，深100ETF指数基金应该属于第二种情况。

跑赢价格指数的收益在深100ETF（159901）的2018年度报告总结中也有统计，如下图所示。

易方达深证100交易型开放式指数基金2018年年度报告摘要

3.2 基金净值表现

3.2.1 基金份额净值增长率及其与同期业绩比较基准收益率的比较

阶段	份额净值增长率①	份额净值增长率标准差②	业绩比较基准收益率③	业绩比较基准收益率标准差④	①－③	②－④
过去三个月	−14.41%	1.84%	−14.76%	1.85%	0.35%	−0.01%
过去六个月	−22.72%	1.69%	−23.43%	1.69%	0.71%	0.00%
过去一年	−34.18%	1.55%	−34.66%	1.56%	0.48%	−0.01%
过去三年	−28.44%	1.39%	−31.07%	1.41%	2.63%	−0.02%
过去五年	18.03%	1.66%	11.07%	1.68%	6.96%	−0.02%
自基金合同生效起至今	224.57%	1.87%	197.86%	1.88%	26.71%	−0.01%

（图表来源：易方达基金）

ETF指数基金虽然规定跑赢价格指数的部分要进行分红，即全收益指数减去基金运作费用加减指数跟踪误差后，剩下的归为未分配利润进行分配，以便与价格指数进行比较。但是这不是硬性规定，深证100ETF（159901）仅把在2006年跑赢价格指数的收益在2007年分红了一次，每份派现金0.12元。后面跑赢价格指数的收益，全部留存在了指数基金中。所以，深证100ETF（159901）在2019年第一季度末的净值是4.606 2元，比深100P（399330）的4176.35点高出了不少（深100ETF成立时已经按照深100P指数对指数基金进行了折算，1元对应1000点）；比深100R（399004）5273.57点要低一些。（主要是建仓期，即2007年前的磨损和ETF分红导致了回落。）

总之，指数基金是与其跟踪的指数比较的。指数基金绝大部分跟踪的是价格指数，指数基金的业绩比较基准也是与价格指数挂钩的。由于境外指数有全收益指数、有净收益指数，所以QDII指数基金挂钩的指数的业绩比较基准不尽相同，这需要详细阅读关注的每一只基金的概况。

（二）宽基指数基金

指数基金相应的也有：上证50ETF、深证100ETF、中小板指ETF、创业板ETF、沪深300ETF、中证500ETF、恒生ETF、恒生国企ETF、标普500ETF、纳斯达克100ETF。

因为基金公司很多，所以每一只指数可能都会有几只不同的指数基金，包括ETF基金、LOF基金等。

【知识点2：跟踪误差和费率水平】

影响相同指数基金收益的最关键因素：跟踪误差和费率水平。

指数基金作为跟踪复制指数的一种工具，基金经理的使命是准确地跟踪指数标的，跟踪误差越小越好。跟踪误差可以在基金页面中查询得到。如下图所示。

（图片来源：天天基金网）

费率水平作为指数基金是否能很好地跟踪复制指数的另一个标准，也是非常重要的。基金费率主要包括管理费用、托管费用和销售费用。基金分为前端收费和后端收费。

指数基金的跟踪误差，一般境外指数基金受到资金进出的影响多一些，普遍比境内指数基金的跟踪误差要大一些，费率水平也要相应高一些。

此外，一些增强型的指数基金部分进行了增强，使得收益也有不同。

我们拿截至2018年年末的沪深300指数其中的十只指数基金进行举例，来了解一下其中的差异。

沪深300指数基金同类比较：

2018年沪深300全收益指数下跌了23.64%。

跟踪沪深300指数的指数基金收益：

（1）嘉实沪深300ETF（159919）亏损24.02%。近3年亏损14.99%，近5年收益为42.05%。仓位100%，年费率0.60%。

（2）华泰柏瑞沪深300ETF（510300）亏损23.92%，近3年亏损15.25%，近5年收益为40.67%。仓位100%，年费率0.60%。

（3）国投瑞银沪深300（161207）亏损20.93%，近3年亏损5.35%，近5年收益为53.43%。仓位92%左右。年费率1.22%。

（4）嘉实沪深300ETF联接（160706）亏损22.78%，近3年亏损13.81%，近5年收益为40.74%。仓位92%左右的嘉实沪深300ETF、2%左右的股票、1%左右的债券、4%左右的现金，年费率0.60%。

（5）景顺长城沪深300指数增强（000311）亏损23.46%，近3年收益为1.90%，近5年收益为89.77%。仓位95%左右，年费率1.20%。

（6）华安沪深300增强（000312）亏损21.35%，近3年收益为0.11%，近5年收益58.19%。仓位93%左右，年费率1.15%。

（7）申万菱信沪深300指数增强（310318）亏损18.60%，近3年亏损2.71%，近5年收益为85.10%。仓位93%左右，年费率1.18%。

（8）浦银安盛沪深300指数增强（519116）亏损19.52%，近3年亏损3.07%，近5年收益为61.51%。仓位93%左右，年费率1.15%。

（9）申万菱信沪深300价值指数（310398）亏损14.69%，近3年收益为13.90%，近5年收益 94.10%。仓位93%左右，年费率0.80%。

（10）银河沪深300价值指数（519671）亏损14.40%，近3年收益为12.79%，近5年收益为 94.18%，仓位93%左右，年费率0.65%。

以上十只是跟踪沪深300的指数基金。前两只是ETF，因为ETF可以股票换购，所以仓位几乎可以达到100%，而且年费率也最低，跟踪误差是极小的。这两只ETF的涨幅基本一致，都是最普通的沪深300ETF指数基金。

国投瑞银的是分级基金，所以仓位低费率也高，可能里面多少有些增强效果。仓位不足也是2018年跌得少的原因。这5年沪深市场出现了两轮的涨跌，通过做仓位再平衡，收益也相对高了一些。接下来的嘉实300ETF联接基金是由以前的LOF基金演变来的，持仓300ETF和极少不同类别的品种，年费率同沪深300ETF指数基金。由于ETF联接基金比ETF基金仓位少5%，所以跌得少些，涨得少些，收益也是基本一致。

后面的第（5）只至第（8）只是增强基金，增强因子各有各的不同，仓位在93%左右，年费率都在1%以上，是沪深300指数里面年运营费率最高的基金。近5年的增强效果不同，收益普遍比普通指数基金好。增强基金可能增强也可能减弱，因子是保密的，所以不确定性强。

对于（9）和（10）的沪深300价值指数基金来说，是因子不保密的，它们是因子透明的策略指数基金。不同于沪深300指数，沪深300价值指数基金是从沪深300指数里面通过透明的价值因子选出来100只公司组成的指数基金。费率比增强基金的低，比普通基金高，但高不了多少，仓位也是在93%左右。银河沪深300价值指数基金比申万菱信沪深300价值指数基金的费率便宜一些，某些阶段期间收益也是差不了多少。

普通指数基金首选ETF基金、场外首选ETF联接基金，其次是仓位高、费率小、跟踪误差低的其他类型的指数基金。增强基金和价值基金长期可以跑赢普通指数基金，但是由于近5年市场投资方向偏价值型，所以超额收益特别明显。实际上，超额收益有时候在相当长的时间里为零。

增强基金和价值基金属于基本面类策略指数基金，收益影响因素和可选择性都比较多，这些将在第5章里面介绍。

（三）宽基和宽基指数基金纵览

下面我们来理顺一下宽基指数和宽基指数基金，中间会穿插一些指数和指数基金的基本知识。[①]

1. 沪深300指数

简介：沪深300指数由上海和深圳证券市场中市值大、流动性好的300只股票组成，综合反映中国A股市场上市股票价格的整体表现。

沪深300指数的成分公司是选择的经营状况良好、财务报告无重大问题、无违法违规事件、证券价格无明显异常波动或市场操纵的公司，沪深300指数是选取这些公司中市值前300名的公司的股票编制而成的指数。沪深300指数是跨沪深市场最基础的指数，相当于美国的标普500指数。沪深300指数可以基本反映我国的经济发展状况。

代码：000300/399300 全收益代码：H00300

基准日期：2004年12月31日，指数基点为1 000点

收益率：2019年3月31日全收益指数为4832.43点，年化收益率11.7%。

特点：沪深300指数以沪深两市的大盘股为主。

对应的指数基金：沪深300作为最常用的指数，对应的指数基金有上百只，从中证指数公司网站的相关产品中可以查询得到。如下图所示。

相关产品	更多>>
产品名称	产品类型
博时沪深300指数A	指数基金
长盛全债指数增强债券	指数基金
长城久泰沪深300指数A	指数基金
嘉实沪深300ETF联接(LOF)A	联接基金
大成沪深300指数A/B	指数基金

（图表来源：中证指数公司网站，2021.06.01.）

---

① 本书第4章和第5章提到的指数简介、代码、基准日期、对应的指数基金产品及相应的图片主要整理自中证指数公司网站，少部分整理自国证指数公司、恒生指数公司、标普公司网站。如果读者需要对指数和指数基金进行进一步详细了解，可以到相应的指数公司网站查询。

点击更多后我们可以查询得到全部的沪深300指数基金。中证指数公司网站可以查询到基金成立日、基金类型、产品类型、标的指数、资产净值、上市地、基金管理人等信息。

沪深300指数是普遍应用的指数，所以指数基金类型也是非常齐全的。中证指数公司网站2021年6月1日的查询数据，我们可以搜索到以下指数基金产品。图片为部分产品截图。

相关产品

指数基金

证券代码	基金名称	基金成立日	基金类型	产品类型	标的指数	资产净值	上市地	基金管理人
000051	华夏沪深300ETF联接A	2009-07-10	其他	联接基金	沪深300	109.47		华夏基金管理有限公司
000172	华泰柏瑞量化增强混合A	2013-08-02	混合型	指数基金	沪深300	12.98		华泰柏瑞基金管理有限公司
000176	嘉实沪深300指数研究增强	2014-12-26	股票型	指数基金	沪深300	22.06		嘉实基金管理有限公司
000311	景顺长城沪深300指数	2013-10-29	股票型	指数基金	沪深300	48.65		景顺长城基金管理有限公司
000312	华安沪深300增强A	2013-09-27	股票型	指数基金	沪深300	4.22		华安基金管理有限公司
000313	华安沪深300增强C	2013-09-27	股票型	指数基金	沪深300	4.15		华安基金管理有限公司
000512	国泰沪深300指数增强A	2014-05-19	股票型	指数基金	沪深300	3.06		国泰基金管理有限公司
000613	国寿安保沪深300ETF联接	2014-06-05	其他	联接基金	沪深300	38.57		国寿安保基金管理有限公司
000656	前海开源沪深300指数	2014-06-17	股票型	指数基金	沪深300	2.46		前海开源基金管理有限公司
000961	天弘沪深300ETF联接A	2015-01-20	其他	联接基金	沪深300	29.04		天弘基金管理有限公司
001015	华夏沪深300指数增强A	2015-02-10	股票型	指数基金	沪深300	8.26		华夏基金管理有限公司
001016	华夏沪深300指数增强C	2015-02-10	股票型	指数基金	沪深300	3.98		华夏基金管理有限公司
002063	国泰沪深300指数增强C	2014-05-19	股票型	指数基金	沪深300	1.25		国泰基金管理有限公司
002310	创金合信沪深300指数增强型A	2015-12-31	股票型	指数基金	沪深300	1.67		创金合信基金管理有限公司
002315	创金合信沪深300指数增强型C	2015-12-31	股票型	指数基金	沪深300	3.11		创金合信基金管理有限公司
002385	博时沪深300指数C	2003-08-26	股票型	指数基金	沪深300	5.30		博时基金管理有限公司
002670	万家沪深300指数增强A	2016-09-26	股票型	指数基金	沪深300	6.29		万家基金管理有限公司
002671	万家沪深300指数增强C	2016-09-26	股票型	指数基金	沪深300	2.20		万家基金管理有限公司
002987	广发沪深300ETF联接C	2008-12-30	其他	联接基金	沪深300	6.63		广发基金管理有限公司
003015	中金沪深300指数增强A	2016-07-22	股票型	指数基金	沪深300	2.72		中金基金管理有限公司
003475	前海联合沪深300A	2016-11-30	股票型	指数基金	沪深300	0.07		新疆前海联合基金管理有限公司
003548	泰达宏利沪深300指数C	2010-04-23	股票型	指数基金	沪深300	1.88		泰达宏利基金管理有限公司

（图表来源：中证指数公司网站）

【知识点3：筛选同类基金的方法】

如上图所示，这么多同类基金应该怎么选？

a. 基金种类的区别

我们先厘清一下除了ETF和LOF之外的几种指数基金类型。

ETF联接基金——前面我们提到过，ETF联接基金中的资金95%左右持仓的是同一标的指数的ETF，可以用现金申购或赎回基金份额。

增强基金——指数基金都是被动的紧密跟踪标的指数，力争误差最小。增强型指数基金则是在被动跟踪标的指数的基础上，加入增强型的主动投资，对投资组合进行适当调整，以力争取得相对于跟踪标的指数的超额收益。此类指数和基本面类策略指数类似，是用一定的规则改变指数，只是增强因子不透明，基本面类策略指数一些因子透明。增强部分取决于基金经理的能力、运气等各种因素。增强型指数基金有时可能跑赢标的指数，有时也可能跑输标的指数，另外增强型指数基金的相关费用一般高于普通指数基金。

b. 基金收费方式的区别

按照收费方式不同，有基金A类、B类和C类，其中常用的是A类和C类。

股票型/混合型/债券型基金都有A、B、C三类，有些则分为A、B两类，其核心的区别主要在于交易费率上。

常见的基金收费在场外交易环节上有申购费和赎回费，在基金募集期是认购费。在基金运营环节上有管理费、托管费和销售服务费。

第一类，A类通常为"前端收费"模式——即申购时直接扣除申购费用。

前端收费模式是当前投资者最常用的基金收费模式，一般投资者在申购基金时，默认的都是前端收费模式。

第二类，B类通常为"后端收费"模式——即申购时不扣申购费，赎回时扣除申购费用。

后端收费模式与前端收费模式的唯一区别在于申购时不扣申购费，待赎回时再扣，一般第一年申购费扣费比前端扣费高，然后随持有期限增加而降低。

现在很少基金设置后端收费。因为申购费率是一次性的，而且现在很多基金公司的平台、第三方基金销售平台①都是一折费率，如申购费率是1.50%，一折费率是0.15%。后端收费没有折扣，这样在很长时间里面后端收费模式的申购费都比前端模式高。如下图所示。

---

① 第三方基金销售平台：如天天基金网、蚂蚁财富、蛋卷基金、理财通等平台都是一折申购费率。资金直接由基金公司管理，资金安全与第三方基金销售平台运营情况无关。

申购费率（前端）

购买金额 < 100万	~~1.50%~~ 0.15%
100万 ≤ 购买金额 < 500万	~~0.60%~~ 0.06%
购买金额 ≥ 500万	1000元/笔

申购费率（后端）

持有期限 < 1年	1.60%
1年 ≤ 持有期限 < 2年	0.90%
2年 ≤ 持有期限 < 3年	0.60%
持有期限 ≥ 3年	0.00%

赎回费率（前端）

持有期限 < 7天	1.50%
7天 ≤ 持有期限 < 30天	0.75%
30天 ≤ 持有期限 < 1年	0.50%
1年 ≤ 持有期限 < 2年	0.25%
持有期限 ≥ 2年	0.00%

赎回费的持有天数按自然日计算。

第三类，C类通常为"销售服务费"模式——免申购费、满足期限条件免赎回费、按日提取销售服务费。

C类基金免申购费，持有一定期限以上免赎回费，不过基金公司会按天收取销售服务费。C类份额利于持有时间不确定的波段投资者，使得波段投资者的交易成本最低。

但是，2018年4月1日开始实施新规，投资者如果持有基金时间少于7日，就会被收取不低于1.5%的赎回费。新规实施能够有效防止某些人或机构，利用内幕信息快速申购和赎回进行套利。基金多收的赎回费归于基金净值，利于长期投资者。

以100万元的资金成本为例，若在基金合同修改后，投资者申购基金后在7日内赎回，则赎回费至少为1.5万元。而如果选择持有一段时间，如7天以上，则仅需缴纳0~

5 000元的费用（大部分基金持有一年以内赎回费0.5%，两年以上免赎回费）。而在此前，大部分基金的赎回费为0.5%。

所以，现在C类基金有的7日以上，有的30日以上才是赎回费为零。比如，年销售费率是0.40%。那么在一年内，无论申购多少次，在规定的期限以上无论赎回多少次，完全免。相对A类，如果申购费率是1.2%，365日以内赎回费率是0.5%。那么，在很多基金平台或者第三方基金销售平台上，一年一折申购费率是0.12%，赎回费率是0.5%，一年的费率会比C类高些。到了第二年C类基金累计的销售费率已经到了0.80%，高于A类基金。而且因为有的基金赎回费率会逐年降低，申购费和赎回费都是一次性的，那么到了第二年赎回，花费的可能会是0.12%的申购费和0.25%及以下的赎回费。A类虽然收了申购费，长期却比C类划算。这点在债券基金上尤为明显。如广发安泽短债债券基金，A类的申购费率是0.40%，一折后的申购费率是0.04%。30天后免费赎回。C类的销售费率是每年0.35%，赎回费率完全一样。如果在一折的平台上花上点申购费，持有一个半月以上，投资者A类的成本就开始低于C类的成本了。

A、B、C三类基金都有赎回费，各家基金费率不一，但大多在1%以下，持有时间越长，优惠越多，赎回费用越低，有的基金甚至免除赎回费用。

各基金公司规定的费率也不尽相同，但一般持有一年以上的A类都会比C类划算。像基金公司app、天天基金、蛋卷基金一般都是一折费率。其他平台也有一折费率。具体每只基金要查询具体规定。

总的来说，这三类基金的收费模式是：

A类基金：前端申购费+赎回费+管理费+托管费

B类基金：后端申购费+赎回费+管理费+托管费

C类基金：销售服务费+期限条件赎回费+管理费+托管费

现在权益类基金常用的是A类和C类这两种收费模式。债券型基金则比较复杂，比如，成立时间比较早的易方达稳健收益债券A（110007）无申购费用，持有等于大于30天无赎回费用，销售费率是每年0.30%。易方达稳健收益债券B（110008）小于100万元的申购费率是0.80%，赎回费率与A类相同，销售费率每年是0.00%。这不同于成立时间比较晚的如广发安泽短债债券A和广发安泽短债债券C的收费模式，后者的收费模式与股票型基金是一致的。货币型的基金的标注也具有不一样的含义。货币基金都是免申购费和免赎回费的，货币基金有管理费率、托管费率和销售费率，通常货币基金B类的要低些，但是有一定的资金规模的门槛。随着市场竞争的日益激烈，有些货币基金B类也降低了门槛，与A类一样接受小额资金的申购赎回。如南方天天利货币B（003474）、博时现金宝货币B（000891），费率比同类货币基金低些，收益比同类货币基金高些。

每只基金的A类、B类和C类的具体情况，需要查询基金合同中约定的可以公开的信息，整体上费率都具有降低的趋势，这使投资者的投资成本越来越低。

c. 优选同类基金中费率最低的

被动型指数基金不同于主动型的基金，主动型的基金需要考虑基金经理的业绩水平、基金经理的风格变化、基金经理的离任调职、基金公司管理情况等，付出了比被动型基金高昂的费用，还要额外考虑这么多，而且主动基金的持仓变化也不透明。

指数基金是跟踪标的指数力争做到误差小、费率低、换手率低、持仓透明、风格固定和仓位固定的基金。

在前面部分我们讲了指数基金的核心是跟踪误差和费率，在一般情况下，ETF基金优于ETF联接基金，区别在于没有足够的资金量只能买卖ETF，不能参与申购赎回，所以部分基金公司做ETF的同时，为没有开设证券账户的投资者设立了场外ETF联接基金，可供场外申购和赎回。[①]场内是指股票市场，即二级市场。场外就理解成为股票交易市场外，即银行、证券公司、第三方基金销售平台，基金公司的直销方式，也就是熟悉的开放式基金销售渠道。ETF联接基金在仓位上和费率上有些又优于LOF基金，不是全部，有些仓位和费率相同，有的ETF联接基金本身被做成了LOF基金，同时在二级市场上交易。例如，嘉实沪深300ETF联接（LOF）A（160706）。

沪深300指数基金有上百只，沪深300ETF基金也有很多只。截至2019年第一季度，多数ETF基金的年管理费率是0.50%，年托管费率是0.10%。随着ETF的同质化竞争，一些基金公司的费率开始松动。

2019年4月20日易方达基金发布公告称于4月22日（本周一）正式下调"易方达MSCI中国A股ETF（512090，场内简称：MSCI易基）""易方达MSCI中国A股ETF联接基金（A类：006704、C类：006705）""易方达中证500ETF（510580，场内简

① 2019年开始探讨可供场外直接交易ETF的方案，还未披露实施计划。

称：ZZ500ETF）"3只基金的管理费率和托管费率，其中，管理费率均由0.50%下调至0.15%，托管费率由0.10%下调至0.05%，并将"易方达中证500ETF联接基金（A类：007028、C类：007029）"的管理费率由0.50%下调至0.15%，费率调整后，4只基金的管理费率与托管费率合计均为0.20%/年。当前易方达沪深300ETF及其联接基金管理费率和托管费率合计为0.30%/年。在沪深300、中证500、MSCI中国A股国际通指数相关ETF标的中，易方达相关基金均为管理费率和托管费率合计最低的标的。在创业板指数相关ETF标的中，平安创业板ETF和广发创业板ETF则为费率最低的标的。管理费和托管费合计0.20%/年。如下图所示。

基本概况　　　　其他基金基本概况查询：请输入基金代码、名称或简拼

基金全称	易方达沪深300交易型开放式指数发起式证券投资基金	基金简称	易方达沪深300ETF
基金代码	510310（主代码）	基金类型	ETF-场内
发行日期	2013年02月18日	成立日期/规模	2013年03月06日 / 11.043亿份
资产规模	58.09亿元（截止至：2019年03月31日）	份额规模	34.6431亿份（截止至：2019年03月31日）
基金管理人	易方达基金	基金托管人	建设银行
基金经理人	余海燕、杨俊	成立来分红	每份累计0.00元（0次）
管理费率	0.20%（每年）	托管费率	0.10%（每年）
销售服务费率	----（每年）	最高认购费率	0.08%（前端）
最高申购费率	0.05%（前端）	最高赎回费率	0.15%（前端）
业绩比较基准	沪深300指数	跟踪标的	沪深300指数

基金管理费和托管费直接从基金产品中扣除，具体计算方法及费率结构请参见基金《招募说明书》

（图片来源：天天基金网）

基本概况　　　　其他基金基本概况查询：请输入基金代码、名称或简拼

基金全称	易方达中证500交易型开放式指数证券投资基金	基金简称	易方达中证500ETF
基金代码	510580（主代码）	基金类型	ETF-场内
发行日期	2015年08月03日	成立日期/规模	2015年08月27日 / 2.953亿份
资产规模	1.07亿元（截止至：2019年03月31日）	份额规模	0.1943亿份（截止至：2019年03月31日）
基金管理人	易方达基金	基金托管人	工商银行
基金经理人	余海燕、杨俊	成立来分红	每份累计0.00元（0次）
管理费率	0.15%（每年）	托管费率	0.05%（每年）
销售服务费率	----（每年）	最高认购费率	0.08%
最高申购费率	----	最高赎回费率	----
业绩比较基准	中证500指数	跟踪标的	中证500指数

基金管理费和托管费直接从基金产品中扣除，具体计算方法及费率结构请参见基金《招募说明书》

（图片来源：天天基金网）

d. 规模因素

除了跟踪误差、费率水平之外，投资基金还要尽量避开规模小的基金。根据中国基金有关法规，在开放式基金合同生效后的存续期内，若连续60日基金资产净值低于5 000万元，或者连续60日基金份额持有人数量达不到100人的，则基金管理人在经中国证监会批准后有权宣布该基金终止交易。

因为基金规模小，基金清盘的概率大一些，基金清盘后会导致强制赎回。强制赎回对于投资者来说可能盈利也可能亏损，问题是会导致投资中断。基金清盘并不可怕，为了保持持续投资一只基金，只要买资产规模1亿元以上的基金就可以了。

文中举的易方达沪深300ETF（510310）的例子，截至2019年第一季度末，是所有沪深300 ETF中费率最低的，规模是几十亿元。而沪深300指数基金规模最大的是华泰柏瑞沪深300ETF（510300），资产规模是327.74亿元。上例中，平安创业板ETF规模不到1亿元，而广发创业板ETF规模是几亿元，所以只能舍弃平安创业板ETF，而选择广发创业板ETF了。

易方达沪深300ETF（510310）这种是我们大众可以选择的ETF指数基金之一。

随着时间不断推移，一些指数基金的跟踪误差、费率、规模都会有所变化，但是变化不会很快。经常关注这些变化，我们可以选择到合适的指数基金。

2. 中证500指数

简介：中证500指数由全部A股中剔除沪深300指数成分股及总市值排名前300名的股票后，总市值排名靠前的500只股票组成，综合反映中国A股市场中一批中小市值公司的股票价格表现。

总市值排名处于第301名至第800名的公司，基本上是中证500指数的涉猎范围了。

代码：000905/399905　全收益代码：H00905

基准日期：2004年12月31日，指数基点为1000点

收益率：2019年3月31日全收益指数为6168.80点，年化收益率为13.6%。

特点：中证500指数以沪深两市的中型上市公司为主。

对应的指数基金：中证500指数也是比较常用的指数，截至2021年3月8日，境内市场以中证500指数为标的的基金有80只。

下图是截取中证指数公司的部分中证500指数基金以作示例。

证券代码	基金名称	基金成立日	基金类型	产品类型	标的指数	资产净值	上市场	基金管理人
000008	嘉实中证500ETF联接基金A	2013-03-22	其他	联接基金	中证500	20.80		嘉实基金管理有限公司
000478	建信中证500指数增强A	2014-01-27	被动型	指数基金	中证500	58.81		建信基金管理有限责任公司
000962	天弘中证500指数A	2015-01-20	被动型	指数基金	中证500	16.19		天弘基金管理有限公司
001052	华夏中证500ETF联接A	2015-05-06	其他	联接基金	中证500	31.04		华夏基金管理有限公司
001214	华泰柏瑞中证500ETF联接A	2015-06-13	其他	联接基金	中证500	1.79		华泰柏瑞基金管理有限公司
001241	国泰安保中证500ETF联接	2015-08-26	其他	联接基金	中证500	7.56		国泰安保基金管理有限公司
001351	泰安中证500指数增强	2015-06-09	被动型	指数基金	中证500	1.05		泰安基金管理有限公司
001455	融通长城中证500ETF联接	2015-06-29	其他	联接基金	中证500	3.28		融通长城基金管理有限公司

（图片来源：中证指数公司网站）

截至2019年4月20日易方达下调指数基金费率，中证500ETF（510580）的年管理费率为0.15%，年托管费率为0.05%，是最低的，截至2019年第一季度的资产规模是1.07亿。预计易方达公司借这次降费扩大规模。目前中证500指数基金规模最大的是南方中证500ETF（510500），截至2019年第一季度基金规模430.63亿元。

3. 中证100指数、中证200指数、中证700指数、中证800指数、中证1000指数

在宽基开篇，为了介绍沪深300指数和中证500指数，先行介绍了中证系列指数的中证100指数、中证200指数、中证700指数、中证800指数。

从2005年1月1日至2019年3月31日，中证100、中证200、中证700、中证800、中证1000全收益指数分别从1000点上涨到了5274.27点、4644.10点、5337.29点、5103.33点、6296.97点。年化收益率在11%~14%。这些指数简单了解一下即可。

中证100指数从沪深300指数样本股中挑选规模最大的100只股票组成样本股，综合反映沪深证券市场中最具市场影响力的一批大市值公司的整体表现。中证100指数涵盖了大部分的上证50指数、深证100指数的成分公司，不同之处是不分沪深市场的最大市值公司，也是蓝筹中的核心。

中证100指数的查询代码是（000903.SH）（399903.SZ）和（H000903.CSI）。前两个是沪深市场的两个代码，指数行情是一样的，最后一个是全收益指数行情。

中证100的成分股个股平均总市值更大、行业龙头更集中，可以说，中证

100指数是A股"核心蓝筹"的代表。无论是ROE还是股息率都比沪深300稍微高了一点点。中证100指数的净利润增长率也比沪深300的净利润增长率略优一点。中证100指数与沪深300指数股息率比较，如下表所示。

中证100指数与沪深300指数股息率比较表

年份	中证 100 股息率	沪深 300 股息率
2008	2.59%	2.46%
2009	1.46%	1.29%
2010	1.85%	1.59%
2011	2.62%	2.34%
2012	2.99%	2.61%
2013	3.78%	3.14%
2014	2.64%	2.20%
2015	2.56%	2.05%
2016	2.72%	2.25%
2017	2.44%	2.07%
2018	3.21%	2.89%
2019	2.60%	2.26%
2020	2.48%	2.06%

（数据来源：wind　统计时间：2007.12.31至2020.10.31）

中证200指数：选取沪深300指数样本股中剔除中证100指数样本股后剩余的200只股票构成中证200指数样本股。

中证700指数：中证500和中证200指数样本股一起构成中证700指数样本股。

中证800指数：中证500和沪深300指数样本股一起构成中证800指数样本股。

中证1000指数：中证1000指数由全部A股中剔除中证800指数成分股后，规模偏小且流动性好的1 000只股票组成，综合反映中国A股市场中一批小市值公司的股票价格表现。

中证100指数基金产品，拿中证100ETF举例。我们可以查询找到广发中证100ETF（512910）的规模在1亿元以上，10亿元以下，这种规模打新增厚基金净值是非常合适的。2020年广发中证100ETF（512910）的打新收益贡献了将近8%左右的基金净值收益，这种收益很多普通散户也是达不到的。

广发中证100ETF联接基金（A类 007135，C类 007136）是可以场内申购赎回，同样可以获得到基金公司的打新收益。

	中证100全收益指数	广发中证100ETF	超额收益
2019年下半年	6.62%	8.55%	1.81%
2020年全年	27.30%	36.24%	7.02%
2021年1月份至5月份	1.09%	2.27%	1.17%

中证100指数基金产品，中证100ETF有大成中证100ETF（159923）、广发中证100ETF（512910）。

中证200指数和中证700指数作为配合核心指数的指数不常用，所以目前为止没有相应的指数产品。

中证800指数基金有很多，比如易方达中证800ETF（515810）等。

中证1000指数基金有很多，比如南方中证1000ETF（512100）等。

4. 分市场的指数：上证50指数、上证180指数、深证100指数、中小板指数、创业板指数、科创板指数[①]

在跨沪深市场指数成立之前，最先成立的是分市场的指数。比较有名的有上证50指数、上证180指数、深证100指数、中小板指数、创业板指数等。

（1）上证50指数

上证50指数由沪市A股中规模大、流动性好的最具代表性的50只股票组成，反映上海证券市场最具影响力的一批龙头公司的股票价格表现。

上证50指数样本股以上证180指数样本为样本空间，对样本空间内的股票按照过去一年的日均总市值、日均成交金额进行综合排名，选取排名前50位的股票组成样本，但市场表现异常并经专家委员会认定不宜作为样本的股票除外。

上证50代码：000016。上证50全收益代码：H00016。

---

① 上证50、上证180、科创板指数可查询中证指数公司网站，深证100、中小板、创业板指数可查询国证指数网站。

基准日期：2003年12月31日，指数基点为1000点。

收益率：2019年3月31日全收益指数为3917.43点，年化收益率为9.4%。

特点：上交所的大盘股。

其中，华夏上证50ETF（510050）是沪深市场成立的第一只ETF基金，目前也是在上证50ETF里面规模最大的一只ETF基金。华夏上证50ETF（510050）成立日期是2004年12月30日，截止至2019年12月31日基金规模达到了461.91亿元。经历了十五年的时间，上证50ETF的收益是期初的4.71倍，年化收益率是10.9%。投资者买入上证50ETF，即使什么都不做，经历了十五年的时间，投资者可以取得年化10.9%的收益。同期，上证50全收益指数是5.11倍，年化收益率是11.5%。华夏上证50ETF的年管理费率和年托管费率分别是0.50%和0.10%，合计是0.60%。所以，上证50ETF紧密跟踪了指数，扣除年费用后，取得了指数的收益（1.115/1.109−1＝0.54%，年跟踪误差仅为0.06%）。这是分析指数基金长期是否紧密跟踪相应指数的一种思路，可供读者参考。

指数是永续的，这是指数基金的长期魅力所在。如果投资者什么都不做，买入股票型同类基金，期初日期也是2004年12月30日，那么截止至2019年12月31日的平均收益是期初的4.6倍，相对于上证50ETF稍微落后，不过落后不多。

（2）上证180指数

上证180指数由沪市A股中规模大、流动性好的180只股票组成，反映上海证券市场一批蓝筹公司的股票价格表现。

上证180指数选择经营状况良好、无违法违规事件、财务报告无重大问题、股票价格无明显异常波动或市场操纵的公司，根据总市值和成交金额对股票进行综合排名，选取综合排名前180的成分公司股票作为指数样本。

上证180代码：000010。上证180全收益代码：H00010。

基准日期：2002年6月28日，指标基点为3 299.06点。

收益率：2019年3月31日11465.36点，是基期的3.48倍，年化收益率为7.7%。

特点:上证规模大、流动性好、行业代表性强的股票。

华安上证180ETF(510180)也是成立时间较早的ETF指数基金之一。成立日期2006年4月13日,截止至2019年12月31日上证180ETF的收益是期初的3.99倍,年化收益率是10.7%。上证50指数是以上证180指数样本为基础选的,上证180指数的成分公司数量多,所以指数基金持仓相比上证50指数基金持仓要分散些。

(3)深证100指数

深证100指数是中国证券市场第一只定位投资功能和代表多层次市场体系的指数。深证100指数包含了深圳市场A股流通市值最大、成交最活跃的100只成分股。上证50指数是上证市场的代表指数,深证100指数是深证市场的代表指数。上证50指数和深证100指数共有150家成分公司,包括了两市最核心的上市公司,基本上包含了中证100指数的成分公司,同时又是属于沪深300指数的成分公司。

深证100指数代码:399330。深证100R,即全收益指数代码:399004。

基准日期:2002年12月31日,指数基点为1000点。

收益率:2019年3月31日为5273.57点。是基期的5.27倍,年化收益率为10.8%。

特点:深证100指数是深圳市场保留和延续得较好的指数,收益没有受到深成指2015年5月20日扩容影响。所以,深证100指数具备历史延续性。深证100指数的行业分布上,也是从地产、券商、有色等传统周期行业为主导,演变成了以信息技术、可选消费、主要消费等消费新兴行业为主导,展示着中国经济的发展转型之路。

对应的指数基金:深100ETF(159901)是深证成立最早的ETF。成立日期2006年3月24日,截止至2019年12月31日收益是期初的5.09倍,年化收益率是12.6%。

(4)中小板指数

中小板综指代码是399101。我们经常用到的是中小板指数399005,成分公司只选取有代表性的100家公司。

中小板指数即中小企业板指数，指从深交所中小企业板上市交易的A股中选取的，具有代表性的股票组成的指数。中小板综指是指中小板综合指数，是中小板市场的所有股票。所以，中小板指是中小板的成分100指数，是比较有代表意义的指数。

中小板指数代码：399005。中小板R，即全收益指数代码：399333。

基准日期：2005年6月7日，指数基点为1000点。

收益率：2019年3月31日为7094.60点，即基期的7.09倍。年化收益率：15.3%。

中小板指数在沪深市场的最低点1000点设立，所以年化收益率沾了点光。然而，长期来看，年化收益率会接近指数的长期ROE（净资产收益率）。

对应的指数基金：中小板ETF（159902），也是成立最早的ETF指数基金之一，成立日期2006年6月8日，截止至2019年12月31日中小板ETF的收益是期初的3.41倍，年化收益率是9.5%。

至此，市场上最早的四只ETF的历史收益率都介绍过了，我们可以看到，长期持有ETF的收益率是不错的，平均年化收益率是一成左右。

中小板也有一系列指数，如中小板300指数等。中小板300指数（399008）由在深交所中小板上市、市值最大、流动性最佳的300只样本公司组成，其中既包括中小板指（399005）全部100只价值型公司样本，也包括排名稍微靠后的200家成长性更高的中小企业。

（5）创业板指数

创业板指数是反映创业板的整体股价表现的指数。同样，分为创业板综指和创业板成指。

创业板综指代码是399102。我们经常用到的是创业板指数399006。创业板指数是选出创业板成交最活跃的前100个股票作为成分股，而399102创业板综合指数则是全部创业板股票的加权指数。因为创业板是以小盘股为主，并且股票数量较少，成交量最活跃的创业板指能够比较准确地反映趋势，而且做出的指数基金产品不受流动性的限制。自创业板成立，十年左右的时间，从中跑出来了像宁德时代、爱尔眼科等这种上千亿市值的公司，创业板指也不再完全是小盘指数了。

同中小板指数一样，创业板指数也是属于深圳指数的。与主板市场对发行人的营业期限、股本大小、盈利水平、最低市值要求不同，创业板市场为很多达不到主板市场要求的中小型企业、创业型企业、高科技产业公司提供一个上市融资渠道。总的来说，主板市场就是一些经营相对稳定，盈利能力也非常强的大型成熟企业，而中小板的企业就是一些进入成熟期但是规模还比较小的企业，多数属于自主创新型的企业。

中小板和创业板是属于深圳证券交易所。2019年推出的科创板是属于上海交易所，在科创板开始试点注册制改革后，2020年创业板也开始了试点注册制改革，退市制度、涨跌停限制等都有了新的变化。给予了符合条件的上市公司更多的创新性和包容性，把更多的选择权交给市场。投资门槛也提升至10万元。

创业板指数代码：399006。创业板R，即全收益指数代码：399606。

基准日期：2010年5月31日，指数基点为1000点

收益率：2019年3月31日为1774.21点，年化收益率为6.8%。

特点：创业板指数包含的公司大多都是规模较小的中小型公司，盈利不稳定而且容易受经济影响盈利大起大落，所以指数也容易暴涨暴跌。创业板R（399606）从1000点开始，2012年11月份最低下跌到了611.51点，2015年6月份最高上涨到了4159.75点，2018年10月份最低到了1241.24点。2020年2月份最高达到2419.59点。

对应的指数基金：易方达创业板ETF（159915）是最早成立的创业板ETF基金。此外还有广发创业板ETF（159952）、南方创业板ETF（159948）、ETF联接基金、LOF基金、开放式指数基金。

创业板还有从创业板指数中的100家公司中再挑选50家公司构成的创业板50指数，代码是399673。创业板50ETF指数基金代码是159949。

与沪深市场相关的主要宽基指数就介绍这么多。其他一些指数和指数基金不很常用。如500深市ETF（159932）、500沪市ETF（510440）都是中证500指数和分市场的结合。上证50等权ETF（510430）是上证50指数按照市值

等权的指数基金。等权重指数也是策略指数之一。长期权重指数与等权指数会各领几年（区间涨幅各领几年或各领跑市场几年），收益差别不大。中小板等权重指数（399634）对应的中小板等权重ETF（159921）因为不常用，交易4年零10个多月后终止上市了。

常用的指数对投资者来说足够用了，其他指数有兴趣的读者可以深入挖掘。随着时代的发展变化，可能会有一些指数和指数基金成立，也会有一些指数和指数基金退出历史舞台。主流的常用指数大概率的会被留住，规模大的指数基金也会持续存在；非主流的不常用的指数可能会被搁置，而与之对应的指数基金产品也会被清盘。所以，我们投资者把握好并利用好主要指数的主要指数基金产品，就非常不错了。

（6）科创板指数

2019年科创板市场开始试点注册制。科创板是独立于现有主板市场的新设板块，并在该板块内进行注册制试点。设立科创板并试点注册制是提升服务科技创新企业能力、增强市场包容性、强化市场功能的一项资本市场重大改革举措。通过发行、交易、退市、投资者适当性、证券公司资本约束等新制度以及引入中长期资金等配套措施，增量试点、循序渐进，使新增资金与试点进展同步匹配，力争在科创板实现投融资平衡，一、二级市场平衡，公司的新老股东利益平衡，并促进现有市场形成良好预期。

明确了三类标准的企业可以优先上科创板：一是符合国家战略、突破关键核心技术、市场认可度高的科技创新企业；二是属于新一代信息技术、高端设备、新材料、新能源、节能环保以及生物医药等高科技技术产业和战略性新兴产业的科技创新企业；三是互联网、大数据、云计算、人工智能和制造业深度融合的科技创新企业。涉及重点七大领域，包括新一代信息技术领域、高端装备领域、新材料领域、新能源领域、节能环保领域、生物医药领域以及符合科创板定位的其他领域。

科创板引入了五种不同的上市标准，分别是"市值+盈利""市值+收入+研发投入""市值+收入+现金流""市值+收入""市值+产品空间"。科创板主要实行市场询价制度，不做窗口指导，一切让市场来做选择。

最严退市制度：根据上交所发布的《上海证券交易所科创板股票上市规则》规定，对于存在欺诈发行、重大信息披露违规、涉及国家安全、公共安全等行为，以及在交易所系统连续120个交易日实现累计股票成交量低于200万股、连续20个交易日股票收盘价均低于股票面值、市值均低于3亿元、股东数量均低于400人的科创板企业实行强制退市。

科创板鼓励战略配置、放宽涨跌停板限制、严格限制"炒壳"行为、规范"商誉"会计处理。

科创板是不同于主板、中小板和创业板的一个全新的市场，科创板的最大亮点就是它的包容性和开放性远高于A股其他市场。科创板将来的退市效率将远高于主板、中小板和创业板。

科创板实行包容性的上市制度，行业、估值和盈利情况千差万别，实行注册制，采取市场化定价机制，定价是机构之间的博弈，而且在二级市场完善交易和做空机制，打新自然而然不是稳赚不赔了。因此，科创板对参与者的价值判断能力、风险承受能力都有很高的要求。所以，上交所规定参与者的资金门槛为50万元。

科创板实行市场化发行机制，市场主体的风险与收益基本对等，打新后出现暴利的机会很小，甚至可能破发。如在2018年，港交所中概股IPO破发率超过70%；如2019年4月4日凌晨，在美国纳斯达克，被称为"网红电商第一股"的如涵控股上市首日破发，收盘暴跌37.2%，就是例证。所以，要理性看待科创板的打新，理性看待科创板的风险和收益。

科创板相对新三板的优势：新三板由于流动性不足，所以整体萎靡不振；科创板的上市公司质量好，都是明星公司。

衡量科创板是否成功的标准，不是规则本身和融了多少钱，而是一段时期后培养了多少独角兽，为投资者创造了多少回报。科创板的开放性和放宽与改进交易机制非常坚决。此次科创板实行做市商制度，一旦流动性出了问题，会有一些制度上的完善做保障。上市公司的质量加上完善的制度保障，整体风险还是可控的。

投资科创板要看重上市公司质量，严格的退市规则，给有丰富经验的做产业投资、做价值投资的投资者带来了非常好的机会。

借道公募基金参与科创板，也是普通投资者的一个好选择。上交所也明确指出，未满足适当性要求的投资者，可通过购买公募基金等方式参与科创板。目前能够参与科创板的基金主要有以下4类。

a. 科创板基金

科创板成立之初，有些科创板基金就开始运作了。第一类是封闭运作的科创板基金，如"鹏华科创板3年封闭运作灵活配置混合型证券投资基金"等。此类基金有"科创板"的字样，参与科创板企业战略配售程度最高。第二类是开放式的科技创新主题基金，包括了混合型基金和股票型基金。如"华夏科技创新混合型证券投资基金"等。此类科创主题基金参与科创板企业高低程度不同。混合型基金中带有"科创板"字样，如"广发科创板精选混合型证券投资基金"等，参与程度相对高些。还有些股票型基金，如"华商科技创新股票型证券投资基金"等，也是科创板主题基金。科创板成立之初，没有多少科创公司上市，很多基金是以科创板的名义，买科创主题的公司。随着科创板上市公司的数量增多，科创板会出名副其实的单纯做科创板的基金。

b. 战略配售基金

2018年成立的6只战略配售基金：汇添富3年战略配售（501188）、南方3年战略配售（160142）、华夏3年战略配售（501186）、招商3年战略配售（161728）、易方达3年战略配售（161131）、嘉实3年战略配售（501189）。通过战略配售基金参与科创板有着持股数量大，获配有保证，无需打新门票所以不用被动配置股票市值等特点。这些战略配售基金可以上市交易。其中，华夏、嘉实、汇添富旗下3只战略配售基金在上交所上市，易方达、招商、南方旗下的战略配售基金在深交所上市。

c. 科技类主题基金

科技类主题基金是以现有投资范围为基础，增加了对科创板的投资的基金。此类基金没有多少意义。

d. 普通指数基金

2019年7月22日，万众瞩目的科创板迎来开市的历史性时刻，首批上市的25只科创板股票上市首日平均涨幅达到了140%。这也提升了部分普通指数基金的收益。很多普通指数基金也参与了这场科创板打新盛宴，如央视50指数基金、银行指数基金、医药100指数基金等，2019年7月22日，在跟踪的指数下跌的当日，逆势上涨，此类参与科创板的指数基金，在当日跑赢了跟踪指数，超额收益在1%至2%之间，为投资者们带来了额外回报。

2020年11月16日，四家基金公司的科创板50ETF上市。它们分别是华夏科创板50成分ETF（588000）、易方达科创板50成分ETF（588080）、华泰柏瑞科创板50成分ETF（588090）、工银上证科创板50成分ETF（588050）。这些是第一批最纯正的科创板指数基金。普通投资者参与科创板公司需要50万元，而参与科创板ETF只需要100多元。

科创板在暴涨后一般都会有价值回归的下跌。科创板公司上市半年多后破发的不多，但是从最高位腰斩的很多。而且，真正优秀的公司在观望，近一两年很难形成像纳斯达克一样的独角兽云集的场面。更加优秀的科技创新公司，融资借钱很容易，不是非要在科创板上市，而是要做好境内境外上市两手准备。只要能吸引明星公司独角兽回归科创板，那么科创板就能成功；而科创板能够成功，相应的基金成功也是必然的。所以，归根结底是靠明星公司的回归，优秀公司的上市使得科创板更具有投资价值。目前这些科创板类相关的基金都可以参与打新。配置类的基金，配置科创板的水平取决于基金经理的管理水平。所以，我们需要理性看待科创板。

5. 境外宽基指数：恒生指数、国企指数、标普500指数、纳斯达克指数、德国30指数、印度指数、日本指数等

投资于境外市场的基金，称为QDII基金。QDII是"Qualified Domestic Institutional Investor"的首字缩写，中文全称为：合格境内机构投资者。同样，国内投资者可以通过QDII基金直接参与国外的市场，并获取全球市场收益。

参与境外市场，资金都是以非人民币结算的，有汇率上的风险。我们不仅要看投资的市场，我们还要看投资标的是哪里的计价资产。比如，投资美国股

票的基金以及投资美国债券、美国REITS的基金，如果标的指数不涨不跌，受汇率的影响，以人民币计算的基金净值也会受到影响。如果人民币相对美元贬值，则以人民币计价的基金净值上升；如果人民币相对美元升值，则以人民币计价的基金净值下跌。香港用的港币也是一样。这些比较容易理解。但是，内地企业在香港上市的情况就复杂一些了，内地企业在香港上市受汇率影响不大。比如，C公司在内地A股和香港H股两地上市，0.8元人民币可以换1元港币。C公司两地没有差价，在A股是28元人民币，在H股是35元港币。当汇率变成了0.9元人民币可以换1元港币时，C公司两地没有差价，在A股是28元人民币，在H股的股价由于人民币贬值，股价从35元港币下降到了31.11元港元。对价仍然是28元人民币。这也是为什么当一国货币升值或者贬值的时候，这一国在境外的资产会相应地上涨或者下跌。如果基金只持有C公司，虽然人民币贬值造成了C公司股价以港币计价下跌，但是基金净值是以人民币计价的，即港元升值导致了以人民币计价的港币指数基金净值上涨，正好对冲了境外上市的人民币资产由于本币汇率下跌而下跌的影响。所以，人民币资产的标的，无论是在境内还是境外上市，都是不受汇率影响的。

QDII指数基金都跟踪的是经汇率调整的收益率。如港股通恒生中国企业ETF的业绩比较基准是恒生中国企业指数(经汇率调整)收益率。

（1）恒生指数

恒生指数，由香港恒生银行全资附属的恒生指数服务有限公司编制，是以香港股票市场中的50家上市股票为样本，以其发行量为权数的加权平均股价指数，是反映香港股市情况最有影响的一种股价指数。

恒生指数包括了在中国香港上市的规模最大的50家上市公司。如2019年第一季度前十家权重最大的上市公司为腾讯控股、汇丰控股、友邦保险、建设银行、中国移动、中国平安、工商银行、香港交易所、中国银行、中国海洋石油。

指数代码：HSI，恒生指数R为HSI1。

基准日期：1964年7月31日，指数基点为100点

收益率：截至2019年3月31日，恒生指数是29051.36点，即基期的291倍。而作为恒生全收益指数的恒生指数R是81507.07点，即基期的815倍。50多年

来恒生全收益指数是恒生价格指数的2.81倍，这是50多年来恒生指数成分公司分红的结果。恒生价格指数年化收益率10.9%，恒生指数全收益指数年化收益率13%。成分公司年均股息率近2%。

特点：香港市场里面最大权重市值公司，多数是主营业务在内地的公司。

对应的指数基金如下。

华夏恒生ETF（QDII）（159920）、华夏恒生ETF联接（QDII）（000071）。

华夏沪港通恒生ETF（QDII）（513660）、华夏沪港通恒生ETF联接（QDII）（000948）。

华夏的这两只恒生ETF的区别是什么呢？这两只ETF的区别是渠道不同。

QDII——境外机构托管：华夏恒生ETF、易方达H股ETF、嘉实H股LOF等，此类指数基金的管理费加上托管费每年在0.75%至1%之间；

沪港通——非境外机构托管：华夏沪港通恒生ETF、南方恒指ETF等，此类指数基金的管理费加上托管费每年在0.60%左右。

沪港通通道不需要境外托管，所以综合费率比QDII渠道低一点。沪港通渠道和QDII渠道都面临额度问题，但是由于QDII渠道外汇额度需要外管局等机构审批备案，沪港通的港股渠道是共享全国港股通额度，所以额度问题相对来说QDII渠道更严重。这也是为什么QDII额度不足的时候，场内QDII指数基金容易出现溢价的原因。

（2）恒生国企指数

国企指数，又称H股指数，全称是恒生中国企业指数。国企指数是反映在香港上市的中国H股企业的股价表现的指数。简单地说，H股指数的成份公司是在内地注册的在香港上市的公司。所以，国企指数是中国企业指数的简称。从2000年开始，H股改为40只成分股，一直到2018年增加纳入了10只红筹股和民营企业股，恒生中国企业指数扩容至了50只成分股。

红筹股、H股和民企股是香港市场上市公司股票的主要分类。随着中国企业改革的深化，民企、国企互相渗透，这种分类也变得模糊了。比如，红筹股是海外注册的在香港上市的中资控股和主要业务在中国大陆的公司的股票，像中国移动。那么，内资不一定控股的在香港上市的，主要业务在中国大陆的，像腾讯公司，算不算红筹股？广义上也属于红筹股。民企股也和国有控股互相有渗透。所以，恒生中国企业指数扩容后，由40只原来的H股和10只新的H股组成的包含50只成分股的新的恒生中国企业指数诞生了。H股扩容后更好地反映了中国内地企业的实际情况，而且，对盈利、经营现金流、分红等企业经营情况的要求比以前更高了。

恒生中国企业指数代码：HSCEI　　恒生中国企业指数R代码：HSI21。

基准日期：1994年7月8日，指数基点为1000点

收益率：2019年3月31日恒生中国企业指数是11379.62点，即基期的11.38倍。恒生中国企业指数R是22093.87点。即基期的22.09倍。年化收益率分别是11.3%和13.4%。可见恒生中国企业指数的股息率也约为2%。

特点：主营业务在内地的公司。H股与A股指数关系密切，原来的40家公司多数是两地同时上市的公司。恒生中国企业指数给我们提供了很多的机会。一是A股较H股存在溢价，同一家公司的股票A股价格更高；二是港股波动小一些，因为在香港市场，成熟的机构投资是主要参与者，市场更规范；三是H股指数扩容后，纳入了10只香港红筹和民营企业公司，包括腾讯控股、中国移动、中海油等公司，2020年又纳入了大量的新兴互联网巨头公司，使投资者的可投资范围比沪深市场的更广。

上证50指数与恒生中国企业指数的重合率高，两地上市的公司很多。所以，市场上也出现了与两地相同上市公司股价轮动有关的指数——上证50AH指数和国企精明指数，这个我们在策略指数中再进行介绍。

对应的指数基金：跟踪H股的指数基金有ETF也有LOF，如易方达恒生国企ETF（QDII）（510900）、易方达恒生国企联接（QDII）（110031）、嘉实恒生中国企业（QDII-LOF）（159823），还有一只港股通渠道的平安港股通恒生中国企业ETF（159960）。

此外，香港市场的指数还有很多，近些年来也有越来越多的指数基金陆续涉及。这些指数基金主要是LOF基金。比较具有代表性的如香港大盘、香港小盘、香港本地这些指数基金和香港行业类的指数基金，以及沪港深类的基金。

香港行业类的指数基金将在行业基金中介绍。沪港深类的基金以主动基金为主，沪港深价值类的指数基金将在策略基金中介绍。

下面，我们来看看比较有代表性的香港大盘、香港小盘和香港本地指数基金。

（3）香港大盘指数

恒生中国25指数是由港股市值最大的25只中资大盘股组成，包括H股、红筹股和民营股。如腾讯控股、美团、小米集团等都是恒生中国25指数的成分股。

恒生中国25指数即香港大盘指数追踪最大及成交最活跃的25只在香港上市的内地公司的表现。与国企指数相比，不仅包括H股、还包括红筹股及其他在香港上市的内地公司的股票。国企指数虽然新加入了10只民营股和红筹股，但是仍然占比不高，恒生中国25指数对香港市场的市值覆盖率更高。

对应指数基金：华宝香港大盘（QDII-LOF）（501301）。

（4）香港中小指数

标普香港上市中国中小盘指数主要反映了在香港上市的中国大陆中小盘公司的表现，成分股是从在港交所上市的中国公司（包括H股和红筹股）中选择的流通市值排名为后30%的中小盘股票。从指数看，它针对的是中国大陆在香港上市的企业。而这部分能够在香港上市的内陆企业，一般业绩表现比较优秀，弹性好。港股市场的老千股比较多，仙股也比较多，尤其是一些小市值的股票，香港中小指数基金可以分散这种风险。标普香港中小指数虽以中小市值股票为主，但并不包含香港创业板股票。而且指数选股有3条硬性标准：

第一，收盘价不低于1港元；

第二，日均成交额中位数不低于2 000万港元；

第三，市值不低于1亿美元。

香港中小指数包括了100多只成分股，平均市值300亿元港币，囊括了各行各业的代表公司，如融创、石药、联想、蒙牛、安踏、康师傅、海螺创业、瑞声科技、中国旺旺、青岛啤酒股份、康师傅控股、中国东方航空股份、阅文集团、华润啤酒、白云山、石药集团、平安好医生、蒙牛乳业等。个股权重每季度调整的上限为5%，将标普中国BMI指数中所有成分股按总市值倒序排列，累计流通市值前70%的公司定义为大盘，后面的30%为中小盘，其中中间的15%公司为中盘，最后的15%为小盘。此外，标普对中国内地公司的判定是逐个判定公司所属地：公司总部所在地/主要收入来源地/主要运营所在地/主要资产所在地，可以有效筛选出注册在海外且在海外交易所挂牌上市的中国公司。

香港中小指数的平均市值相当于中证500指数的平均市值。而历史以来的估值一直比中证500指数要低。目前香港中小指数的市盈率是中证500指数的一半左右。

对应指数基金：华宝香港中小（QDII-LOF）（501021）。

（5）香港本地指数

与恒生指数、恒生国企指数、恒生中国25指数等港股大盘股指数不同，香港本地指数是由香港市值最大的35只本地股组成，不包括中资股，有着补充资产配置和分散资产配置的作用。同样，指数仅包含了市值最大的35只香港本地股，因此可以有效地避开港股市场中的仙股。恒生香港35指数不仅包含作为香港经济支柱的金融地产公司，如汇丰控股、长和等，也涉及了香港特色的博彩业、公共事业，如澳博控股、长江基建等。香港本地指数囊括了"香港四大家族"的上市公司，具有完全的香港本地特色。

对应指数基金：华宝港股通恒生香港35（QDII-LOF）（162416）。

香港宽基指数基金本书就介绍这么多。此外，还有些香港小众的指数，比较冷门，指数基金规模做不上去会终止。如上证港股通指数（指数基金代码为519931）已经终止。现在有港股通精选100指数（指数基金代码为513900）、恒生综合中型股指数（指数基金代码为501303）、恒生综合小型股指数（指数基金代码为161124）、恒生综合中小型股指数（指数基金代码为160922）、中证香港中小企业投资主题指数（指数基金代码为501023）、标普香港上市中国中小盘精选指数（指数基金代码为501021）等。除了前面介绍的标普香港中小指数基金（指数基金代码为501021），其余的指数基金的规模暂时都在5 000万元以下，因此小众的指数基金比较容易被清盘，但是被清盘不意味着亏损。

随着指数和指数基金的发展，指数基金投资工具必然越来越丰富，读者们可以进行持续跟踪。

（6）标普500指数

标准普尔500指数，英文简写为S&P 500 Index，是一个记录美国500家上市公司的股票指数。这个股票指数由标准普尔公司创建并维护。标准普尔500指数覆盖的所有公司，都是在美国主要交易所，如纽约证券交易所、Nasdaq交易所的上市公司。标普500指数的成分公司多，公司分布广泛，代表了美国市场的基本情况，是美国市场的重要的宽基指数。标准普尔500指数是由标准普尔公司1957年开始编制的。

它以1941年至1943年为基期，基期指数定为10，采用加权平均法进行计算，以股票上市量为权数，按基期进行加权计算。标普500指数采样面广、代表性强、精确度高、连续性好，是美国最具影响力的股票指数。如下图所示。

（图片来源：雪球网站）

我们可以看到标普500指数从1970年以来，虽然有曲折，但是长期上涨。自成立以来的近八十年的时间，标普500指数从10点上涨到了2400点，即基期的240倍，年化收益率7%~8%。标普500指数是价格指数，每年平均股息率2%~2.5%，算上股息率标普500指数年化收益率10%左右。这也是股票指数基金的长期平均年化收益率。这是经历了世界大战、冷战、石油危机、海湾战争、几轮金融危机后指数长期穿越牛熊的结果。所以，指数基金是永续的，长期是随着经济上涨的。巴菲特常提的指数基金即标普500指数基金。

值得注意的是，标普500指数定位类似于沪深300指数，都是以大盘股为主。但是在编制上，标普500指数和沪深300指数还是有区别的。标普500指数是市值加权型指数，市值大小成为考量的第一要素、考量产业地位、分析股票的流通程度、分析股票交易的流动性、追踪公司的财务及营运状况，以维持指数的稳定度，并将变动减至最小。若有新的产业不在原本的分类中，但是符合标准，可以考虑加入。减少成分股考量因素有四项：合并、破产、转型、不具代表性（即被其他同产业公司取代）。所以，标普500指数有一些基本面因素选择的倾向，所以与单纯的市值加权不同，标普500指数是一只行业分布和公司市值分布都比较均匀的指数，是由基本面没有太大的问题的公司构成的指数。

对应的指数基金：博时标普500ETF（QDII）（513500）、博时标普500ETF联接（050025）、易方达标普500指数（QDII-LOF）（161125），等权重的大成标普500等权重指数（QDII）（096001）。

（7）纳斯达克指数

纳斯达克综合指数是由五千多只公司股票组成的。组成纳斯达克指数的公司很多都是全球化的和具有全球化产品的公司。纳斯达克指数有着广泛的基础，已成为最有影响力的证券市场指数之一。

纳斯达克100指数是主要的纳斯达克指数，纳斯达克指数也是美国市场的重要指数。具有高科技、内生性、非金融特点的纳斯达克100指数的成分公司都有高成长性带来的良好业绩。纳斯达克100指数是由纳斯达克规模最大的100家公司构成。这100家公司可以称得上是全球顶级龙头公司。

纳斯达克100指数于1985年1月31日设立，现已成为反映美国股票市场走势的三大指数之一。纳斯达克100指数基准日为1971年2月5日，基点为100点，回溯历史数据后，1985年1月31日该指数设立之时的点位已经达到278点。在纳斯达克泡沫时期，纳斯达克100指数从400多点上涨到了4000多点，随后暴跌了80%至800多点。2008年金融危机后，纳斯达克100指数迎来了十年牛市，2015年再次创了历史新高，截至2019年第一季度末收盘于7378.77点。纳斯达克指数泡沫破灭之后，大多数的成分公司已经被更换掉了。现在的大多数公司都是有核心竞争力的公司。

纳斯达克100全收益指数在成立以来的近半个世纪的时间内，从100点上涨到了8500点，即85倍，年化收益率9.6％。与纳斯达克指数相差不多，指数的股息率不是很高。纳斯达克100指数和纳斯达克指数的长期收益基本一致，巧合的是在2020年底收盘，这两只指数都收在了12888.28点。

对应的指数基金：纳指100最早成立的开放式基金是国泰纳斯达克100指数（160213），开放式基金还有广发纳斯达克100指数（270042）、大成纳斯达克100指数（000834）、华安纳斯达克100指数（040046）；ETF基金有国泰纳斯达克100ETF（513100）、广发纳斯达克100ETF（159941）；LOF基金有易方达纳斯达克100指数（161130）。

（8）其他国家和地区指数基金

华安德国30（DAX）ETF（513030）跟踪的是法兰克福DAX指数。业绩比较基准是德国DAX指数（DAX Index）收益率（经汇率调整后的总收益指数收益率）。

工银印度基金（QDII-LOF-FOF）（164824）跟踪的是印度市场的指数。业绩比较基准是中信证券印度ETP指数收益率×90％＋人民币活期存款收益率（税后）×10％。工银印度基金属于FOF基金，即可以买入印度市场的相关的基金。

跟踪日本的指数基金有四只。其中三只是跟踪日经225指数，一只是跟踪东证指数。分别是：华安三菱日联日经225ETF（513880）、华夏野村日经225ETF（513520）、易方达日兴资管日经225ETF（513000）、南方顶峰TOPIX-ETF（513800）。中日ETF实现了互通。在日本全部宽基指数ETF中，前三大宽基指数基金跟踪的指数分别是TOPIX、日经225、JPX-日经400（前两个指数是主要的）。跟踪这三个指数的前20大ETF产品的规模占日本权益类ETF产品总规模的98％，日本权益ETF产品的头部效应异常明显。国内投资者可以通过公募基金间接投资到日本股市了。值得一提的是，随着ETF基金费率呈现不断降低趋势, 这4只ETF基金的管理费率和托管费率合计在0.25%至0.32%之间, 比很多境内ETF基金管理费率和托管费率合计还便宜。投资费率未来会继续不断下降, 为我们投资者又腾出了利润空间。

以后沪深市场会有越来越多的其他国家的指数基金产品可以投资。如建信把之前的一只全球资源基金重整成了跟踪英国市场指数的建信富时100指数基金（539003）。首只投资法国股市的ETF华安法国CAC40ETF（513080）于2020年成立后上市交易。港美股市市场不仅有各国的指数基金, 还有全球的指数基金、各国和全球的行业指数基金、策略基金、多空基金、杠杆基金等, 品种数不胜数。沪深市场的指数基金才刚刚起步, 让我们拭目以待吧。

第4节　带你认识常用的行业、主题和其他类型指数基金

与宽基指数相对应的是窄基指数, 是除了宽基之外的行业指数、主题指数、地区指数等, 相比宽基, 这些窄基指数聚焦某些行业、主题、地区的股票, 投资者需要考虑这些行业、主题、地区特点与发展变化等买相应的指数基金, 挖掘投资价值。每个行业都有每个行业的特点, 所以投资行业指数基金要做行研, 影响一个行业的估值和成长的因素很多, 投资行业指数基金要比投资宽基指数基金难度更高、风险更大一些。行业指数基金是宽基指数基金的一个很好的补充。当有了一定的投资经验和行研经验, 可以以宽基指数基金为主, 以行业、主题、地区指数基金为辅, 选择合适的时机进行投资组合配置。

（一）行业、主题、地区指数和指数基金

本节将介绍一些行业、主题、地区指数和指数基金。

摩根士丹利和标普公司联合推出的全球行业分类标准GICS, 将行业分为10个一级行业、24个二级行业、67个子行业。我国也是按照这个标准进行行业划分的。

10个一级行业分别为: 材料、能源、可选消费、必需消费、金融、医药、工

业、信息、电信、公共事业。

　　围绕某个主题构建的指数就是主题指数，此外，还包括一种情况，即虽然不是按标准的行业划分，有时候也被称作某某行业的行业，即概念性行业。如中证养老产业指数、中证环保指数、中证军工指数、中证移动互联网指数、中证红利指数。

　　再划分是细分行业、细分主题，与国家、地区、规模、策略等因素互相结合的行业、主题指数。这里划分界限不是非此即彼，有些是可以根据个人的理解进行分类。比如，军工主题指数、互联网主题指数与行业指数关系很大。中证红利主题指数也可以当成红利策略指数之一，中证指数公司把红利低波指数划分给了策略指数，所以这部分内容在策略指数分类中进行统一讲解。中证指数公司还发布了风格指数，例如价值指数和成长指数，而规模指数中的大盘和小盘的划分其实也是一种风格划分。投资者可以根据个人需要进行划分归类。

　　中证全指行业指数系列从每个行业内选取流动性和市场代表性较好的证券作为指数样本，形成 10 条中证全指行业指数，可作为投资标的以及业绩评价基准。如下表所示。

指数名称	指数简称	英文名称	指数代码
中证全指能源指数	全指能源	CSI All Share Energy Index	000986.SH
中证全指原材料指数	全指材料	CSI All Share Materials Index	000987.SH
中证全指工业指数	全指工业	CSI All Share Industrials Index	000988.SH
中证全指可选消费指数	全指可选	CSI All Share Consumer Disrertionary Index	000989.SH
中证全指主要消费指数	全指消费	CSI All Share Consumer Staples Index	000990.SH
中证全指医药卫生指数	全指医药	CSI All Share Health Care Index	000991.SH
中证全指金融地产指数	全指金融	CSI All Share Financials Index	000992.SH
中证全指信息技术指数	全指信息	CSI All Share Information Technology Index	000993.SH
中证全指电信业务指数	全指电信	CSI All Share Telecommunication Services Index	000994.SH
中证全指公用事业指数	全指公用	CSI All Share Utilities Index	000995.SH

（数据来源：《中证全指行业指数系列编制方案》）

该指数系列以 2004 年 12 月 31 日为基准日，以 1 000 点为基点。

2005年1月1日至2019年3月31日沪深300全收益指数年化收益率为11.7%，中证500全收益指数年化收益率为13.6%。那么，这10条中证全指行业指数的收益是多少？

指数简称	指数代码 / 全收益指数代码	全收益指数点位	年化收益率
全指能源	000986.SH/H00986.CSL	2246.45	5.8%
全指公用	000995.SH/H00995.CSL	2894.1	7.7%
全指材料	000987.SH/H00987.CSL	3369.28	8.9%
全指工业	000988.SH/H00988.CSL	3633.52	9.5%
全指可选	000989.SH/H00989.CSL	5500.88	12.7%
全指信息	000993.SH/H00993.CSL	5805.2	13.1%
全指电信	000994.SH/H00994.CSL	6565.96	14.1%
全指金融	000992.SH/H00992.CSL	7984.62	15.7%
全指医药	000991.SH/H00991.CSL	10715.32	18.1%
全指消费	000990.SH/H00990.CSL	14829.31	20.8%
平均		6354.47	12.6%

从上表中，我们可以计算出中证全指行业指数的平均年化收益率是12.6%，与沪深300全收益指数和中证500全收益指数收益率相当。各行业指数的收益率是千差万别的。各行业的年化收益率从低到高排列依次是全指能源（5.8%）、全指公用（7.7%）、全指材料（8.9%）、全指工业（9.5%）、全指可选（12.7%）、全指信息（13.1%）、全指电信（14.1%）、全指金融（15.7%）、全指医药（18.1%）、全指消费（20.8%）。

全指消费、全指医药、全指金融、全指电信、全指信息、全指可选这些行业的年化收益率超过了沪深300全收益指数的年化收益率，这些指数涵盖的行业也是最赚钱的行业。在美国，医药、消费、金融、电信、信息这些行业也是非常赚钱的行业。

美国股市1957~2009年回报率最高的20只股票中，有11只来自消费行业，如菲利普莫里斯、可口可乐、百事可乐、箭牌、宝洁、好时食品等；有6只来自医药行业，如雅培制药、辉瑞制药、默克、百时美等；消费行业和医药行业占据了最牛的20只股票中的17只。

在医药行业中，标准普尔医疗保健行业指数自诞生以来，表现远远超越同期标准普尔500指数，在日本也是一样，长期跑赢市场的医药指数是经济危机中最具有价值的避险板块，也是最具有价值的投资选择之一。

美国可选消费指数近10年也是非常强势，跑赢了标普500指数的收益，也跑赢了巴菲特的收益。如下图所示。

所以，消费和医药行业是长期收益比较高的行业，值得重点关注。

另外，中证800也有一系列的行业指数。中证800一级行业指数是把800个公司按照各自的行业划分成了10个一级行业构成的指数。如中证主要消费指数由中证800指数样本股中的主要消费行业股票组成，以反映该行业公司股票的整体表现。每个行业指数都有很多种划分，全指、中证800、上证、深证、300、500、1000等都可以和各行业相挂钩。这些我们了解一下，在用到时拿来用即可。

1. 必需消费

必需消费即主要消费，包括食品、饮料、烟草、家居等。可选消费，包括汽车、零售、媒体、耐用品、消费者服务等。对应的分别是中证全指主要消费指数和中证全指可选消费指数。医药行业包括医疗保健、制药、生物科技、生命技术等，对应指数主要有中证全指医药卫生指数。

中证主要消费指数由中证800指数本股中的主要消费行业股票组成，以反映该行业公司股票的整体表现。

截至2021年6月1日，中证主要消费指数对应的指数基金主要有：嘉实中证主要消费ETF（512600）及其联接基金（A类009179，C类009180），汇添富中证主要消费ETF（159928）及其联接基金（000248）。

截至2021年第一季度末，中证主要消费ETF的前十重仓是贵州茅台、伊利股份、五粮液、牧原股份、泸州老窖、海天味业、山西汾酒、洋河股份、通威股份、温氏股份。既有我们熟悉的日常消费类的公司，又有农林牧渔业的公司。

全指消费指数从中证全指样本股主要消费行业内选择流动性和市场代表性较好的股票构成指数样本股，以反映沪深两市主要消费行业内公司股票的整体表现。指数基金中的广发中证全指主要消费ETF已经终止，现在暂无全指主要消费ETF产品。

此外，还有上证消费指数和上证消费80指数，对应的指数基金分别是华夏消费ETF（510630）和招商上证消费80ETF（510150）。

2. 可选消费

可选消费的消费属性弱些，如空调、汽车等。有着明显的时代潮流特性，公司与消费升级相匹配，就会变强；反之，公司跟不上时代的需要，就会变弱。所以，可选消费也具有一定的周期性。

截至2021年6月1日，中证全指可选消费有相应的指数基金，是广发中证全指可选消费ETF（159936）及ETF联接基金（A类001133，C类002977）。

截至2021年第一季度末，中证全指可选消费ETF的前十重仓是美的集团、格力电器、中国中免、比亚迪、TCL科技、海尔智家、分众传媒、上汽集团、福耀玻璃、华域汽车。

消费行业容易形成垄断护城河，有消费品牌龙头效应，而且贴近生活。主要消费和可选消费的龙头指数，也有指数基金。华宝中证消费龙头指数（LOF）A（501090）的持仓，既包括了贵州茅台、五粮液、伊利股份等主要消费行业的公司，也包括了中国中免、分众传媒、福耀玻璃等可选消费行业的公司。富国中证消费50ETF（515650）也是包括了主要消费行业的公司和可选消费行业的公司。消费行业优秀公司比较多，接近生活也比较好选。而医药行业却不是那么容易了。我们来看看大师们怎么样对待投资医药行业。

3. 医药行业

巴菲特建议做的是医药股的投资组合。"医药行业作为一个整体是好生意，能实现良好的总体投资收益率。除非你是这个行业的专家，否则还是做一个组合买入，这样更合理。我不在乎哪家医药公司处于研发阶段的重磅药更有潜力。与药品专利即将过期的公司相比，具有高潜力重磅药的公司股价应该也更高。研发阶段药品的潜力一般已经反映到股价之中了。我不知道哪家医药公司将来的盈利能力最强，但我知道5年之后医药的总销售额一定比现在更高。这和我们投资银行业的方法不一样。按合理的市盈率买入医药行业，5到10年后，收益率应该还不错。"

人们对医药的需求是无上限的，是真正的刚需，而且人口老龄化也会来临，医药中的高血压、心脏病、糖尿病的药都是全世界所需的商品。世界500强中医药公司占了40%以上，美国人均医药消费占GDP的17%，中国的占6%以上。

如下表所示，沪深市场的医药指数有很多。表中的这个100不是中证100，而是医药100，即成分股是沪深两市市值最大的前100只医药股，等权配置。医药行业虽然有强者恒强的公司，但是经常也有主打产品被替代的公司，出于分散原则，医药100指数是比较合适的，历史收益率也是最高的。但这也不代表未来,还需要结合投资战略进行判断权衡。

除此之外,还有细分医药、医药等权、医药主题、医药生物、中证中药、300医药、500医药、1000医药等。

指数	概述	成立日期
中证医药100	医药等权	2004.12.31
全指医药	全 A 医药	2004.12.31
细分医药	医药细分领域	2004.12.31
300 医药	沪深 300 医药	2004.12.31
500 医药	中证 500 医药	2004.12.31
中证医药	中证 800 医药	2004.12.31
上证医药	上证范围医药	2003.12.31
中证中药	中证中药	2004.12.31
医药等权	医药等权	2003.12.31
医药主题	医药卫生与零售行业	2003.12.31
医药生物	医药生物	2004.12.31
1000 医药	中证 1000 医药	2004.12.31

这些医药指数都是2003年年底至2004年年底成立的,起点都是1000点。截止到2019年第一季度末,多数医药全收益指数取得了10倍以上的收益,其中医药100全收益指数14倍、全指医药全收益指数10.7倍。最差的上证医药全收益指数也是收益了7.4倍。可见,医药行业指数的收益是各行业中名列前茅的。

中证医药、全指医药和中证医药100指数基金,这三类是主要的医药行业指数基金,如汇添富中证医药卫生ETF(159929)、广发中证全指医药卫生交易ETF(159938)、天弘中证医药100指数A(001550)等。随着医药行业的发展,又有许多医药细分行业指数基金,如汇添富中证精准医指数A(LOF)(501005)、广发中证创新药产业ETF(515120)等。还有其余的医药指数基金,如跟踪上证医药指数的华夏医药ETF(510660),还有汇添富中证中药指数LOF(501011)、华安中证细分医药ETF(512120)、国泰中证生物医药ETF(512290)、易方达沪深300医药ETF(512010)、南方中证500医药卫生ETF

（512300）等。这些可以适当了解一下。

这些医药指数基金的持仓还是有些差异的。截至2021年第一季度末的部分医药指数基金的前十重仓如下表：

中证医药卫生 ETF	全指医药卫生 ETF	中证医药 100	中证创新药产业 ETF	中证生物医药 ETF	中证中药指数 LOF
恒瑞医药	恒瑞医药	昭衍新药	药明康德	智飞生物	片仔癀
药明康德	迈瑞医疗	康龙化成	恒瑞医药	药明康德	云南白药
长春高新	药明康德	信立泰	长春高新	恒瑞医药	东阿阿胶
智飞生物	长春高新	金域医学	智飞生物	康泰生物	同仁堂
爱尔眼科	智飞生物	万泰生物	泰格医药	华兰生物	白云山
片仔癀	爱尔眼科	华东医药	沃森生物	长春高新	以岭药业
泰格医药	片仔癀	片仔癀	复星医药	华大基因	步长制药
沃森生物	泰格医药	药明康德	康泰生物	上海莱士	天士力
云南白药	沃森生物	欧普康视	华兰生物	天坛生物	信邦制药
通策医疗	云南白药	英科医疗	凯莱英	沃森生物	华润三九

4. 其他行业

对于其他行业的指数，有一些基金公司分别开发了各自的特色指数基金产品：汇添富中证能源ETF（159930）、广发全指能源ETF（159946）、南方中证500原材料ETF（512340）、广发全指原材料ETF（159944）、广发全指工业ETF（159953）、南方中证500工业ETF（512310）、广发中证全指信息技术ETF（159939）、南方中证500信息技术ETF（512330）。

对于重要的金融行业，不仅有金融行业指数基金，还有银行、证券、保险、证券保险类、地产的细分行业指数基金。

对应的指数基金主要有：广发全指金融地产ETF（159940）、嘉实中证金融地产ETF（512640）、汇添富金融地产ETF（159931）（中证800金融地产）、国投瑞银金融地产ETF（159933）（沪深300金融地产）、上证金融地产ETF（510650）、上证180金融ETF（510230）、嘉实金融地产ETF（512640）、华宝中证银行ETF（512800）、天弘中证银行（001594）、天弘中证证券保险（001552）、易方达沪深300非银ETF（512070）（一般非银即证券保险）、华宝中证全指证券ETF（512000）、国泰中证全指证券公司

ETF（512880）、南方中证全指证券ETF（512900）、南方中证房地产ETF（512200）。

主题类的指数基金有很多，下面列举一些。

（1）环保行业：中证环保产业指数从沪深市场中选取100只业务涉及资源管理、清洁技术和产品、污染管理等领域的上市公司证券作为指数样本，以反映环保产业上市公司证券的整体表现。指数代码：000827。对应的指数基金：广发中证环保产业ETF（512580）、新华中证环保产业指数（164304）等。

（2）养老产业：中证养老产业指数以中证全指为样本空间，选取涉及酒店旅游、文化传媒、医药卫生、人寿保险等养老相关业务的上市公司股票作为成分股，以反映养老产业相关上市公司的整体表现，为市场提供多样化的投资标的。指数代码：399812。这个指数按行业占比划分来看，医药卫生行业占比近四成、可选消费占比三成多、主要消费行业占比一成多、信息技术占比一成多、金融地产占比近一成。这5个行业都是非常不错的行业。对应的指数基金：广发养老指数（000968）、国寿安保中证养老产业指数增强（168001）。

（3）传媒行业：中证传媒指数从沪深A股广播与有线电视、出版、营销与广告、电影与娱乐、互联网信息服务、移动互联网信息服务等行业中，选取总市值较大的50只上市公司股票作为指数样本股，以反映传媒领域代表性上市公司股票的整体表现。指数代码：399971。对应的指数基金：广发中证传媒ETF（512980）、鹏华中证传媒ETF（159805）等。

（4）中证军工：中证军工指数把十大军工集团控股的且主营业务与军工行业相关的上市公司以及其他主营业务为军工行业的上市公司作为指数样本，反映军工行业上市公司的整体表现。指数代码：399967。对应的指数基金：广发中证军工ETF（512680）、易方达中证军工ETF（512560）、华宝中证军工ETF（512810）、国泰中证军工（512660）等。

（5）人工智能：中证人工智能主题指数在为人工智能提供基础资源、

技术以及应用支持的公司中选取代表性公司作为样本股，反映人工智能主题公司的整体表现。指数代码：930713。对应指数基金：融通人工智能指数（LOF）（161631）、平安人工智能ETF（512930）、华夏中证人工智能主题ETF（515070）等。还有中证人工智能产业指数，根据人工智能业务占比、成长水平和总市值的综合指标，选取50家最具代表性的公司，反映人工智能产业公司的整体表现。指数代码：931071。对应指数基金：华富中证人工智能产业ETF（515980）。

（6）食品饮料/中证酒/中证白酒：中证食品饮料指数以中证全指为样本空间，选取归属于饮料、包装食品与肉类两个行业的上市公司股票作为成分股，以反映食品饮料类相关上市公司整体表现。中证细分食品饮料指数代码：000815。对应的指数基金：华夏中证细分食品饮料主题ETF（515170）、华宝中证细分食品饮料主题ETF（515710）；CS食品饮料指数代码：930653。对应的指数基金：天弘中证食品饮料指数A（001631）（C类：001632）；中证酒指数从沪深市场中选取，选取涉及白酒、啤酒、葡萄酒酿造等业务的上市公司股票作为成分股，以反映酒类相关上市公司的整体表现。指数代码：399987。对应的指数基金：鹏华中证酒ETF（512690）；中证白酒：中证白酒指数以中证全指为样本空间，选取涉及白酒生产业务相关上市公司股票作为成分股，为市场提供多样化的投资标的。指数代码：399997。对应的指数基金：招商中证白酒（161725）。

这几只与消费行业相关的细分指数，历史收益率都是比较高的。例如，食品饮料全收益指数成立日期2004年12月31日是1000点，截止到2019年3月31日是15948.60点，14年收益了16倍，年化收益率21.5%。中证白酒全收益从2009年1月1日至2019年3月31日由1000点上涨到了8391.02点，收益8倍。过去不代表未来，但长期消费行业整体上市公司的质量还是比较高的。

随着2019年的科技兴国战略的实施，尤其是对芯片和新能源汽车社会需求的增加。包括中证、国证、中华交易服务、华证等各个指数编制公司编制出了各种相关的指数，比如，信息行业的细分行业的半导体指数，有中证半导体指数、国证半导体指数、中华交易服务CES半导体50指数。这些同类细分行业指数之间相关度高，和其他细分行业指数相关度低。基金公司也争先恐后的成立了相关的指数基金产品。5GETF（515050）、通信ETF（515880）、5G通信ETF（159994）、中证科技50策略ETF（515750）、中证半导体ETF（512480）、半导体50ETF（512760）、国证半导体芯片ETF（159801、159995）、中证新能源汽车ETF（515030）、新能源汽车产业ETF（515700）、新兴科技100ETF（515860）、人工智能ETF（512930）、人工智能产业ETF（515980）、计算机ETF（512720、159998）。

主题类的指数基金层出不穷，我们可以先了解相关主题指数，再从中证指数公司等网站搜索相应的指数基金。而且，要观察指数基金的成分公司，有些名副其实，尤其是单一行业的主题指数，如中证酒和中证白酒；有些鱼龙混杂，里面什么行业都有，可能只与主题沾边。

规模划分、市场划分、细分行业划分、地区划分、事件划分以及交叉划分，都能产生出各种主题。如商品ETF（510170）、有色金属ETF（512400）、上证资源ETF（510410）；国证新能源汽车LOF（160225）、一带一路LOF（502013）、中证互联网医疗LOF（501007）；四川国改ETF（159962）、央企改革ETF（512650）、央企调控ETF（512960）、国企ETF（510270）、国企红利LOF（501059）；中创400ETF（159918）、新兴ETF（510260）、战略新兴ETF（512770）；京津冀ETF（512780）、北京50ETF（512850）、杭州湾区ETF（512870）等。值得一提的是，粤港澳大湾区ETF是首只跨境内境外的ETF。粤港澳大湾区ETF有发展主题ETF（159978、512970），有创新100ETF（159983、159984），还有恒生沪深港通大湾区综合指数ETF（159809）。读者可以根据需求进行挖掘选择。

5. MSCI指数

我们来看看MSCI类的指数。MSCI全称Morgan Stanley Capital International，是由美国著名的指数编制公司摩根士丹利资本国际公司编制的一系列股价指数，也是全球投资组合经理采用最多的基准指数，被全球的投资专业人士广泛使用，覆盖全球主要市场。

A股被纳入MSCI指数，而且纳入因子比例越来越重。明晟公司(MSCI)逐步扩大了A股的比重，与之相关的主要指数有3只，分别是MSCI中国A股国际指数、MSCI中国A股国际通指数和MSCI中国A股指数。

MSCI中国A股国际指数于2014年6月发布。指数为MSCI根据其全球统一的指数编制规则，在A股市场上发布与纳入相关的旗舰指数。该指数的成分股是在现有A股市场的基础上筛选出的。指数按MSCI最终完全纳入A股后的成分股编制，成分股包含大盘、中盘类股票。MSCI中国A股国际通指数于2017年10月发布。该指数根据MSCI实际纳入A股的情况进行编制，成分股是在MSCI中国A股国际指数成分股的基础上剔除了长期停牌、非沪（深）股通标的的股票、中盘股等。未来如果对正式纳入的A股股票有进一步实际的扩充、调整，该指数将同步进行变更。指数按MSCI实际纳入的A股组合编制，目前成分股仅含大盘股。当最终完全纳入A股之后，该指数成分股将与MSCI中国A股国际指数一致。

MSCI中国A股指数于2018年3月发布，该指数在MSCI中国A股国际指数成分股的基础上考虑沪（深）通可投资因素可直接投资的股票，目前包含大盘、中盘股等。

MSCI中国A股指数成分股选股范围为全部A股，从中截取流通市值排名前85%的部分，共870余只A股股票。指数是MSCI发布的12个新的中国指数之一。[①]

A股纳入MSCI新兴市场指数将为A股市场注入新鲜血液，激发市场新的活力，A股市场的发展也将迈向新的台阶。所以，证券市场上也出现了越来越多的MSCI中国A股系列指数ETF产品。随着A股的国际化，标普道琼斯、富时罗素与MSCI世界三大指数公司纷纷进入中国市场。这也提升了A股大中盘股

---

① 这些指数分别是 MSCI 中国 A 股指数、MSCI 中国 A 股大盘股指数、MSCI 中国 A 股中盘股指数、MSCI 中国 A 股人民币指数、MSCI 中国 A 股大盘股人民币指数、MSCI 中国 A 股中盘股人民币指数、MSCI 中国全部股票大盘股指数、MSCI 中国全部股票中盘股指数、MSCI 中国全部股票中小盘股指数、MSCI 中国 A 股国际大盘股指数、MSCI 中国 A 股国际中盘股指数、MSCI 中国 A 股国际中小盘股指数。

的地位。MSCI中国A股国际通指数与沪深300指数的公司重合度很高，长期的收益率也是差不多的。

这里附部分MSCI中国A股国际通指数基金的一览表，其中有的ETF指数基金年管理费率和托管费率合计已经降至0.20%，如下表所示。

512090	易方达 MSCI 中国 A 股国际通 ETF
512160	南方 MSCI 国际通 ETF
512180	建信 MSCI 中国 A 股国际通 ETF
512280	景顺长城 MSCI 中国 A 股国际通 ETF
512520	华泰柏瑞 MSCI 中国 A 股国际通 ETF
512990	华夏 MSCI 中国 A 股国际通 ETF
005761/005762	招商 MSCI 中国 A 股 A/C
006063/006064	景顺长城 MSCI 中国 A 股增强 / 国际通增强
512380	银华 MSCI 中国 A 股 ETF
515770	上投摩根中国 A 股 ETF

国内基金公司仅在2018年发行的MSCI概念ETF就高达十几只，未来或许潜力无限!

6. 境外行业指数及其他类型指数和指数基金

比起境内的普通行业指数，因为境外行业指数的可替代品种很少，境外行业指数大幅提升了资产配置的效率。此类指数的指数基金产品还在起步发展阶段，目前港美市场的行业指数基金有一些，全球行业指数基金也有一些。

鹏华香港银行指数（LOF）（501025）：跟踪标的是中证香港银行人民币指数。香港市场的银行行业与沪深市场的重合率高，但价格和估值相对便宜一些。香港银行指数不仅包括了中国内地银行，还包括了在香港设立的银行如汇丰控股、恒生银行等。截至2019年第一季度末的持仓如下图所示。

泰康港股通地产指数A（006816）（C类：006817）：跟踪标的是中证港股通地产人民币指数。香港市场的地产股与沪深市场的差异很大，里面有香港本地的公司如九龙仓置业等，也有最近几年发展起来的地产成长新秀，如融创中国等。截至2019年第一季度末的持仓如下图所示。

股票持仓	债券持仓
股票名称	持仓占比
工商银行	14.08%
建设银行	13.98%
中国银行	13.73%
汇丰控股	13.30%
招商银行	8.08%
恒生银行	6.83%
中银香港	6.34%
农业银行	5.13%
交通银行	3.12%
中信银行	2.41%

（图片来源：天天基金网）

股票持仓	债券持仓
股票名称	持仓占比
新鸿基地产	9.67%
长实集团	8.68%
中国海外发展	6.27%
碧桂园	5.22%
融创中国	5.05%
中国恒大	4.87%
华润置地	4.72%
新世界发展	3.80%
九龙仓置业	3.64%
恒基地产	3.10%

（图片来源：天天基金网）

泰康港股通的一系列的指数基金是2018年年末发行成立的，泰康港股通的渠道的管理费率和托管费率之和累计为0.60%，比QDII基金渠道要低。所以总体费率也降下来了。目前与其他的港股通渠道的指数基金比较，泰康港股通渠道费率也是最低的。

泰康港股通非银指数A（006578）（C类：006579）：跟踪标的是中证港股通非银行金融人民币指数。香港市场的非银指数不仅有在中国内地上市的中国平安、中国人寿，也有在香港上市的中国财险、中国太平，还有香港本地的友邦保险、香港交易所。

此类指数基金同样是越来越丰富，费率也是越来越低。2020年发行上市交易的易方达中证香港证券投资ETF（513090）年管理费率和年托管费率合计为0.20%。跟踪的是中证香港证券投资主题港元指数。包括了在香港上市的香港交易所、HTSC、中金公司、中国银河、中国信达等，也包括了在两地上市的中信证券、海通证券、国泰君安、广发证券、招商证券等。两地上市的H股的股价比A股的股价普遍便宜很多。

至此，香港的金融地产行业的指数基金已经比较齐全了。

其他的港股通的行业指数基金也在陆续发行成立。泰康港股通大消费指数（A类：006786、C类：006787）和泰康港股通TMT指数（A类：006930、C类006931）也于2019年4月份成立。

互联网类的主题指数基金也开始推出，如2019年年初成立的嘉实港股通新经济指数基金A（LOF）（501311）（C类：006614），包括了腾讯控股、美团、小米集团等新经济公司。

同类型的还有银华工银南方东英标普中国新经济ETF（QDII）（159822）、华夏恒生互联网科技业ETF(QDII)(513330)、易方达恒生科技（QDII-ETF）（513010）、华泰柏瑞南方东英恒生科技（QDII-ETF）（513130）、华夏恒生科技ETF（QDII)(513180)、天弘中证中美互联网基金（QDII）（009225）、摩根太平洋科技人民币对冲（968061）等，网罗全球科技公司。未来行业指数基金和主题指数基金的产品会越来越多样化的。

美国纳斯达克指数的成分公司不仅是纯粹的科技行业公司，还包括了如星巴克这样的消费类公司、如快捷药方的医疗类公司。美国纯粹的行业指数基金，目前沪深市场里面有一只是美国消费行业指数基金，下面重点介绍一下。

美国消费行业指数基金（QDII-LOF）(162415)：跟踪标的是标普美国品质消费股票指数（IXY）。截至2018年12月底，标普美国可选消费品指数(IXY)过去5年年化回报达9.89%；过去10年年化回报达18.46%。标普美国品质消费股票指数分年度对比标普500指数和"股神"巴菲特的投资收益表现，近

10年也是跑赢巴菲特投资收益和标普500指数涨幅！

美国品质消费指数、标普500指数和巴菲特投资收益数据如下表所示。

年份	美国品质消费	标普 500	巴菲特投资收益
2009 年	40.54%	23.45%	19.80%
2010 年	27.08%	12.78%	13.00%
2011 年	5.61%	0.00%	4.60%
2012 年	23.30%	13.41%	14.40%
2013 年	42.44%	29.60%	18.20%
2014 年	9.19%	11.39%	8.30%
2015 年	9.60%	−0.73%	6.40%
2016 年	5.51%	9.54%	10.70%
2017 年	22.45%	21.10%	23.00%
2018 年	4.03%	−7.01%	3.00%

近10年标的指数（IXY）与标普500走势如下图所示。

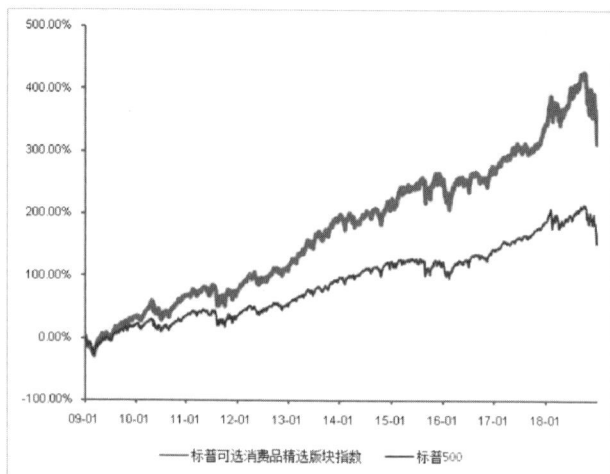

（数据图表来源：华宝基金、Wind数据）

不同于可口可乐、沃尔玛这些美国日常必要消费，美国可选消费包括媒体、酒店餐饮与休闲、专营零售、互联网零售、多元化零售、服装与奢侈品、家庭耐用消费品、汽车、汽车零配件、休闲设备与用品、综合消费者服务等。在标普美国可选消费指数中，知名的公司包括亚马逊、家得宝、麦当劳、星巴克、百胜餐饮、耐克、通用汽车、福特汽车、万豪、喜达屋、21世纪福克斯、

Coach等。

我们可以在标普道琼斯指数网站查询标普美国可选消费品指数（IXY）的收益和成分股的情况。（网址：https://chinese.spindices.com/indices/equity/consumer-discretionary-select-sector）

截至2019年第一季度末华宝标普美国消费LOF（162415）的持仓如下图所示。

股票持仓　债券持仓

股票名称	持仓占比
亚马逊	22.83%
家得宝	9.43%
麦当劳	6.32%
耐克	4.61%
星巴克	4.02%
芳氏	3.81%
普利斯林	3.41%
The T	2.86%
通用汽车	2.12%
塔吉特	1.82%

（图片来源：天天基金网）

境外上市的中国指数——中国互联网指数、中国互联网30指数、中国互联网50指数。

随着中国互联网的发展，一批引领中国互联网行业的巨头涌现出来，由于当时在境内上市达不到条件，所以阿里巴巴、腾讯、百度、京东等互联网巨头都在港美上市。这样，海外中国互联网指数也应运而生。

目前海外中国互联网公司指数主要有三只，中国互联网指数(H11136)、中国互联网30指数(930604)、中国互联网50指数(H30533)。其中，指数基金有两只：中国互联(164906)追踪中国互联网指数；中概互联(513050)追踪中国互联网50指数。现在详细介绍一下中国互联网指数和中国互联网50这两个有指数基金产品的指数。

中证海外中国互联网指数选取在海外交易所上市的中国互联网企业作为样本股，采用自由流通市值加权计算，以反映在海外交易所上市的中国互联网企业的整体走势。

中国互联网指数（H11136）、中国互联网全收益指数（H01136）。基准日是2007年6月29日，基点是1000点。截至2019年第一季度末全收益指数是6149.33点，年化收益率是16.7%。

中证海外中国互联网指数的样本空间是由注册地/公司营运中心/公司主营业务收入50%以上在中国大陆的，在中国大陆以外地区上市交易且上市交易时间超过 3 个月的股票组成（除非该股票发行市值超过 30 亿美元）。剔除了在香港上市的低价的仙股、业绩差的股票、流动性差的股票。

中国互联网指数样本股包括互联网软件与服务：开发与销售互联网软件和（或）提供互联网服务的公司；家庭娱乐软件：开发在家中使用的家庭娱乐软件和教育软件的公司；互联网零售：主要通过互联网提供零售服务的公司。互联网服务：主要通过互联网提供各类服务的公司；移动互联网：开发与销售移动互联网软件和（或）提供移动互联网服务的公司。

中国互联网指数截至2020年第一季度末的成分公司结构，也代表了中国互联网巨头的格局，如下图所示。

股票名称	持仓占比	涨跌幅	相关资讯
腾讯控股	9.95%	0.54%	股吧
阿里巴巴	9.56%	2.02%	股吧
京东	7.14%	2.06%	股吧
美团点评-W	6.88%	2.88%	股吧
百度	5.99%	1.07%	股吧
好未来	4.58%	5.04%	股吧
唯品会	4.22%	1.40%	股吧
网易	4.07%	2.93%	股吧
拼多多	3.75%	5.07%	股吧
哔哩哔哩	3.07%	3.69%	股吧
前十持仓占比合计	59.21%		

持仓截止日期：2020-03-31

（图片来源：天天基金网）

对应的指数基金是交银中证海外中国互联网指数基金（LOF）（164906）。

中证海外中国互联网50指数选取海外交易所上市的50家中国互联网企业作为样本股，采用自由流通市值加权计算，反映在海外交易所上市的知名中国互联网企业的市场表现。

中证海外中国互联网50指数（H30533）、中证海外中国互联网50全收益指数（H20533）基准日是2007年6月29日，基点是1000点。截至2019年第一季度末全收益指数是8626.35点，年化收益率是20.1%。

中证海外中国互联网50指数是在中证海外中国互联网指数的选取范围的基础上，按过去一年日均成交金额以及过去一年日均总市值综合排名（1:1），选取排名靠前的50家公司成为指数样本。若剩余公司不足50只，剩余公司全部作为指数样本股。所以，中证海外中国互联网50指数的成分公司比较集中。如下图所示。

股票名称	持仓占比	涨跌幅	相关资讯
腾讯控股	33.42%	0.54%	股吧
阿里巴巴	28.64%	2.02%	股吧
美团点评-W	6.66%	2.88%	股吧
京东	6.42%	2.06%	股吧
百度	4.77%	1.07%	股吧
好未来	3.42%	5.04%	股吧
网易	3.38%	2.93%	股吧
拼多多	2.27%	5.07%	股吧
携程	1.77%	0.83%	股吧
唯品会	0.99%	1.40%	股吧
前十持仓占比合计：	91.74%		
持仓截止日期：2020-03-31			

（图片来源：天天基金网）

对应的指数基金是易方达中证海外中国互联网50ETF（513050）。2019年还成立了易方达中证海外中国互联网50ETF联接（A类：006327、C类

006328）。这是沪深市场上市的第一只投资境外多市场的ETF基金和联接基金。比起中国互联（164906）的持仓，中概互联（513050）的持仓比较集中，腾讯控股和阿里巴巴各占了三成左右，前十持仓占了九成以上。这是由指数编制决定的。虽然这两只指数的成分公司的数量相同，但是中国互联网（H11136）的每只上市公司股票的权重上限是10%，中国互联网50（H30533）的每只上市公司股票的权重上限是30%，更好地反映了行业龙头的发展。[1]

（二）全球行业指数基金和其他配置类的基金

随着指数基金产品的种类越来越丰富，全球行业指数基金和其他配置类的基金也在快速发展。

下面我们来按行业分类举例。

全球医疗保健QDII（000369）：标普全球1200医疗保健指数。

全球医疗保健指数是全球的好行业的指数。在长期，全球多数市场，无论是成熟的美国市场、日本市场、英国市场，还是新兴的中国市场，医药行业指数都是有超额收益的。全球医疗保健指数成分公司股票及存托凭证ADR的持仓比例，美国占六成左右，瑞士占一成左右、英国、日本、德国、法国、丹麦、澳大利亚、荷兰、比利时、加拿大合计占三成左右。购买全球医疗保健指数基金（000369）相当于用单一基金实现了全球资产配置，如下图所示。

股票持仓	债券持仓
股票名称	持仓占比
强生	6.67%
辉瑞	4.42%
诺华	4.36%
联合健康	4.22%
默克	3.98%
罗氏	3.44%
雅培	2.49%
安进	2.25%
礼来	2.20%
美敦力	2.19%

（图片来源：天天基金网）

---

[1]　中国互联网指数、中国互联网30指数、中国互联网50指数的相关资料均整理自中证指数公司网站。

这十大重仓股，无一不是医疗健康行业的世界顶级公司。

（1）强生公司，是世界上规模最大，产品多元化的医疗卫生保健品及消费者护理产品公司；强生公司是世界上最具综合性、分布范围最广的卫生保健产品制造商、健康服务提供商。生产及销售产品涉及护理产品、医药产品、医疗器材及诊断产品等多个领域。强生旗下拥有强生婴儿、露得清、可伶可俐、娇爽、邦迪、达克宁、泰诺等众多知名品牌。

（2）辉瑞制药，是目前全球最大的以研发为基础的生物制药公司，产品覆盖化学药物、生物制剂、疫苗、健康药物等诸多广泛而极具潜力的治疗及健康领域，同时其研发和生产能力处于全球领先地位。在华上市的创新药物已超过50个，其治疗领域涵盖了心脑血管及代谢、抗感染、中枢神经等诸多领域。公司很多产品在市场上处于领先地位。

（3）诺华，是全球知名的医药健康企业，业务遍及全球，集团拥有多元化的业务组合，涵盖创新专利药、眼科保健、非专利药、消费者保健和疫苗及诊断等多个领域，并均处于世界领先位置。

（4）联合健康集团，是一家多元化的健康福利机构，致力于提高健保体系的质量及效率。公司通过旗下六家公司在全美各州和国际间为个人消费者、雇主、政府、商业付款人和中介人等提供全面的健康保护服务。

（5）默克集团，是一家以科研为本，致力于研究、开发和销售创新医药产品的跨国制药企业。公司是世界制药企业的领先者，主要提供涵盖心血管、抗感染、男性健康、女性健康、骨科、疼痛、皮肤、呼吸、糖尿病、专科药品、辅助生殖等领域的多种药品和疫苗，公司还提供动物保健产品，用以预防和治疗家禽家畜以及宠物的疾病。

（6）罗氏，在制药和诊断领域是世界领先的以研发为基础，以创新为驱动的健康医疗公司之一。作为全球最大的生物技术公司之一，罗氏在抗肿瘤、抗病毒、炎症、代谢和中枢神经系统领域拥有切实有效的差异化药品；同时罗氏也是体外诊断和基于组织的肿瘤诊断的市场领导者，以及糖尿病管理领域的先驱者。

（7）雅培是一家全球性、多元化医疗保健公司，已有100多年的发展历史，业务遍及全球。雅培的健康事业，有药品也有配方奶粉等营养品。公司的健康食品、消毒液等品牌在中国市场的排行经常在艾媒金榜上有名。

（8）安进是一家主要从事人用创新药物的探索、研发、生产和销售，致力于发掘生物科技潜力以用于对患有严重疾病患者的治疗的公司。通过借助前沿人类遗传学等工具，安进公司力求揭示疾病的复杂性，为理解人类生物学原理奠定基础。安进公司拥有极强的研发能力和产品优势，坚持在疾病治疗的生物技术领域内发展，主要涉足的领域有人类基因组，癌症，神经科学和小分子化学等。

（9）礼来公司是一家全球性的以研发为基础的医药公司，致力于为全人类提供以药物为基础的创新医疗保健方案。礼来与中国科研机构联合进行合成化学研究。礼来在中国的许多医药领域居领先地位，如抗生素、中枢神经、肿瘤、内分泌等。

（10）百时美施贵宝公司是一家以科研为基础的全球性的从事医药保健及个人护理产品的多元化企业，其主要业务涵盖医药产品、日用消费品、营养品及医疗器械。医疗保健业务比较有名的是婴幼儿配方奶粉，百时美施贵宝公司有在婴幼儿营养方面处于领先地位的美赞臣公司。百时美施贵宝公司通过药品、医疗设备、非处方保健产品、化妆品、健美产品、家庭产品，提供最优质的医药保健和个人护理产品来延长人类寿命，提高生活质量。

全球医疗保健指数的价格指数二十多年来年化收益率是7%至8%，指数运行比较稳健，所以广发全球医疗保健指数基金运行相对全球指数也比较稳健，如下图所示。

累计收益率走势

选择时间　1月　3月　6月　1年　3年　5年　今年　最大

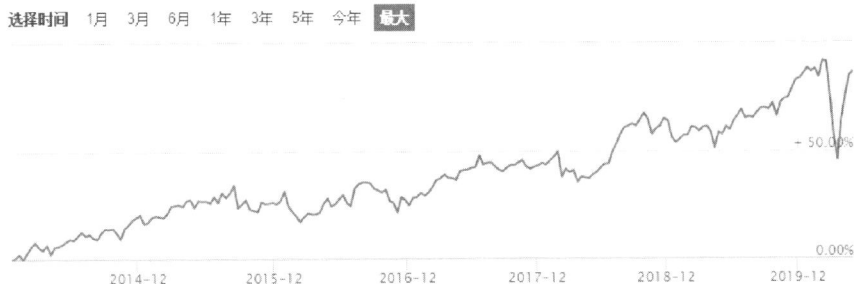

- 50.00%

0.00%

　　2014-12　　　2015-12　　　2016-12　　　2017-12　　　2018-12　　　2019-12

（图片来源：天天基金网）

还有其他类的全球指数基金列举如下。

广发生物科技指数（001092）：跟踪纳斯达克生物科技指数。

易标普医疗人民币（161126）：跟踪标普500医疗保健等权指数。

易标普生物科技人民币（161127）：跟踪标普生物科技精选行业指数。

易标普信息科技人民币（161128）：跟踪标普500信息科技指数。

下面我们来按资产配置分类举例。

广发美国房地产指数（000179）：跟踪的是美国REIT净总收益指数。配置美国房地产基金一方面可以享受美元升值所带来的收益，另一方面可以参与美国楼市分一杯羹。

鹏华全球高收益债（QDII）（000290）：跟踪的是富时国际高收益公司债指数。

还有一些非指数型的基金，如诺安全球不动产（320017）、华安全球美元收益债人民币A（002391）、南方亚洲美元债人民币A（002400）、美元债（501300）等。如果选此类基金，管理费率和托管费率、历史业绩跟踪误差、基金公司水平、基金经理水平等是都需要进行考察的。

华安石油（160416）：跟踪指数是标普全球石油净总收益指数（S&P Global Oil Index），投资于国外石油类的相关股票。投资范围覆盖全球，都是油企，包括埃克森美孚、BP、道达尔、皇家壳牌这样的巨头，并且都占据相当大的权重；华宝油气（162411）跟踪的是标普石油天然气上游股票指数。投资的是美股油气开采行业的很多不知名的公司的相关股票，并且极其分散（跟踪的这个指数近似是等权的），指数成分公司里面不仅包括石油公司还包括天然气公司；诺安油气能源（163208）跟踪的是标普能源行业指数。投资的是能源类ETF；国泰商品（160216）跟踪纽交所原油期货价格，投资的是原油期货ETF，不投资原油类股票。

黄金ETF标的有四只是跟踪上海黄金交易所的黄金价格走势：国泰黄金（518800）、华安黄金（518880）、博时黄金ETF（159937）、易方达黄金ETF（159934）。黄金QDII基金产品同样有四只是跟踪伦敦金价的走势：诺安黄金（320013）、易方达黄金主题（161116）、嘉实黄金（160719）和汇添富黄金及贵金属（164701），最后一只还包括白银、铂金、钯金等贵金属。场内ETF基金可以选流动性好的、历史跟踪得好的、折溢价合适的基金。

白银基金LOF（161226）跟踪的是上海期货交易所白银期货，白银基金是由一部分白银期货和一部分债券构成的。因为期货有杠杆性质，不能满仓。

华夏饲料豆粕期货ETF（159985）跟踪的是大连商品交易所豆粕期货价格指数。主要投资交易所挂牌交易的豆粕期货合约。

大成有色金属期货ETF（159980）跟踪的是上海期货交易所有色金属期货价格指数。主要投资于标的指数的成分商品期货合约及备选商品期货合约。

投资此类小规模的指数，要特别留意一些小规模的指数基金，根据基金合同，达不到基金份额持有人数量或基金资产净值要求的容易被清盘。国投新兴（161210）、工银资源（164815）都已经被清盘。指数基金清盘时是强制赎回成现金，可能盈利也可能亏损。为了保持长期投资和定投的连续性，尽量选上亿规模的指数基金。

总结

1. 指数基金是投资者入门取得平均收益的最好的工具。

2. 指数基金的资料可以从指数公司等权威网站进行查询。

3. 了解指数基金,理清指数基金类别,学会选择指数基金。

4. 基金收费方式、费率、场内场外购买途径、规模、跟踪误差、历史业绩和增强效果都是影响选择具体基金的因素。

5. 学会根据需求跟踪指数基金的发展变化,包括指数编制、指数调仓、指数基金成立和退出等变化,选择合适的指数基金进行资产配置。

第 5 章

会选还要会买：基本面策略指数基金

第 1 节　优中选优策略指数基金

第4章讲到的宽基指数和行业主题指数通常是采用市值加权的方式编制，也就是市值越大，这只股票在指数中的比重就越大，也有一些指数是采用等权重的方式编制，即每只股票比重大致相同。

市值加权指数往往过度投资于被高估的股票，而对被低估的股票却投资不足。市值加权指数最大的问题是上涨高了的股票被纳入指数，下跌多了的股票被剔除指数。

市值加权指数有着龙头公司强者恒强、优胜劣汰的优点，如中国互联指数的腾讯、百度、阿里巴巴等互联网巨头处于垄断地位，用不按市值加权的方法编制出来的指数反而会削弱行业垄断公司带来的回报，然而能窜到天上的公司一定是极少数的，这样垄断性的行业也是少数。

策略指数以策略而非公司市值加权方式编制，主要的策略包括基本面、价值、红利、低波等。策略编制的指数重策略因子不重市值，对于对主动基金费率高经常发生漂移业绩变差，被动基金又经常因为成分公司买高卖低感到失望的投资者来说，策略指数基金无疑是一个结合了主动基金和被动基金优点的投资工具。策略类的指数的因子编制主动选股一般是指数公司管理，而基金公司只管被动跟踪操作。

策略指数是怎么来的？我们看看投资大师们的策略、策略因子的实证和我们有哪些策略因子可用。

1. 投资大师们的策略

格雷厄姆在其代表作《证券分析》中指出："投资是基于详尽的分析，本金的安全和满意回报有保证的操作。不符合这一标准的操作就是投机。"寻找有价值的策略因子进行投资, 是价值投资的定量类型。价值投资以基本面分析策略为主, 从多种策略因子对上市公司进行分析筛选。最常用的因子有市盈率(PE)、市净率(PB)、市现率(PCF)、市销率(PS)、股息率、EBIT/EV、动量类的因子等。

很多投资大师在财务报表分析上都有着稳定的投资策略。价值投资的鼻祖格雷厄姆就是用净资产和市净率对股票进行估值的积极倡导者。巴菲特最关注的财务指标之一是净资产收益率(ROE)用于判断一个公司的好坏。巴菲特的投资思想是选好行业、好企业、好价格, 长期持有, 适当分散。

对于完全定量来说, 施洛斯把市净率指标发扬光大。施洛斯在有据可考的1956~2002年的47年里, 创造了5 455倍的收益率, 年化收益率约20%。同期标普500的收益率是79倍, 年化收益率约10%。扣除提成后, 施洛斯的合伙人获得788倍的回报, 年化收益率约15%。如下表所示。

1956 年至 2002 年	
施洛斯累计收益率	5 455 倍
施洛斯年化收益率	20%
标普 500 全收益指数累计收益率	79 倍
标普 500 全收益指数年化收益率	10%

施洛斯的投资理念是净资产比每股盈利重要。低市净率投资方法, 由于有净资产的保护, 不需要对生意很精通。我们不深入研究公司的生意好不好, 因为觉得自己做不来。施洛斯不拜访管理层, 认为这样会影响自己的情绪, 而且不喜欢彼得·林奇的工作强度, 所以选择比较被动的投资风格。买前检查股价低于净资产的原因、净资产是否包含商誉、现金流、资本开支、固定资产、负债水平、与同行比较、安全边际等。买入破净的公司在等待估值修复中还能拿到红利并使市净率变得更低。这种风格必须是分散投资, 施洛斯一般一只股票占5%的仓位就可以了。非常看好的股票仓位会增加到10%~12%。随着公司股票估值恢复、收购方介入购买公司控制权、公司自己要约回购、发现有更好的公司股票等情况时卖出。买入破净的资产要有鉴别资产好坏的能力、判断资产未来的盈利即净资产收益率的能力, 最后还是绕不开ROE。此外, 还要观察有隐蔽资产的公司、无形资产强大的公司等特殊情况。

市盈率的投资理念经典的是约翰·涅夫的温莎基金, 温莎基金是低市盈率风格的，创造了年均跑赢标普500指数3.1%的超额收益，温莎基金从1964年年末到他退休的1995年年末的31年里，其中22次跑赢市场，1964年的1美元到1995年翻了56倍，而总回报率达5546.4%是标普500的两倍还多。

涅夫的选股标准为：低市盈率；净利润增长率超过7%；股息率高，总回报率即净利润增长率和股息率的总和相对于市盈率绝佳，除非从低市盈率得到补偿，否则不买周期性股票；成长行业中的稳健公司；基本面好。涅夫的选股标准也是在低市盈率、高股息率和高盈利能力、成长稳健之间做平衡。涅夫也是格雷厄姆投资派的做低估值策略的。

涅夫的投资回报来自股息和市盈率扩张，属中短期投资。而巴菲特侧重于投资优秀的企业，因此在公司的长期经济特性和净资产收益率方面，要求比涅夫要高。

彼得·林奇针对六种投资类型提出了六种投资策略。当投资者把某一行业的某一家公司拿在手上，有了初步的了解之后，分析股票就要迈出第一步，确定这家公司属于6种公司基本类型中的哪一种类型：缓慢增长型、稳定增长型、快速增长型、周期型、隐蔽资产型还是困境反转型。如果投资者有胆量投资股票，却没有时间也没有兴趣做功课研究基本面，那么投资者的最佳选择是投资股票基金。投资时分散投资于不同的股票基金。有成长型、价值型、小盘股、大盘股等不同风格的股票投资基金。投资6只投资风格相同的股票基金并非分散投资。投资者在不同基金之间换来换去，就会付出巨大的代价，得支付很高的资本利得税。如果投资的一只或几只基金业绩表现不错，就不要随便抛弃它们，而要坚决长期持有。

长期而言，投资于一个由精心挑选的股票或股票投资基金构成的投资组合，业绩表现肯定要远远胜过一个由债券或债券基金构成的投资组合。简而言之，彼得·林奇的策略是做好资产配置，长期持有优秀资产。

巴菲特和彼得·林奇的投资策略不是以定量为主，给公司定性是主要的部分。还有很多的投资大师，如费雪的超级强势股，把市销率和相对强度的动量指标结合筛选成长股；祖鲁法则，把定性分析和定量分析结合、价值和成长结合、调研和报表结合、价值因子和相对强度的动量因子等结合形成法则筛选未来有潜力的公司。

投资大师们的投资智慧、哲学和策略都是宝藏，不是几句话能讲清楚的。建议读者们多多涉猎这方面的书籍，站在巨人的肩膀上来完善自己的投资体系。投资大师们的投资理念具有共通性——好公司、好价格、长期持有组合。

2. 策略因子实证

奥肖内西的《投资策略实战分析》第1版出版于1995年，当时全书只有不到300页的内容，经过20年的改版，成为一本700多页的巨著，第4版阐述了美国1926~2009年的一些长期有效的投资策略因子。

从1964年至2009年美国的高股息率、高回购收益率、高股东收益率、低市销率、低市盈率、低市净率等常用的策略因子，都跑赢了"所有股票"投资组合。同样，这些策略在样本总体为"大盘股"投资组合的，也跑赢了"大盘股"投资组合。

书中这些策略指标还与趋势结合、结合后再与十大行业结合，做出了多种策略组合的数据。最后汇总了一些策略做出了一个趋势价值投资组合策略，年均收益率变成了21.19%。趋势是动量指标，有3个月或者6个月超过中位数、3个月或者6个月大于0等，结合价值复合策略即股价净值比、市盈率、市销率、EBITDA/EV比率价值、价格对现金流比、股本收益率这些因子做出来的趋势价值投资策略组合。

书中最后总结了所有策略的年均收益率的列表。最好的策略能年均跑赢市场近一成，各种策略的年均超额收益率一般分布在0%~10%。长期的复利累计收益会差异很大。

书中最后总结，在市场经历从极端投机到极端绝望后，几乎不可能相信简单有效的原理，人们总是把简单问题复杂化，从众，被热门所诱惑，凭着感情、消息和直觉进行买卖，在就事论事的基础上处理每个投资决策而没有潜在的一致性战略。在股票长期收益很差后，会换成风险较小的债券和货币基金。尽管书的第1版出了14年，书中显示了各种投资策略每隔10年的收益，但是人们仍倾向于因短期事件忽视历史数据，不管这些事情是好是坏，忽视长期策略历史数据的有效性。最终，长期以来标普500指数战胜了七成的传统方式管理的基金。

这点值得我们思考。一个长期有效的策略不是时时有效，除了历史规律还有人性规律，自己有了成熟的投资体系，自己知行合一是最重要的。用多种策略做资产配置，定期调整再平衡是一种比较好的方法。

3. 策略因子结合中国市场

标普网站用了规模、价值、低波、动量、质量、红利因子对全球的一些市场进行了分析。在 "聪明贝塔策略在中国市场的表现" 的文章中，从2006 年7月31日至2018年11月30日期间中国股市为人熟知的6个风险因子（规模、价值、低波、动量、质量及红利）。除动量外，其余的因子长期表现都有稳定的超额收益，其中红利因子表现最好。

这些聪明贝塔策略介于被动型策略和主动型策略之间。一方面，遵循固定的投资标准，所以基金运营费用也较低；另一方面，聪明贝塔策略也可以体现投资经理对市值加权的被动型策略进行一些因子改进，使指数选的公司变得更聪明一些。

因市场不同、时机不同，策略因子收益也不同。沪深市场中动量指数往往在升市时表现较佳，低波动、价值、质量及红利指数则在跌市时回报较高。 而在香港市场的表现中统计了2006年7月31日至2017年6月30日的数据，高价值和高红利策略表现较好，红利因子策略在每个市场周期都是正收益，然而最高的收益却部分分布到了动量策略上了。正如奥肖内西的《投资策略实战分析》书中所分析的在美国市场上动量因子有效性是比较高的。

21世纪以来的策略因子在标普500指数上的应用，年均超额收益率从低到高的因子依次是成长因子、低波动率因子、小规模因子、价值因子和动量因子。截取时间不同，聪明贝塔因子的年均超额收益率也不同，但是长期都会或多或少有一些。回到沪深市场，根据标普网站统计的数据，从2007年到2017年聪明因子收益表现从高到低依次是小盘、红利、低波、价值、质量和动量。具体分析，小盘规模因子、动量因子的异常还是有历史原因的。随着沪深市场慢慢成熟起来和退市制度的完善，炒作小盘不再有效。

第 2 节　红利类的指数基金[①]

提到红利策略，我们谈谈狗股10策略。狗股策略（Dogs of the Dow）一直以来被认为最成功的投资策略之一。

这种策略要求投资者在每年年末购买构成道琼斯工业平均指数所包含的30家公司中最高股息率的前10只股票，换成标普500指数，即每年年末购买标普500指数中所包含的100家最大公司中最高股息率的前10只股票。管理层通常维持一定的股利支出，所以股价越跌，股息率也就越高。在1957年至2003年的47年时间，狗股策略的年化超额收益率在1.5%至3.5%之间。

找了一些这方面的数据：狗股策略的"标准普尔10"46年年复合收益率15.69%，总收益率815倍，同期标准普尔指数年复合11.18%，总收益率129.7倍。恒指狗股策略，从2000年至2016年，年化收益率12%，恒生指数的年化收益率只有5%。

沪深市场上的红利基金主要分为四类：标普红利、中证红利、深证红利、上证红利。

1. 标普红利指数

标普红利中国机会指数于 2008年 9 月 11 日推出，之前是回溯的。从2009年至2018年，正好是市场从一个底部到另一个底部，标普红利全收益指数是4.41倍，年化收益率是16%；中证红利全收益指数是3.01倍，年化收益是12%；深证红利全收益指数是2.79倍，年化收益率是11%；上证红利全收益指数是2.39倍，年化收益率是9%；沪深300全收益指数是2.12倍，年化收益率是8%。中证500全收益指数是3.09倍，年化收益率是12%。

---

① 第2节至第7节的指数资料主要来源中证指数公司网站，其中央视财经50指数、创蓝筹、创成长指数来源国证指数公司网站，恒生 A 股行业龙头指数来源恒生指数公司网站，标普红利、标普质量、沪港深中国价值增强指数来源标普指数公司网站。如果读者需要对指数和指数基金进行进一步详细了解，可以到相应的指数公司网站查询。

规模指数中代表大盘的沪深300指数收益低些, 估值也比较低些。虽然代表中小盘的中证500指数收益率高些, 估值也比较高些, 但是过去不代表未来。在红利系列中, 标普红利指数持仓中大中小盘股比较均匀, 与沪深300指数和中证500指数, 即中证800指数的成分公司都有重叠部分, 可以当作中证800指数的高股息率指数; 中证红利指数、深证红利指数、上证红利指数的持仓部分主要与沪深300指数的成分公司重叠。

2009年至2018年, 标普红利指数除了2017年之外的自然年份全部跑赢了中证800指数; 这10年里面的总收益, 中证红利、深证红利、上证红利也是跑赢了沪深300指数。如下图所示。

2009年至2018年收益

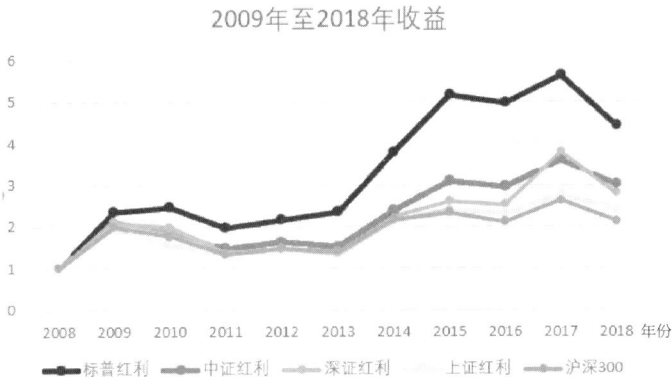

红利指数的共同特点是高股息率, 一般财务盈利能力好的、现金流没有问题的公司才有好的分红现金流发放股息, 降低了造假的可能。标普红利指数在此基础上又有了利润方面的要求: 过去3年盈利增长必须为正; 过去12个月的净利润必须为正; 每只股票权重不超过3%, 单个行业不超过33%。符合利润增长要求的、等权重的股息率最高的100只股票, 构成的标普红利机会指数。

标普红利指数对净利润有要求、对权重也有要求, 是可以防止一些周期性的行业, 在行业繁荣的顶部分红也多, 最后行业从景气到不景气, 利润和分红都会大幅度缩减。

指数基准日期: 2004年6月18日1000点。

指数代码: CSPSADRP、全收益指数代码: CSPSADRT。

对应的指数基金: 标普中国A股红利机会指数基金 (501029) (LOF)。

2. 中证红利指数

中证红利指数是以沪深A股中现金股息率高、分红比较稳定、具有一定规模及流动性的100只股票为成分股，采用股息率作为权重分配依据，以反映A股市场高红利股票的整体表现。

中证红利指数的特点是过去两年连续现金分红且每年的税后现金股息率均大于0，选取过去两年平均现金股息率最高的100只股票。

2013年下半年开始，上证红利指数及中证红利指数加权方式由调整市值加权改为股息率加权。这点非常重要，这说明中证红利指数2014年以后的收益具有准确的参考性。如下图所示。

关于调整上证红利指数及中证红利指数选样方法的公告

2013-07-02 ☆ 🖶 Aˆ

为适应证券市场变化，经充分听取市场意见，并经指数专家委员会审议，上海证券交易所和中证指数有限公司决定对上证红利指数及中证红利指数规则做出以下调整：

1. 样本空间中：将"过去一年内日均流通市值，日均成交金额排名在上海A股、全部A股的前50%"改为"过去一年内日均总市值，日均成交金额排名在上海A股、全部A股的前80%"。

2. 样本调整中：将"过去一年内日均流通市值，日均成交金额排名在上海A股、全部A股的前60%"改为"过去一年内日均总市值，日均成交金额排名落在上海A股、全部A股的前90%"。

3. 指数加权方式由调整市值加权改为股息率加权。

4. 其他编制方法保持不变。

本次规则调整将于下一次样本股定期调整时实施。

上海证券交易所

中证指数有限公司

2013年7月2日

（图片来源：上海证券交易所官网）

2014年至2018年标普红利全收益指数是+88%、中证红利全收益指数是

+99%。同期沪深300全收益指数+44%、中证500全收益指数+14%，中证800全收益指数是+35%。标普红利全收益指数相对于中证800全收益指数五年的超额收益是近四成（1.88/1.35），中证红利全收益指数相对于沪深300全收益指数五年的超额收益也是近四成（1.99/1.44）。

由于市场风格不同、行业不同，中证红利的金融地产的比重占1/4，所以市盈率和市净率也比较低些。

中证红利指数在2013年中期的PE最低到过6倍，当时ROE高些，PB最低是1倍。2018年年末ROE低，中证红利指数的PE最低是8倍，PB却低于1倍了，中证红利指数破净了。总之，中证红利指数的市净率在1倍附近一般是沪深底部，是在沪深市场重仓配置的好机会，也是定投积攒指数基金份额的好机会。

公司股价越低，分红不变的情况下，股息率也就越高，一般市盈率和市净率也就越低，这些都是相通的。

中证红利指数也是跨越沪深市场的指数。中证指数公司可以查询指数详细信息。

指数基准日期：2004年12月31日1000点

指数代码：000922、全收益指数代码：H00922。

对应的指数基金：易方达中证红利ETF（515180）、招商中证红利ETF（515080）、大成中证红利（090010）、富国中证红利指数增强（100032）、万家中证红利LOF（161907）、博时中证红利ETF（515890）等。

3. 上证红利指数/深证红利指数/国证红利指数

中证指数公司编制的中证指数系列和上证指数系列，所以编制规则也是一样的。上证红利指数也是从2013年下半年开始用股息率加权，连续2年现金分红且税后现金股息率大于0。上证红利指数一共有50只。行业上与上证指数相关，金融地产行业占比三成左右。

国证指数公司编制的深证红利指数和国证红利指数仍然以流通市值加权。这两只红利指数的筛选都是最近3年中至少2年实施分红，且至少2年股息率位列市场前20%。深证红利成分公司的数量是40只，国证红利成分公司的数量是50只。深证红利指数是深证分市场的特色，行业上以消费行业为主，比较常用。国证红利指数虽然是跨市场，但是不常用而且迄今为止没有相应的指数基金。

深证红利的这种编制也有一定的稳定性，比如连续分红的历史分红记录优秀的格力电器在2018年中未分红，被标普红利和中证红利调出，却被留在了深证红利里面。

上证红利指数 2004年12月31日 1000点。

代码：000015、全收益指数代码：H00015。

对应的指数基金：上证红利ETF（510880）。

深圳红利指数 2002年12月31日 1000点。

代码：399324、全收益指数代码：CN2324。

对应的指数基金：深证红利ＥＴＦ（１５９９０５）／深证红利ＥＴＦ联接（４８１０１２）。

国证红利指数 2004年12月31日 1000点。

代码：399321、全收益指数代码：CN2321。

对应的指数基金：暂无。

4. 沪港深高息指数/港股高息指数

随着沪港通的便利，中证指数公司也发布了香港市场的指数，下面介绍一下沪港深高股息指数和港股通高股息指数。

2016年12月28日正式发布中证沪港深高股息指数。中证沪港深高股息指数从沪深A股和符合港股通条件的港股中选取100只流动性好、连续分红、股息率高的股票作为指数样本股，采用股息率加权，以反映沪港深三地市场股息率高的股票整体表现。

指数代码：９３０９１７（人民币）／９３０９１８（港币）、全收益指数代码H20917。

基准日期：2014年11月14日为基准日 3000点。

2019年3月底，沪港深高股息全收益指数是6865.59点，收益+119%。同期恒生指数全收益+40%，沪深300全收益指数+62%。同期标普红利全收益指数+87%，中证红利全收益指数+97%。

对应的指数基金：银河中证港股通高股息A（501307）LOF基金。

中证港股通高股息投资指数从中证香港300样本股中符合港股通条件的港股中选取30只流动性好、连续分红、股息率高的股票作为样本股，采用股息率加权，以反映港股通范围内连续分红且股息率较高的股票整体表现。

指数代码：930914（港币）/930915（人民币）

基准日期：2014 年 11 月 14 日为基准日3000 点。

2019年3月底港股高息全收益指数是6183.39点。收益+106%。

对应的指数基金：汇添富中证港股通高股息投资指数（LOF）A基金（501305）。

这两只指数收益较好。一方面，香港市场的金融地产在此期间涨幅较大，这两只指数的金融地产行业的占比较大；另一方面，中证沪港深高息指数与同一只公司的AH股的高息轮动。

5. 沪港深高股息精选指数/港股通高股息精选指数/中证A股高股息精选指数

中证指数有限公司于2016年6月8日发布了中证沪港深高股息精选指数、中证高股息精选指数和中证香港高股息精选指数。这些高股息精选指数是中证指数公司在高股息率因子的基础上，结合质量因子编制的高股息精选指数。这些指数的共同特征是连续分红、股息率较高、盈利能力高、盈利持续性且兼具合理成长性。

中证沪港深高股息精选指数从沪深 A 股以及符合港股通条件的港股中选取 100 只流动性好、连续分红、股息率高、盈利持续且具有成长性的股票作为指数样本股，采用股息率加权，以反映沪港深三地市场股息率高、盈利持续且具有成长性的股票的整体表现。

指数代码：930836（人民币）

全收益指数代码是H20836（人民币）。

指数基准日期和基点同沪港深高股息指数，截至2019年3月底是5110.65点，收益+70％。期间落后了没精选的沪港深高股息指数，香港的金融地产占比少是原因之一。对应的指数基金是平安大华中证沪港深高股息精选

（003702）和信达澳银中证沪港深高股息精选（005770）。

中证港股通高股息精选指数从符合港股通条件的港股中选取 30 只流动性好、连续分红、股息率高、盈利持续且具有成长性的股票作为指数样本股，采用股息率加权，以反映港股通范围内股息率高、盈利持续且具有成长性的股票的整体表现。

指数代码：930840（人民币）

高股息（全）：H20840（人民币）

指数基准日期和基点同中证港股通高股息指数，截至2019年3月底是3813.89点，收益＋27%。对应的指数基金是民生加银中证港股通精选指数A（004532）（C类：004533）。

中证高股息精选指数从沪深A股中选取100只流动性好、连续分红、股息率高、盈利持续且具有成长性的股票作为指数样本股，采用股息率加权，以反映沪深A股市场股息率高、盈利持续且具有成长性的股票的整体表现。

指数代码：930838

CS高股息全收益：H20838。

指数基准日期：2004年12月31日1000 点。

截至2019年3月底指数是7 920.46点。与指数相同指数基准日期和相同基准点位的中证红利指数截至2019年3月底是7058.96点。中证高股息精选指数2016年6月8日发布的，之前是回测的，之后的数据才具有可比性。

对应的指数基金：浦银安盛中证高股息ETF（512590）。

6. 中证香港红利等权指数

中证香港红利等权投资指数选取港股通范围内现金股息率高、分红比较稳定、 具有一定流动性的 30 只港股作为样本股，采用等权计算。指数以2014 年 11 月 14 日为基日，以 3000 点为基点。

HK红利EW指数代码：930785（人民币）

全收益指数代码：H20785

中证香港红利等权指数截至2019年3月底是5274.75。收益率为＋76%。

对应的指数基金是财通中证香港红利等权指数A(006658)。截至2019年第一季度末，中证香港红利等权指数大多数是金融地产公司，总共持仓占比六成。

总之，一个指数的有效性，除了策略的影响，还有规模、行业等方面的影响，需要长期观察。

红利因子还可以结合低波动因子编制指数，中证指数公司、恒生指数公司和标普指数公司都编制了沪深市场的红利低波指数。我们将在低波动类的指数里面介绍。

第 3 节　低波动类的指数基金

早在1975年，金融学教授罗伯特·豪根就发现在20个多国家的股市中，"低波动组合"的回报比"高波动组合"要高。低波动组合回报优于高波动组合，这是因为股票波动越高，会吸引投资者买，结果股价被捧得高估；股票波动越低，对投资者越没有吸引力，可能会导致股价低估。

低波因子可以与规模、风格、红利等因子结合，也可以分市场、分行业编制指数。如2018年12月4日沪深300红利低波等6条指数发布，与低波动指数相关的占了一半，包括沪深300红利低波动指数、中证红利成长低波动指数、中证高股息低波动指数。

目前一些低波动类的指数纷纷成立了指数基金。

1. 中证红利低波指数/沪港深红利低波指数/港股通红利低波指数（中证、恒生、标普）/上证红利低波指数

中证红利低波动指数选取股息率高且波动率低的50只股票作为样本股，旨在反映分红水平高且波动率低的股票的整体表现。指数考察了股息率和波动率两个因子，要求过去3年连续现金分红且每年的税后现金股息率均大于0的股票，挑选过去3年股息率最高的75只股票，再从中挑选过去1年波动率最小的50只股票。

指数代码：H30269　红利低波（全）：H20269。

指数基准日期：2005 年12 月30 日1000 点。截至2019年第一季度末是

12856.15点。中证红利低波动指数是中证指数公司2013年12月19日正式发布的，包括中证红利价值指数也是当日正式发布的。以前的收益仅供参考。低波类指数比较新，低波因子是经历多年验证过的因子，所以低波因子结合其他因子的系列指数雨后春笋股的发布了。

对应的指数基金是红利低波ETF（512890）、红利低波（005561）。

分规模分市场还有红利低波100指数、沪深300红利低波指数、沪港深红利成长低波动指数和指数基金。

中证红利低波动100指数（930955）从沪深A股中选取100只流动性好、连续分红、股息率高且波动率低的股票作为指数样本股，采用股息率/波动率加权，以反映A股市场股息率高且波动率低的股票整体表现。对应的指数基金是景顺长城红利低波100ETF（515100）和天弘中证红利低波动100（A类008114、C类008115）。

沪深300红利低波指数（930740）是从沪深300样本股中选取50只流动性好、连续分红、股息率高且波动率低的股票作为指数样本股，采用波动率倒数加权，以反映沪深300样本股中股息率高且波动率低的股票整体表现。对应的指数基金是嘉实沪深300红利低波动ETF（515300）及ETF联接基金（A类007605、C类007606）。

中证沪港深红利低波动指数（930992）从沪深A股以及符合港股通条件的港股中选取100只流动性好、连续分红、股息率高且波动率低的股票作为指数样本股，采用股息率加权，以反映沪港深三地市场股息率高且波动率低的股票整体表现。目前没有对应的指数基金。中证沪港深红利成长低波动指数（931157）成立了指数基金。

中证沪港深红利成长低波动指数从沪深A股以及符合港股通条件的港股中选取100只连续现金分红、盈利稳定增长且兼具低波动特征的股票作为指数样本股，采用预期股息率加权，以反映沪港深三地市场连续现金分红、盈利稳定增长且兼具低波动特征上市公司的整体表现。对比中证沪港深红利低波动指数，中证沪港深红利成长低波动指数加入了盈利稳定增长的因子，还用了预期的股息率加权，不再局限于历史财务数据，有了预期假设，从定量分析的基础上定性进行了筛选。景顺长城沪港深红利成长低波动指数（A类007751、C类 007760）。

此外，我们看到一个指数名称，不要从名称字面简单地认为它是一个怎样的指数，要看它的详细介绍。指数基金也是同样。比如，中证红利低波动指数之外，还有一个中证高股息低波动指数。乍一看似乎一样，实际上中证高股息低波动指数从沪深A股中选取50只股息率较高、盈利较为稳定且兼具低波动特征的股票作为指数样本股，采用波动率倒数加权，以反映沪深两市股息率较高、盈利较为稳定且兼具低波动特征上市公司的整体表现。这个指数考察股息率、ROE和低波动这些因素。

港股通红利低波指数非常丰富，有中证公司、恒生公司、标普公司都开发了各自的指数。

中证港股通红利低波动指数从符合港股通条件的港股中选取50只流动性好、连续分红、股息率高且波动率低的股票作为指数样本股，采用股息率加权，以反映港股通范围内股息率高且波动率低的股票整体表现。指数代码：930991（人民币）。港股通红利低波（全）：H20991（人民币）。目前没有对应的指数基金。

恒生公司推出的恒生港股通高股息低波动指数，必须有最少连续3年的现金股息派发记录，按净股息率加权。指数代码：HSHYLV。对应的指数基金：恒生前海港股通高股息指数（005702）。

标普港股通低波红利指数由标普道琼斯指数公司编制发布，该指数的构建来源对港股通范围内股票测算其过去一年内的股息率和波动率，挑出股息率最高的75只股票，再从中挑选波动率最小的50只股票，旨在选取低波动的高分红股票，兼顾盈利水平、估值及风险。同时，针对每一个个股，每一个行业，设定了上限来确保指数成分股和行业的分散性。

指数代码：SPAHLVCP。对应的指数基金：上投摩根标普港股通低波红利（005051 C类：005052）。

上证红利低波指数也有了相应的指数基金。上证红利低波动指数选取 50只流动性好、连续分红、红利支付率适中、每股股息正增长以及股息率高且波动率低的股票作为指数样本股，采用股息率加权，以反映分红水平高且波动率低的股票的整体表现。

指数代码：H50040

指数基准日期：2005年12月30日1000点。

对应的指数基金是上证红利低波动ETF（510890）。

一个指数有着分市场的指数，也有着不同公司开发的同一只指数，所以选择一个指数一定要到官方网站下载相关资料细读指数规则，才能做到有的放矢。

2. 沪深300低波/中证500低波/创业低波/MSCI低波

低波指数与规模指数和市场指数结合编制出来的指数，包括沪深300低波、中证500低波、创业低波、MSCI低波等低波指数。

沪深300行业中性低波动指数在沪深300指数一级行业内选取低波动特征的股票为样本，保持行业中性的同时，行业内股票采用波动率倒数加权。

指数代码：930846。300SNLV全收益：H20846。

沪深300低波指数基准日期和基准起点同沪深300指数，2004年末是1 000点。2019年第一季度末沪深300低波全收益指数是7639.72点，高于沪深300全收益指数的4832.43点。沪深300低波全收益指数是沪深300全收益指数的1.58倍。

对应的指数基金：华安沪深300低波ETF（512270）。

行业中性低波动指数包括上证180、上证380、沪深300、中证800和中证1000指数等核心宽基指数的行业低波动指数是2016年6月24日发布的。中证500低波动指数是2016年2月4日发布的。

中证500行业中性低波动指数在中证500指数二级行业内选取低波动特征的股票为样本，保持行业中性的同时，行业内股票采用波动率倒数加权。

中证500低波指数基准日期和基准起点同中证500指数，2004年年末是1000点。2019年第一季度末中证500低波全收益指数是15632.33点，高于中证500全收益指数的6168.80点。中证500低波全收益指数是中证500全收益指数的2.53倍。10多年来低波指数应用在中证500指数上效果很好，所以很多投资者用中证500低波指数当成中证500指数的增强版进行配置。

指数代码：930782。500SNLV全收益：H20782。

对应的指数基金：华安中证低波动ETF（512260）、景顺长城中证500行业中性低波动指数基金（003318），如下表所示。

年份	沪深300全收益	300SNLV	中证500全收益	500SNLV	300SNLV相对300强度	500SNLV相对500强度
2004	1000.00	1000.00	1000.00	1000.00	1.00	1.00
2005	923.45	955.60	871.01	908.35	1.03	1.04
2006	2079.90	1956.81	1763.92	1861.06	0.94	1.06
2007	5475.91	5450.07	5075.11	5862.18	1.00	1.16
2008	1883.37	2223.32	1999.29	2802.29	1.18	1.40
2009	3739.99	4067.59	4646.89	6612.29	1.09	1.42
2010	3306.94	3464.87	5135.43	7372.89	1.05	1.44
2011	2511.63	2885.75	3415.71	5635.03	1.15	1.65
2012	2757.77	3021.36	3456.12	5664.75	1.10	1.64
2013	2610.75	3147.42	4080.31	7328.02	1.21	1.80
2014	4068.82	5277.03	5730.86	11697.58	1.30	2.04
2015	4362.44	6536.98	8243.66	17682.78	1.50	2.15
2016	3958.53	6389.31	6827.89	15500.99	1.61	2.27
2017	4918.52	8025.76	6869.68	16249.76	1.63	2.37
2018	3755.91	6278.15	4634.46	11836.46	1.67	2.55
2019.3.	4832.43	7639.72	6168.80	15632.33	1.58	2.53

MSCI低波动有两只指数基金：

① MSCI低波动指数基金（006343）跟踪的是MSCI中国A股国际低波动指数；

② MSCI中国A股指数基金（512390）跟踪的是MSCI中国A股低波动指数。

3. 创蓝筹指数和创成长指数

创业低波因子是应用到了一只多因子的指数上面，读者们一定已经对Smart Beta指数有了一定的了解了。我们提到Smart Beta指数有单因子、双因子和多因子结合编制的指数，而且会越来越多。我们看看低波因子和质量因子结合的创蓝筹指数，动量因子和成长因子结合的创成长指数。

2019年1月23日深交所发布了创业板低波蓝筹指数（399295）和创业板动量成长指数（399296），两条指数的成分公司数量都是50只。很快华夏基金开发了这两只指数基金产品。创业板低波蓝筹指数和创业板动量成长指数都是2012年12月31日为基准日，起点是1000点。

创业板低波蓝筹指数是低波因子和质量因子的结合。创业蓝筹指数代码是399295。创业板低波蓝筹的全收益指数是创业蓝筹R，指数代码是CN2295.CNI。截至2019年7月15日是3523点。即3.52倍，年化收益率是21%。

创业板动量成长指数是动量因子和成长因子的结合。创业成长指数代码是399296。创业成长的全收益指数是创成长R，指数代码是CN2296.CNI，截至2019年7月15日是2934点，即2.93倍，年化收益率是18%。

同期创业板指R（399606）是从726点到1631点，即2.25倍，年化收益率是13%。

由此结论，从2013年1月1日至2019年7月15日，创蓝筹指数的年化超额收益是7%（1.21/1.13−1），创成长指数的年化超额收益是4%（1.18/1.13−1）。好的策略总能带来好的回报。

华夏创蓝筹ETF（159966）跟踪的是创业板低波蓝筹指数。创业蓝筹指数筛选盈利能力良好、财务质量稳健、股价波动率较低的上市公司作为指数样本股。创蓝筹ETF联接（A类：007472，C类：007473）。

华夏创成长ETF（159967）跟踪的是创业板动量成长指数。创成长指数筛选成长能力突出、动量效应显著的上市公司作为指数样本股。创成长ETF联接（A类：007474，C类：007475）。动量因子在美国成熟市场表现尚可，因为过去沪深市场炒作盛行，动量高的意味着泡沫多。现在沪深市场逐渐回归理性，动量因子也得到关注起来。

这种因子结合编制的指数比较好，纯粹的动量因子的均值回归也得到了体现。2009年发行的两款美股公募动量基金至2018年均未能跑赢基准，市场残存微弱的动量效应似乎被交易成本、管理费等费用完全侵蚀了。以美国的发展经验来看，公募基金的未来或许成为提供特定风险暴露的工具化产品。

《低风险高回报》一书中详细介绍了低波动指数。这本书还提到了基本面指数因子投资的学术和业界大拿，发明基本面指数的锐联公司（Research Affiliates）的许仲翔，其有一本基本面因子的书是《基本面指数投资策略》。下面我们来介绍一下基本面指数投资策略。

第 4 节　基本面指数基金、价值指数基金、成长指数基金、质量指数基金、价值回报指数基金

市值加权指数，由于一个公司市值越大，相应地占的指数比重也越大。然而，树不可能长到天上去，强者恒强的公司垄断一个行业是极少的情况。当市值大的公司基本面出现问题调头下跌，会影响指数下跌。

把公司市值加权，变成以公司的账面值、营业额、现金流和分红等最能反映公司经营和盈利能力的指标，计算公司的基本面价值并构造指数进行投资，锐联基本面指数诞生了。

在美国长达几十年的时间里，基本面指数相对标普500指数的年化超额收益在2%左右。中证指数公司与锐联资产合作开发的内地首只基本面指数是基本面50指数。我们可以通过中证指数公司网站查询到基本面指数的编制规则。

1. 基本面50指数、深证基本面60/120/200指数、基本面200/400/600指数、沪港深基本面100指数

中证锐联基本面 50 指数以沪深 A 股为样本空间，挑选基本面价值最大的 50 家上市公司作为样本，采用基本面价值加权计算。对营业收入、现金流、净资产和分红这四个指标进行考察。① 营业收入：公司过去 5 年营业收入的平均值；② 现金流：公司过去 5 年现金流的平均值；③ 净资产：公司在定期调

整时的净资产；④ 分红：公司过去 5 年分红总额的平均值。

要计算每只证券单个基本面指标占样本空间所有证券这一指标总和的百分比需首先计算以下4个：① 营业收入占样本空间所有证券营业收入总和的百分比；② 现金流占样本空间所有证券现金流总和的百分比；③ 净资产占样本空间所有证券净资产总和的百分比；④ 分红占样本空间所有证券分红总和的百分比。最后，基本面价值由上述 4 个百分比数据的简单算术平均值乘以10 000 000 得出。

按照基本面价值由高到低进行排名，选取排名在前 50 名的股票作为中证锐联基本面 50 指数的样本股。

指数代码：000925/399925　基本面50全收益：H00925

指数基准日期：2004年12月31日1000点。

指数成立至2019年第一季度末，基本面50全收益指数6445.61点，年化收益率是14%。沪深300全收益指数4832.43点，年化收益率是12%。基本面50指数的年化超额收益率是2%。具体如下图所示。

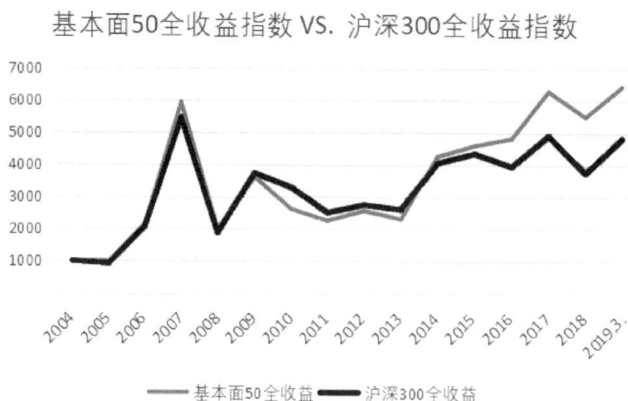

基本面50全收益指数 VS. 沪深300全收益指数

基本面50全收益指数的超额收益主要集中在2014年以后。2014年至2018年这5年，基本面50全收益指数的超额收益率是58%。如果从2004年年末开始买入基本面50全收益指数基金，到了2007年年末会有近一成的超额收益，到了2010年末却变成了两成多的超额亏损，到了2014年年末才走出来，10年没有超额收益。而如果再继续坚持，至2018年年末的超额收益变成了47%，到了2019年第一季度末的超额收益率是33%，虽然回调，但是年化超额收益率维持在了2%。如下表所示。

年份	基本面 50 全收益	沪深 300 全收益	超额收益
2004	1000.00	1000.00	1.00
2005	968.56	923.45	1.05
2006	2146.72	2079.90	1.03
2007	5942.71	5475.91	1.09
2008	2000.93	1883.37	1.06
2009	3623.38	3739.99	0.97
2010	2621.36	3306.94	0.79
2011	2262.45	2511.63	0.90
2012	2567.89	2757.77	0.93
2013	2314.37	2610.75	0.89
2014	4275.76	4068.82	1.05
2015	4613.36	4362.44	1.06
2016	4833.99	3958.53	1.22
2017	6297.08	4918.52	1.28
2018	5508.27	3755.91	1.47
2019.3.	6445.61	4832.43	1.33

一个长期有效的策略不能时时有效，所以保证了策略的长期有效。有时候这个长期有效回归是10年以上。

对应的指数基金：嘉实基本面50指数（LOF）（160716）；嘉实基本面50指数（ETF）（512750）。

同样的基本面编制，同类指数还有深证基本面60、深证基本面120和深证基本面200指数。虽然是深证系列，基本面编制的指数同样都是在中证指数网站上查询。这些指数都有相应的指数基金。

深证基本面60指数、深证基本面120指数、深证基本面200指数，简称和代码分别为深证F60（399701）、深证F120（399702）、深证F200（399703）是深市基本面价值最大的60家、120家和200家的上市公司。基准日期都是2002年12月31日，基准是1000点。

中证锐联基本面指数系列有基本面200指数、基本面400指数和基本面600指数。其中基本面400也有对应的指数基金。

中证锐联基本面200指数（000965）、400指数（000966）和600指数（000967）是从沪深市场中分别挑选基本面价值最大的200家、中间的第201至第600家和最大的600家上市公司。基准日期都是2004年12月31日，基准是

1000点。

深证基本面60ETF（159916）（ETF联接基金 530015）；深证基本面120ETF（159910）（ETF联接基金070023）；深证基本面200ETF（159908）（ETF联接基金050021）；泰信基本面400基金（162907）。

沪港深基本面100指数是基本面价值最大的100只A股及港股为成分股，采用基本面价值加权计算。编制方案也是一样的。

指数代码：930723（人民币）/930724（港币）

沪港深F100全收益：H20723（人民币）/H20724（港币）

指数基准日期：2014年11月14日3000点。

对应的指数基金：浦银安盛沪港深基本面100（166402）。

2. 央视财经50指数

央视财经50指数是中央电视台财经频道联合北京大学、复旦大学、中国人民大学、南开大学、中央财经大学五大院校，以及中国注册会计师协会、大公国际资信评估有限公司等专业机构，共同评价遴选，以"成长、创新、回报、公司治理、社会责任"5个维度为基础，发布"央视财经50指数"。央视财经50指数每个维度选出10家、合计50家A股公司构成样本股。在指数中，5个维度具有相同的初始权重，均为20%。在维度内，单只样本股的权重不超过30%。这样，每只上市公司的初始权重上限是6%。

公司成长包括营业收入增长指标体系、净利润增长指标体系、营业收入增长与投资回报增长比较指标体系、净利润增长与投资回报增长比较指标体系。

公司回报包括分红绝对指标体系、分红相对指标体系、净资产增长率指标体系、市值回报指标体系。

企业创新包括R&D 投入维度指标体系、R&D 产出维度指标体系、创新组织与管理维度指标体系。

公司治理包括股东治理指标体系、董事会治理指标体系、经理层治理指标体系、监事会治理指标体系、信息披露指标体系、利益相关者指标体系。

公司责任包括经济责任指标体系、环境责任指标体系、员工责任指标体系、消费者责任指标体系、社区责任指标体系。

央视50指数的编制用了五个维度，都设置了权重上限，行业均衡、策略均衡，基本上都是各行业的白马龙头公司。每年调仓一次至两次，原则上是每年8月份调仓一次，2月份是备用的可选调仓，一般不做。调仓率控制在20%以内。

2019年8月份的最新一次调仓后，五种维度划分指数成分公司如下。

回报——调出网宿科技，调入韵达股份；

成长——调出长安汽车、大北农，调入招商银行、海螺水泥；

创新——调出中科三环、歌尔股份、新北洋，调入恒瑞医药、汇顶科技、兆易创新。

调仓后，央视财经50指数的成分公司如下。

成长——贵州茅台、格力电器、美的集团、青岛海尔、福耀玻璃、云南白药、机器人、招商银行、海澜之家、海螺水泥；

创新——海康威视、科大讯飞、大族激光、中天科技、广联达、汇顶科技、碧水源、双鹭药业、恒瑞医药、兆易创新；

回报——伊利股份、双汇发展、东阿阿胶、信维通信、信立泰、古井贡酒、法拉电子、承德露露、德赛电池、韵达股份；

责任——兴业银行、民生银行、上汽集团、建设银行、中国神华、复星医药、乐普医疗、汇川技术、上海医药、青岛啤酒；

治理——中国平安、工商银行、中国太保、万科A、中国银行、同仁堂、天士力、迪安诊断、鲁泰A、东软载波。

截至2020年3月中旬，央视50指数的行业分布是金融占30.57%、主要消费占16.40%、信息技术占14.26%、医药卫生占13.15%、可选消费占9.85%、电信业务5.22%、房地产4.14%、工业3.45%、能源1.46%、原材料1.39%。

指数代码：399550。央视50R（CN2550）。

指数基准日期：2010年6月30日2563.07点（和沪深300价格指数保持一致）。

央视50全收益指数从2010年6月底的2563.07点上涨到了2019年12月底的9098.08点，年化收益率是14.3%。 同期沪深300全收益指数是从2696.46

点上涨到了5227.73点，年化收益率是7.2%。

央视50全收益指数vs. 沪深300全收益指数

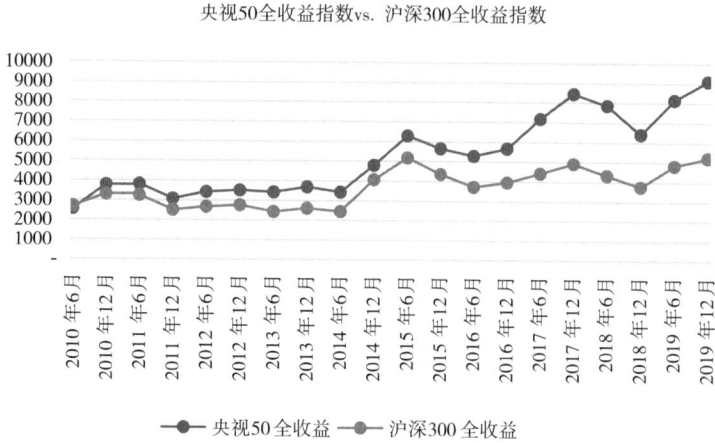

央视50指数的超额收益也比基本面50指数的超额收益稳定。从2010年7月初至2019年12月末，年化超额收益率是6.6%（1.143/1.072−1）。

日期	央视50全收益	沪深300全收益	超额收益
2010年6月	2563.07	2696.46	1.00
2010年12月	3775.06	3306.94	1.20
2011年6月	3815.42	3249.17	1.24
2011年12月	3076.12	2511.63	1.29
2012年6月	3422.33	2670.81	1.35
2012年12月	3510.61	2757.77	1.34
2013年6月	3421.42	2438.25	1.48
2013年12月	3686.52	2610.75	1.49
2014年6月	3433.21	2457.31	1.47
2014年12月	4797.71	4068.82	1.24
2015年6月	6294.82	5184.41	1.28
2015年12月	5650.44	4362.44	1.36
2016年6月	5291.64	3722.89	1.50
2016年12月	5666.21	3958.53	1.51
2017年6月	7178.80	4423.11	1.71
2017年12月	8452.64	4918.52	1.81
2018年6月	7863.21	4327.30	1.91
2018年12月	6410.73	3755.91	1.80
2019年6月	8151.15	4825.33	1.78
2019年12月	9098.08	5227.73	1.83

对应的指数基金：建信央视财经50LOF（165312）和招商央视财经50（A类217027、C类 004410）。2019年央视50也发行了ETF和ETF联接基金，直接把年管理费率和年托管费率合计降低了一半。中融央视财经50ETF（159965）、ETF联接基金（A类 006743、C类 006744）。

央视50指数专家选股调仓不透明、调仓频率规则透明。选择一个指数，我的排列顺序是：调仓频率、运行费率、风格固定、透明度，是否量化排在最后。因为市场作为一个整体，调仓频率越高，扣除昂贵的费用后，多数跑输指数基金是必然的。随机买入一批公司，可以持平指数基金。因为一年调仓一次至两次，和指数基金的调仓频率相同，风格稳定基本不会发生变化。而且固定的因子都是基本面类的因子。央视50指数里面既有定性的成分，里面也有定量的成分，定性和定量结合构建的指数。央视50指数行业分布均匀，兼具大中小盘公司，所以按期间统计，也有比较稳定的超额收益。央视50指数自2012年8月截至2020年2月，每年8月1日调仓后，其中年度调仓的纳入指数的股票组合累积增长了197%，而年度调仓的剔除指数成分的股票组合累积增长了66%。

央视50指数的这些特点，也受到很多价值投资者的青睐。央视50指数历史市盈率范围是在6~12倍之间，历史市净率范围是在1~1.8倍之间。然而，对于一个指数的估值，最好透视到成分公司来看，因为各个行业的成长性不同，从而组成的指数的估值也不同。举个例子，2020年初的央视50指数部分的成分公司的估值情况，中国平安的价格是内含价值的1倍；招商银行的市净率是1.5倍，兴业银行的市净率是0.74倍；贵州茅台的市盈率是30倍，汇顶科技的市盈率不到60倍，信维通信的市盈率不到35倍；韵达股份的市盈率是20倍多点；海螺水泥的市盈率是不到10倍；伊利股份的市盈率是20倍多点；万科A的市盈率是6倍多点，市净率是1.99倍。这些估值基本处于中低水平，长期重要的不是市盈率，重要的是成分公司的构成和成分公司的成长性。这些公司都是各行业的细分龙头公司，在各行业里相对于其他公司，有着较高的成长性。

3. 中金优选300指数

中证中金优选300指数从沪深A股中按照中证二级行业筛选出各行业内规模、流动性和营业收入整体水平靠前的股票作为股票池，然后从中选取ROE相对较高且稳定、分红能力较高同时兼具成长性的300只股票作为样本股。

中金300指数是对营业总收入、过去五年的ROE、过去五年平均股息率和TTM净利润增长率这些市值、质量、价值、成长指标都有考察，选取综合排名最高的300只股票作为样本股。

中金优选300指数是于2018年2月14日正式发布的。到目前为止，沪深市场上有中金优选300指数基金。中金优选100指数基金是提供给了香港市场。

指数代码：931069。中金300全收益（H21069）。

指数基准日期：2008年12月31日1000点。

2019年第一季度末中金300全收益指数是4409.59点。

对应的指数基金：中金优选300指数（LOF）（A类：501060、C类：501061）。

4. 国信价值指数

由中证指数与国信证券合作开发的中证国信价值指数是于2017年12月8日正式发布的。中证国信价值指数是从具有长期价值增长潜力的公司，即持续稳定的净资产收益率大于资本机会成本的公司中，选取估值最低的100家公司作为最终样本，以反映低估值类公司的整体表现。

国信价值指数的编制是公司过去一年扣除非常性损益的滚动净资产收益率，即扣非后ROE（TTM），剔除两次定调时扣非后ROE（TTM）连续下降的公司，保留市净率小于1的公司；剔除最近3年定期调整时，扣非后ROE（TTM）小于10%的公司。如果样本数量小于100家，则以每次下降扣非后ROE（TTM）绝对值为1%的阈值，直到满足不小于100家公司为止。最后指数根据扣非后ROE（TTM）除以市净率，从高到低进行排序，选取排名前100家公司作为指数的最终样本。

国信价值指数重点考察的是净资产收益率，用ROE-PB财务指标进行筛选。从长期来看，股票价格上涨根本上取决于企业所创造的价值，衡量企业价值创造的最重要指标就是它的净资产收益率。

指数代码：931052。 国信价值全收益：H21052。

指数基准日期：2007年6月29日1000点。

2019年第一季度末国信价值全收益指数是2885.24点。

对应的指数基金：国信价值ETF（512040）（ETF联接：006748）。

5. 恒生A股行业龙头指数

恒生公司编制的A股行业龙头指数是将A300的成分股划分为11个行业，

对各行业公司市值、净利润、营业收入进行排名；如果公司行业有变动，删除；对各公司打分：分数=市值排名×50%+净利润排名×30%+营业收入×20%；通过打分，各行业前5名纳入成分股，如果一个行业股票数低于5只则全部纳入；如果两只股票得分相同，优先选择流通市值高的股票。这11个行业里有综合资讯、科技业、地产建筑业、金融业、工业、能源行业、原材料行业、消费者服务业、消费者制造业、电讯行业、公用事业。指数不包括综合行业。这样，恒生A股行业龙头指数最多50只成分股票。

恒生A股行业龙头指数考察公司的市值、营业收入和净利润，而且行业分布均衡，每只成分股的权重上限是10%。

指数代码：HSCAIT　恒生A股龙头R　HSCAITDV

指数基准日期：2005年6月底1000点。

2019年第一季度末恒生A股行业龙头指数是6509.88点。

对应的指数基金：汇丰晋信恒生龙头指数A（540012）（C类：001149）。

提到龙头策略，中证指数公司、国证指数公司等编制的一些龙头指数，目前也有了指数基金。比较老的有上证龙头指数（000065）对应的是上证龙头ETF（510190）。还有一些行业龙头指数，如国证证券龙头指数（399437）对应的是证券龙头ETF（159993）；军工龙头指数（931066）对应的是军工龙头ETF（512710）；消费龙头指数（931068）对应的是消费龙头LOF（501090）；科技龙头指数（931087）对应的是科技龙头ETF（515000）。这些龙头指数多与总市值、市占率、净资产收益率等质量因子和成长因子有关。不同行业的龙头指数各有各的特性，各有各的编制方法。消费龙头包括主要消费行业和可选消费行业的龙头公司，科技龙头包括电子、计算机、通信和生物科技的龙头公司。这些龙头指数的持仓都是比较集中。

6. 分市场的价值指数和成长指数

一些指数有价值、成长这些字样，都属于基本面类的指数，为了方便归类，拿出来列举一些。

提到风格指数，申万风格指数很早就成立了。申万风格指数一共分为6大系列17个指数。指数的起始日期为1999年12月31日，基点均为1000点。近20

年来低市盈率指数、低市净率指数、绩优股指数明显地跑赢了沪深市场；小盘指数、低价股指数也跑赢了市场，随着注册制的推出，市场环境的改变，这种不可持续。

申万风格指数中曾经还有一个活跃股指数，该指数基期设定于1999年12月31日，起始点位1000点。根据公告，自2017年1月20日收于10.11点后，该指数不再更新。指数基本编制规则，是选取周换手率最高的前100家公司，计算其涨跌幅，然后每周轮换股票。也就是说，假设投资者一直买入交易最活跃的100个股票，并按周更新。结果，这个指数在大约17年间下跌了99%。这还没算冲击成本和交易费用，这是申万活跃股指数给我们带来的抢热点的启示。

此类申万风格指数暂时没有指数基金，上证180风格指数系列有指数基金。

上证180风格指数系列以上证180指数为样本空间，根据成长因子和价值因子计算风格评分，分别选取成长得分与价值得分最高的60只股票构成上证180成长指数与上证180价值指数。另外，上证180成长指数与上证180价值指数分别与样本空间剩余股票组成上证180相对成长指数与上证180相对价值指数。上证180成长指数（000028）、上证180价值指数（000029）、上证180相对成长指数（000030）与上证180相对价值指数（000031）构成上证180风格指数系列。

上证180风格指数成长因子包含3个变量：主营业务收入增长率、净利润增长率和内部增长率。价值因子包含4个变量：股息收益率（D/P），每股净资产与价格比率（B/P），每股净现金流与价格比率（CF/P）、每股收益与价格比率（E/P）。

上证180全收益指数从2002年7月1日开始至2019年3月31日11465.36点，即3.48倍。同期，上证180成长指数、价值指数、相对成长指数、相对价值指数的收益分别是4.65倍、6.18倍、2.67倍、4.35倍。上证180指数的价值优于成长，上证180价值有上证180价值ETF（510030）指数基金。而上证180成长ETF（510280）指数基金不活跃退市了。

同类的指数基金还有深证300价值ETF（159913）、深证成长40ETF（159906）等。

7. 沪深300的价值指数和成长指数

同上证180指数一样，沪深300也有类似一系列的指数，编制相同。

沪深 300 风格指数以沪深 300 指数为样本空间，根据成长因子和价值因子计算风格评分，分别选取成长得分与价值得分最高的 100 只股票构成沪深 300 成长指数与沪深 300 价值指数。另外，沪深 300 成长指数与沪深 300 价值指数分别与样本空间剩余股票组成沪深 300 相对成长指数与沪深 300 相对价值指数。沪深 300 成长指数（000918/399918）、沪深 300 价值指数（000919/39919）、沪深 300 相对成长指数（000920/399920）与沪深 300 相对价值指数（000921/399921）构成沪深 300 风格指数系列。

成长因子包含三个变量：主营业务收入增长率、净利润增长率和内部增长率；价值因子包含四个变量：股息收益率（D/P），每股净资产与价格比率（B/P），每股净现金流与价格比率（CF/P）、每股收益与价格比率（E/P）。

沪深300全收益指数从2005年1月1日开始至2019年3月31日4832.43点。即4.83倍。同期，沪深300成长指数、价值指数、相对成长指数、相对价值指数的收益分别是5.68倍、7.07倍、3.94倍、4.12倍。同样沪深300指数也是价值优于成长，如下图所示。

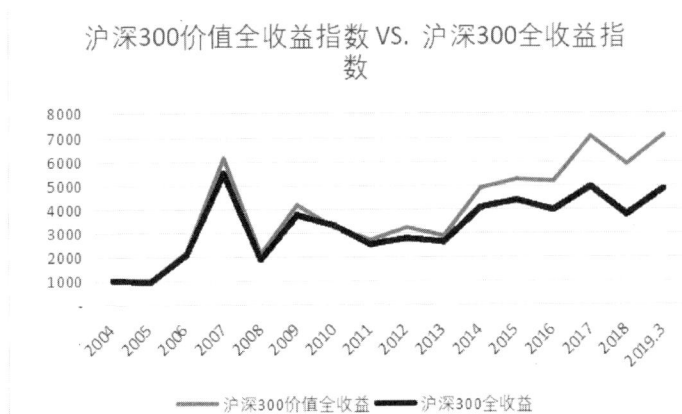

沪深300价值全收益指数 VS. 沪深300全收益指数

沪深300价值全收益指数与沪深300全收益指数比较，因为编制与基本面50全收益指数的一些因子重合，所以超额收益的稳定性也是类似，从2011年开始才有超额收益，比基本面50全收益指数强一些，如下表所示。

年份	沪深 300 价值全收益	沪深 300 全收益	超额收益
2004	1000.00	1000.00	1.00
2005	955.85	923.45	1.04
2006	2166.96	2079.90	1.04
2007	6120.18	5475.91	1.12
2008	2099.37	1883.37	1.11
2009	4167.88	3739.99	1.11
2010	3216.72	3306.94	0.97
2011	2686.96	2511.63	1.07
2012	3218.33	2757.77	1.17
2013	2857.17	2610.75	1.09
2014	4867.93	4068.82	1.20
2015	5230.64	4362.44	1.20
2016	5150.57	3958.53	1.30
2017	7014.98	4918.52	1.43
2018	5862.62	3755.91	1.56
2019.3	7068.42	4832.43	1.46

沪深300价值指数基金有银河沪深300价值指数（519671）、申万沪深300价值指数（310398）。

2019年MSCI系列的价值指数基金也开始成立。如中金MSCI中国A股价值指数A（006349）跟踪的是MSCI中国A股国际价值指数。太平MSCI香港价值增强指数基金（007107）跟踪的是MSCI香港价值增强指数。

8. 沪港深中国价值增强指数

标普道琼斯公司推出的沪港深中国价值增强指数是以价值增强的方法在沪港深三个市场筛选估值最具有吸引力的100只中国公司组成。指数还带有AH轮动效应，如果AH两地同时上市，那么选择价格最低的份额（5%缓冲区）。通过市盈率、市净率和市销率三因子等权重按价值打分排序及加权。自由流通市值乘以价值因子打分加权，个股权重上限为5%与流通市值20倍孰低值，个股权重下限为0.05%，行业权重上限40%。

指数代码：SPACEVCP 标普沪港深中国增强价值全收益：SPACEVCT。

沪港深中国增强价值指数的特点是市盈率低、市净率低和股息率高。截至2019年4月末，价值基金标的指数的PE为7.23，PB为0.78，股息率4.16%。

对应的指数基金：华宝标普沪港深中国增强价值指数基金（LOF），代码为501310。

9. 标普中国A股质量价值指数

标普中国A股质量价值指数（指数代码：SPCQVCP.SPI）旨在计算标普中国A股BMI指数或标普中国A股创业企业指数内100只具有价值的优质股。

指数是先通过资产收益率（ROE）、资产负债应计率（净利润中非现金收入占比）和杠杆率三大维度选出200家"高质量的公司"，然后再通过PE、PB、PS三大因子从200家中选出"更便宜"的100家。这样的选股思路真正做到选出来的指数成分股是"高质量低估值"的股票。

质量因子指标筛选指标：净资产收益率（ROE）、资产负债应计率（Accruals Ratio）及金融杠杆率（Financial Leverage）。按照质量的三个因子打分（等权）排序，选出质量因子得分最高的200只股票；价值因子指标筛选：市盈率（PE）、市净率（PB）及市销率（PS），按照价值的三个因子打分（等权）排序，在上述200只股票内选出价值因子得分较高的100只股票。

对应的指数基金：华宝标普中国A股质量价值（LOF），代码为501069。

10. 价值回报指数

美国著名投资人、哥谭资本（Gotham Capital）创始人乔尔·格林布拉特（Joel Greenblatt），20年间完成了从700万美元到8.3亿美元的资本积累，创造了年均回报率高达40%的投资奇迹。利用神奇公式，在美国的历史回溯检验数据显示，1988年至2004年这17年间，该策略的年复合回报率为30.8%，而同期标准普尔500指数的年复合回报率仅为12.4%。

乔尔·格林布拉特的投资理念是要找到物美价廉的公司，好价格买好业务是神奇公式的核心理念。在《股市稳赢》一书中，格林布拉特详细介绍了神奇公式的应用方法。其具体操作流程可以简化成两部分：一是寻找好的业务；二是寻找便宜的股票。好的业务是指有形资本回报率高的公司；便宜的股票则是指息税前盈余/企业价值（EBIT/EV）高的股票。然后，神奇公式分别按照有形资本回报率、息税前盈余/企业价值高低，对在美国主要的证券交易所交易的3 500家大公司（剔除了若干金融股与公用事业股）进行排名，排名结果从1到3 500。最后，将每家公司的两个排名结果相加。数值较小的股票，就是神奇公式选择的最好投资标的。 格林布拉特建议，投资者可以每隔2~3个月，根据神奇公式的最新结果，购入排名最好的5~7只股票，从而在9~10个月后，构建起一个包括25~30只股票的投资组合。每只股票持有一年后就可以卖出，在神奇公式的最新结果中选择新股取而代之。

在《股市稳赚》一书中这种策略总结为"神奇公式"。

神奇公式：

资本回报率 = 息税前利润 /（净流动资本 + 净固定资产）

股票收益率 = 息税前利润 / 企业价值（企业价值=市值+净有息债务）

策略的核心方法是盈利水平差不多的情况下，找市值低、更便宜的公司；盈利水平差不多的情况下，找资产运营效率更高的公司。

神奇公式的其他国内外应用的数据如下。

先看看美国版。蒂尔堡大学研究生R.H. Blij在对"神奇公式"做假设研究时发现，如果按照格林布拉特的投资方法从1985年开始投资，每年进行组合重组，投资人将会得到年均23.32%的收益。与此同时，标普500指数的年均回报率为8.21%。这段时期，神奇公式的超额收益率是年化一成多。

上海有人研发了中国版的神奇公式，2005年5月至2016年8月，神奇公式年化收益率达到28.41%。同段时期，按照中证指数公司按照神奇公式编制的价值回报指数的年化收益率也是28%左右。

价值回报全收益指数基准日期是2005年年底1000点。价值回报全收益指数从2006年1月1日至2019年3月31日是17.89倍，年化收益率是24%。同期沪深300全收益指数年化收益率是13%。价值回报全收益指数的年化超额收益率是一成左右。如下表所示。

年份	价值回报全收益	沪深 300 全收益	超额收益
2004		1 000.00	
2005	1 000.00	923.45	1.00
2006	2 258.64	2 079.90	1.00
2007	8 271.85	5 475.91	1.39
2008	3 196.61	1 883.37	1.57
2009	8 487.16	3 739.99	2.10
2010	10 073.31	3 306.94	2.81
2011	7 403.12	2 511.63	2.72
2012	8 071.04	2 757.77	2.70
2013	9 104.90	2 610.75	3.22
2014	13 128.31	4 068.82	2.98
2015	18 483.13	4 362.44	3.91
2016	17 578.73	3 958.53	4.10
2017	19 274.17	4 918.52	3.62
2018	13 724.51	3 755.91	3.37
2019.3.	17 892.00	4 832.43	3.42

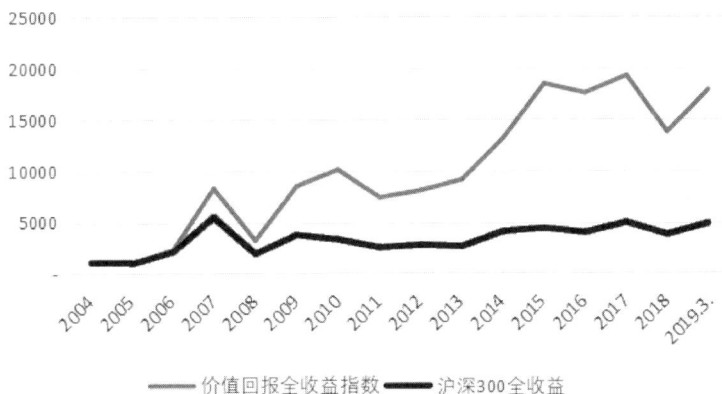

价值回报全收益指数 VS. 沪深300全收益指数

——价值回报全收益指数　——沪深300全收益

　　中证价值回报量化策略指数（以下简称"价值回报指数"）。指数代码为930949，由中邮创业基金管理股份有限公司定制开发，基于价值投资理念，根据神奇公式的主要思想，计算全市场的资本收益率（ROC）和股票收益率（EY），对两者之和进行排列后取排名前80只的股票进行投资。

　　价值回报指数成分公司虽然从30只扩展到了80只，但是年化回报率依然不减（十一年的时间里神奇公式30只的组合与神奇公式80只的组合总收益率相差不到2%）。这说明价值回报指数的好公司好价格排名不是越靠前越好，里面有很多价值陷阱，而且排名变化频繁，价值回报指数调仓说明了这些。

价值回报指数于每年的5月份和11月份的第6个交易日根据财务报表业绩数据进行调仓，虽然是每年调仓两次，但是调仓换手率很高，2019年5月份的调仓80只公司里面调仓了56只，仍旧保留的只有24只。

所以，价值回报指数基金跟踪指数效果还有待观察。①不留情面：当一个公司业绩下滑，是否是价值陷阱不容易进行判断。价值回报指数"无情面"地完全量化地调出当期业绩下滑的公司，调入当期业绩提升的公司。与其分析业绩变差的公司是否值得保留，不如直接持有业绩变好的公司。②换仓率高、指数基金的冲击成本高、不易跟踪：本期换仓了七成公司。指数基金持仓中的停牌的公司只能等到停牌结束后调出。而且，价值回报指数基金跟踪指数效果还有待观察。③策略指数对比：价值回报指数虽然是回测的，但是在美国已经有实证；持仓标的透明度上，价值回报指数与中证红利、基本面50指数、央视50指数等最为透明，标普红利指数有一部分不透明；编制规则透明度上，价值回报、中证红利、基本面50指数、标普红利指数透明，央视50指数不很透明。价值回报指数占优；换仓频率方面，中证红利、基本面50指数、央视50指数换仓最少，其次是标普红利指数，价值回报指数换仓最多。但是价值回报指数比一些每月换仓的量化指数的换仓频率低。而且，价值回报指数是定期换仓，所以价值回报指数还是有稳定的换仓规则的。中证红利、基本面50指数、央视50指数占优。

换仓率低的重要程度是重于透明度的。这也是每月换仓的量化基金跑输指数基金的原因。即使不透明地随机做个组合，也可能和指数基金的收益相同。而换仓率高不仅有高昂费用，还容易发生漂移。价值回报指数的优势是定期调仓，不会发生漂移。

对应的指数基金：中邮价值回报量化策略（006255）。

第5节　AH轮动策略指数基金

上节的沪港深中国增强价值指数是包括了一部分的AH轮动策略。单纯

AH轮动策略也有相应的指数。

上证 50AH 优选指数是反映上证 50 指数使用 AH 价差投资策略的整体表现。上证50AH成分公司同上证50指数成分公司。上证 50AH 优选指数成分公司，如果不含H股，那么其 A 股为上证 50AH 优选指数的成分股；如果含H 股，那么A、H 股中价格相对较低的股份类别作为指数成分股。经汇率调整后的成分公司的A 股价格除以 H 股价格的价格比率小于 1.05，则 A 股被选为成分股；反之，则H 股被选为成分股。

指数每半年会定期调整；每月进行一次成分股股份类别转换，转换实施日期为每月第二个周五收盘后。成分股份类别转换以转换实施日前两天经汇率调整后的 A 股收盘价格除以 H 股收盘价格的价格比率作为转换依据。若该价格比率大于 1.05，而指数持有的股份类别为 A 股，股份类别将转换成 H股；若该价格比率小于 1，而指数持有成分股股份类别为 H 股，股份类别将转换成 A 股；若该价格比率介于 1 和 1.05 之间时，成分股股份类别维持不变。月度成分股类别转换时，权重因子也将进行相应调整。

很多公司同时在沪深市场和香港市场上市，而A股和H股的涨跌经常不一致。如2012年之前，A股相对于H股溢价；随着市场钱荒造成的恐慌底，外资来进行抄底，A股又相对于H股折价；到了2015年的牛市，A股市场又对H股市场产生了溢价。

历史上AH股溢价指数从2005年至2007年的大牛市中溢价率上涨了1倍，到了200点以上，2008年金融危机后溢价指数跌回100点附近。2015年的大牛市中溢价指数最高达154点，下跌后AH股溢价指数稳定在了110~120点之间。港股交易成本高、流动性低而且卖出后到账时间晚、分红税对内地投资者高而且到账时间晚。按照目前的交易制度和交易规则，A股比H股溢价5%是合理的。 随着两地市场的互通套利，同股同权，A股和H股这种差价会越来越小，逐渐涨跌同步。如下图所示。

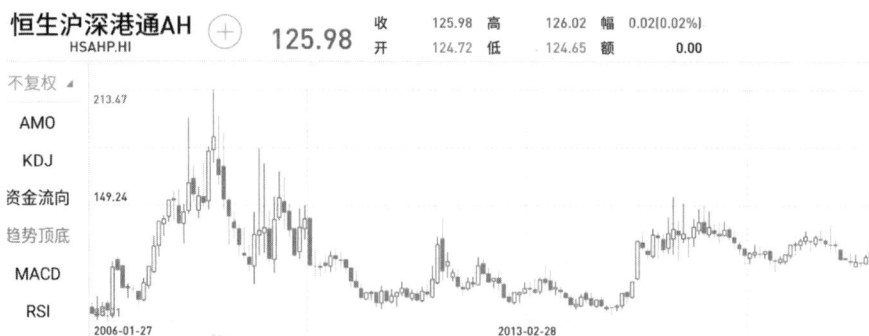

（图片来源：Choice金融终端）

指数代码：上证50优选950090　上证50优选全收益：H40090。

指数基准日期：2004年12月31日　1000点

上证50AH优选全收益指数至2019年第一季度末是7373.88点，年化收益率是15.4％。

对应的指数基金：华夏上证50优选指数A（501050）（LOF）。

恒生网站编制了恒生中国企业精明指数（HSCESI）。恒生国企精明指数在恒生国企指数的基础上利用成分股AH股价差异进行优化投资，每月观察一次成分股的价差，如果价差超过-3％和+3％，则卖出价高类别，买入价低类别。

对应的指数基金：广发恒生中国企业（QDII）（006778）

沪港通 AH 股精明指数由中证指数有限公司（"中证指数公司"）和恒生指数有限公司（"恒生指数公司"）联合编制。 沪港通 AH 股精明指数由恒生指数公司依照指数编制方案计算并维护。当AH 价格比价介于 0.97 和 1.03 之间时，成分股股份类别维持不变。超过了价差则进行卖高价买低价，也是每月调整一次。

沪港通AH股精明指数、恒生沪深港通AH股精明指数等目前还没有对应的指数基金。

第 6 节　行业红利指数系列

中证行业红利指数系列有10个行业红利指数，中证行业红利指数系列包括十条一级行业指数，股息率加权以反映各行业的红利水平。其中的一些行业红利指数的年化收益率非常高，而且中证行业红利指数的成分公司数量比较少，是15只或者30只。我们了解一下这些指数的编制，可以自建公司股票组合做全部复制或者部分复制指数。

根据中证行业分类标准，将样本空间股票分为能源、原材料、工业、可选消费、主要消费、医药卫生、金融地产、信息技术、电信业务和公用事业 10 个行业；对样本空间内股票，计算其过去两年的平均税后现金股息率，并在行业内由高到低降序排名，对原材料、工业、可选消费、主要消费、医药卫生、金融地产和信息技术行业，选取排名在前30名的股票组成相应行业红利指数样本股；对能源、电信业务和公用事业行业，选取排名在前15名的股票组成相应行业红利指数样本股。如果行业内股票数量不足30只或15只，则全部股票构成相应行业红利指数样本股。每年调整样本一次。发布日期是2013年7月2日。能源、原材料、工业、可选消费、主要消费、医药卫生、金融地产、信息技术、电信业务和公用事业10个行业的指数代码按顺序依次是H30090至H30099，全收益指数代码按顺序依次是H20090至H20099。

行业红利指数的基准日期是2005年12月30日基准是为1000点。截至2019年3月31日十条行业红利指数的平均年化收益率是20.9%。最高的是消费红利指数年化收益率是30.7%，最低的是公用红利指数年化收益率是12.0%。同期，标普红利全收益年化收益率是23.4%。中证红利全收益年化收益率是16.6%。中证红利指数2013年7月份才调整的股息率加权的规则，收益仅供参考。行业红利平均的年化收益率与标普红利和中证红利的平均年化收益率基本一致，都在两成左右。

如下面的表格所示，消费红利相对行业红利平均的年化超额收益是8%（1.307/1.209-1）。2020年成立了消费红利指数基金，跟踪消费红利指数。泰达消费红利指数基金（A类008928、 C类008929）是第一只完全被动复制跟踪行业红利指数的基金。

指数简称	全收益指数代码	全收益指数点位	年化收益率
能源红利	H20090	4879.24	12.7%
材料红利	H20091	8266.67	17.3%
工业红利	H20092	11474.77	20.2%
可选红利	H20093	19102.21	24.9%
消费红利	H20094	34642.80	30.7%
医药红利	H20095	17115.59	23.9%
金融红利	H20096	11244.75	20.0%
信息红利	H20097	24798.89	27.4%
电信红利	H20098	11590.17	20.3%
公用红利	H20099	4478.80	12.0%
平均			20.9%
标普红利全收益			23.4%
中证红利全收益			16.6%

从2013年7月份开始中证红利指数开始股息率加权，行业红利指数开始运行，那么从2013年7月末至2019年3月末的行业红利指数、行业指数、红利指数和沪深300指数比较的结果，如下表所示。

指数简称	2013.8.1~2019.3.31 全收益	全指行业全收益	超额收益
能源红利	1.1691	1.0035	1.1650
材料红利	2.8099	1.5431	1.8209
工业红利	2.7450	1.5546	1.7658
可选红利	3.6012	1.6650	2.1628
消费红利	3.7227	2.6231	1.4192
医药红利	2.2339	1.5869	1.4078
金融红利	2.6880	2.2341	1.2032
信息红利	3.7120	1.8481	2.0085
电信红利	3.0898	2.0441	1.5115
公用红利	1.6758	1.5961	1.0499
平均	2.7447	1.7698	1.5515
标普红利全收益	2.6488		1.3436
中证红利全收益	2.6112		1.3246
沪深 300 全收益	1.9714		
中证 500 全收益	1.6889		

十大行业红利全收益指数的平均收益是2.74倍，标普红利全收益指数是2.65倍、中证红利全收益指数是2.61倍，累计收益相差不到一成。

全指行业全收益指数的全收益平均收益是1.77倍，沪深300全收益是1.97

倍，中证500全收益是1.69倍，累计收益相差不到一成。

十大行业红利全收益指数对十大全指行业全收益指数的平均超额收益是55%（2.7447/1.7698-1），平均年化超额收益率是8%。其中可选红利、信息红利的超额收益比较多，消费红利、医药红利的超额收益处于中间水平。

标普红利全收益和中证红利全收益相对沪深300全收益，平均超额收益是33%左右（2.63/1.97-1），平均年化超额收益率是5%。和中证500全收益指数比较，则平均超额收益是55%，平均年化超额收益率在8%左右。

行业红利全收益指数的平均收益为2.7447倍，要比最好的行业全指消费全收益指数的2.6231倍高一些。最好的行业消费红利全收益指数是3.7227倍，即十多年来年均收益三成左右的指数。消费红利指数由30只成分公司组成，其他行业红利指数目前没有对应的指数基金。在构建公司股票组合时，可适当考虑这些优秀的指数，从中选取一些公司股票进行配置。这也是自建组合的方法之一。

第 7 节　其他类型的策略指数和策略指数基金

在介绍完了红利指数、低波指数、基本面指数、价值指数、质量指数、价值回报指数、AH轮动策略指数之后，我们探寻了行业红利指数，没有对应的指数基金，可以用来自建组合。还有一些新开发的好的策略指数，也是没有对应的指数基金，而且需要观察，这些指数是可以成为我们做价值投资公司组合的一种思路。此外，一些有对应的指数基金的策略指数需要谨慎鉴别。

前面介绍的中金300指数。指数基准日期：2008年12月31日1000点；2019年第一季度末中金300全收益指数是4409.59点。如果是选100只，即中金优选 100 指数。中金优选100指数从沪深 A 股中按照中证二级行业筛选出各行业内规模、流动性和营业收入整体水平靠前的股票作为股票池，然后从中选取 ROE 相对较高且稳定、分红能力较高同时兼具成长性的 100 只股票作为样本股。同样的编制规则，同样地用ROE、过去五年平均股息率和TTM净利润增长率因子筛选，选取100只，从2008年年末至2019年第一季度末全收益指数是5641.37点。

中金优选100指数的行业分布和持仓公司，从中证指数公司网站上是能够查询得到，也可以是自建组合的。关注指数编制规则，关注指数调仓日期即可。很多策略指数的持仓是重合的。我检查了一下我的持仓，前面几只公司都在持仓中。

顺着这个思路，我找到了一些优秀的指数。

比如，中证指数有限公司在2018年12月4日正式发布了沪深300红利低波动指数、中证红利成长低波动指数、中证高股息低波动指数、中证500预期盈利成长指数、中证盈利估值策略指数和中证财通浙股30指数。前五条是策略指数，最后一条是地区指数。策略指数中有一些的编制因子和其他的策略指数的编制因子差别不大，收益也差别不大，可以有替代性。比较有特色的是中证红利成长低波动指数、盈利估值指数和500盈利成长指数。

中证红利成长低波动指数从沪深A股中选取50只连续现金分红、盈利稳定增长且兼具低波动特征的股票作为指数样本股，采用预期股息率加权，以反映沪深两市连续现金分红、盈利稳定增长且兼具低波动特征上市公司的整体表现。这条指数采用的是预期股息率加权，每半年调整一次。该指数以2005年12月30日为基日，以1000点为基点。全收益指数到2019年第一季度末是23571.29点。

中证盈利估值策略指数由天弘基金管理有限公司定制开发，选取盈利能力高且可持续、财务杠杆水平较为合理且兼具低估值特征的50只上市公司证券，以反映此类公司的整体表现，考察的是ROE-PB指标。该指数以2009年6月30日为基日，以1000点为基点。全收益指数到2019年第一季度末是4462.78点。中证盈利估值策略指数的样本股每年调整3次，样本股调整实施时间为每年5月、9月和11月的第二个星期五的下一交易日，是按照每年度披露的财务报表月份进行调整的。上年度的年报和本年度一季度报（4月末披露完毕）、本年度第二季度报（8月末披露完毕）、本年度第三季度报（10月末披露完毕）。

中证500成长估值指数由中证500中兼具预期净利改善与低估值特性的

股票构成，以追寻相应溢价收益，该指数采用等权重加权方式，为投资者追求更优风险收益提供投资标的。

中证500成长估值指数以2009年12月31日为基日，基点为1000点。全收益指数到2019年第一季度末是2874.88点。

总之，这些指数编制不完全是被动的报表财务数据筛选，还有一定的主动的对未来财务数据的判断。数据是回测的，过去不代表未来，尤其是回测的数据，但是可以为我们自建公司组合提供一定的思路。

如果没有稳定的因子，数据回测更不能代表未来。比如，一些量化基金和大数据基金在发行时回测的业绩很好，发行后指数变得非常普通甚至由于不稳定的因子跑输了市场，指数基金受到交易成本冲击多。基于新浪、360互联网、百度、蚂蚁金服等互联网数据因子编制出来的4只指数基金，统计了3年的业绩其中两只指数基金分别各跑输同类平均收益一成左右，一只指数基金跑输同类平均收益近3成，只有一只微微跑赢同类平均收益。所以，购买指数基金要买有稳定策略和风格的指数基金。

2019年以来，各基金公司申报了各种Smart Beta指数基金。至此，本书多数都已提及。可是随着指数基金越来越多，投资者们也要学会挖掘并且增强鉴别能力。

拿中证红利潜力指数基金举例，2019年建信中证红利潜力指数基金（A类007671，C类007672）和山西证券中证红利潜力ETF（515570）成立。我们可以从中证指数公司网站上了解到，中证红利潜力指数（H30089.CSI）通过EPS、每股未分配利润、ROE等指标对股票进行综合排名，选取排名居前的50只股票组成样本股，旨在反映分红预期大、分红能力强的上市公司的整体表现。中证红利潜力指数因子既有红利，也有净资产收益率的成长性。红利潜力指数是以2005年12月30日为基点，是1000点。中证红利潜力全收益指数（H20089.CSI）到了2019年第一季度末是12578.88点，年化收益率是21.1%。发布日期是2013年7月2日。中证红利潜力指数与行业红利指数的基准日期和发布日期都是相同的。年化收益率也是基本相同的。从2013年8月1日至2019年3月31日，中证红利潜力全收益指数是3.6090倍，收益仅次于信息红利指数和消费红利指数的收益，持平可选红利指数的收益，超越了行业红利指数的平均收益。据我的初步判断，中证红利潜力指数是比较可靠的。

从成分公司和行业上，持仓靠前的既有成长性好的贵州茅台、美的集团、伊利股份等，又有市盈率低的相对分红好的万华化学、上汽集团、中国太保等。主要消费行业和可选消费行业占了仓位的一半多，其中主要消费行业占了仓位的三成多。明确了指数的策略，明确了指数的分布结构，不是回测的而是真实的历史收益好，指数对应的指数基金可以选购了。优选费率最低的ETF基金。

而增强型指数基金是在跟踪指数的基础上，部分通过量化选股争取一定的超额收益。增强型指数基金的策略介于被动型指数基金和主动型指数基金之间，也是策略指数基金的一种，然而策略没有基本面、价值、红利、质量、动量等指数基金透明，收益也是千差万别。全市场成立的增强指数股票型基金数量已达上百余只。

增强型指数基金可以在选择指数成分股的基础上，调整成分股的权重，调整整体组合仓位，也可以挑选在指数成分股外的股票。量化增强基金一般用多种甚至几十种量化因子，不同的量化模型会给予这些因子不同的权重，并以此作为得分依据进行比较，把选中的股票纳入组合。这些量化因子每个阶段用多少，如何形成自己的风格，这些都对基金业绩产生影响。所以，量化增强基金效果千差万别。增强偏好不同，有关注价值成长的，有关注现金流、行业龙头的，等等。虽然量化呈现多样化，但是目前市场上大多数指数增强产品的超额收益方面还是比较稳定的。

以沪深300指数为例，从2013年1月份至2019年4月份，沪深300全收益指数的年化收益率是8%，十多只沪深300增强型指数基金平均年化收益率是10%，普遍收益在6%~14%。同期，沪深300ETF的年化收益率是8%，沪深300价值指数基金的年化收益率是11%~12%。

学会先了解指数的编制规则，再判断相应的指数基金。完全相同的指数，先选择费率低的指数基金和仓位足、跟踪误差小的ETF基金。增强指数看看长期的增强效果，以及在增强中基金持仓是否过度的偏离，尽量选择规模上亿元的、调仓率低的基金、同类指数相比费率低的、增强效果比较稳定的、规则透明和持仓透明的基金。这样，万变不离其宗，基金品种再多，基金的数量再多，选择基金的问题也会迎刃而解了。

第 8 节　策略指数估值和十大策略指数合体

Smart Beta策略指数可以从各个指数公司网站中进行查询。我们可以用宽基指数、行业指数等指数的估值范围作为参考，可以给结构相同的策略指数估值。

比如，沪深300价值是优化了的沪深300指数；上证50AH是优化了的上证50指数；标普红利指数是中证800指数分红好财务稳定的上市公司组成的指数；中证红利指数是大盘类指数，而且一般市净率在1附近是市场的底部；各行业红利指数可以参照各行业指数；央视50指数跨越全部行业的龙头，可以参照全市场的整体估值，也可以把行业龙头拆解出来进行估值。

但是，历史分位估值代替不了行业研究。每个行业有每个行业的特性，行业定性研究是首位的，历史分位估值只作参考。行业有新兴的行业，也有衰退的行业。选时不如选标的。策略指数已经为我们优胜劣汰选出了好的标的。只要在市场不是极端高估泡沫的情况下，我们还是长期持有优秀的标的做资产配置，所以我们分析了基本面类的策略指数，现在我们用十只策略指数做个资产配置组合，来验证一下效果。

10只策略指数合体，2009年至2018年，10年收益是原先的3.89倍，10年年化收益率是15%。2011年和2018年策略指数合体的跌幅分别均不超过20%。

同期，沪深300全收益指数收益是原先的1.99倍，中证500全收益指数收益是原先的2.32倍。年化收益率分别是7%和9%。

10只策略指数合体的构成具体如下。

（1）不包括量化、大数据、指数增强等指数，因为指数中包含的因子不是很透明，所以只包括指数中包含的因子透明的指数。

（2）不包括分市场指数和行业指数，即使是最牛行业和最牛行业红利指数，因为策略指数合体用的是宽指Smart Beta构成。行业类的可以另建。

（3）不包括无全收益指数数据的指数。央视50指数是从2011年起开始的数据。2009年和2010年的数据是除央视50指数之外的9只指数的平均数据。2011年开始是10只指数的平均数据。

十只策略全收益指数2009~2018年的点位如下。

标普红利、中证红利、红利低波、国信价值、中金300、价值回报、沪深300价值、基本面50、沪港深中国增强价值这九只全收益指数十年点位分别是原先的4.41倍、3.01倍、4.09倍、4.19倍、3.56倍、4.29倍、2.79倍、2.75倍、3.77倍，全部跑赢了沪深市场宽指，平均收益是3.65倍。央视50指数是从2010年6月底成立的，从2011年开始按自然年度计算，2009~2010年每年不包含央视50指数的9只全收益指数平均收益、从2011年开始是10只全收益指数平均收益，每年年初做动态再平衡等权，那么这10只策略指数合体平均收益为3.75倍。

10只策略指数合体多策略的配置，收益稳健，2011年和2018年在沪深市场下跌了25%左右的情况下，跌幅均不超过20%，如下图所示。

十只策略指数合体全收益

十大策略指数合体的超额收益的稳定性也是极佳的，累计超额收益按自然年稳步向上。指数收益净值对比如下图表所示。

年份	十只策略指数合体全收益	沪深 300 指数全收益	超额收益
2008	1.000 0	1.000 0	1.000 0
2009	2.166 7	1.985 8	1.091 1
2010	2.114 9	1.755 9	1.204 5
2011	1.708 2	1.333 6	1.280 9
2012	1.899 9	1.464 3	1.297 5
2013	1.920 9	1.386 2	1.385 7
2014	3.044 8	2.160 4	1.409 4
2015	3.671 3	2.316 3	1.585 0
2016	3.646 1	2.101 8	1.734 8
2017	4.593 8	2.611 6	1.759 0
2018	3.753 1	1.994 3	1.881 9

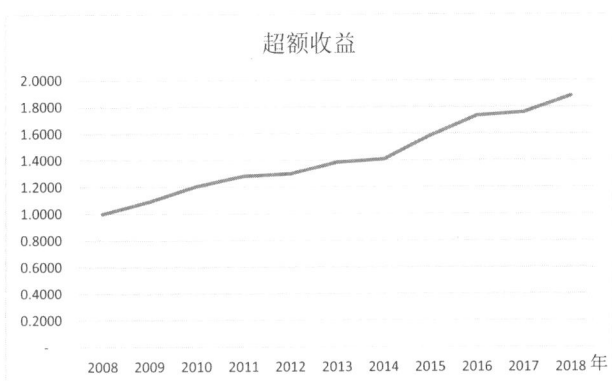

10只策略指数合体的指导意义和应用具体如下。

比较自己的业绩：无论做公司组合还是做基金组合，都是争取在持平普通全收益指数的基础上，跑赢全收益指数。由于指数的设计，上证指数和深成指数有些失真导致收益较低，成熟些的投资者会对自己的收益有略高些的要求。这样，我们可以与各种策略全收益指数的收益进行比较，来检验我们的投资成果。

建立自己的投资组合策略：从2009年至2018年，正好市场是从一个底部区域到了另一个底部区域。利用多种策略，构建公司组合，目标是争取长期年化超额收益率5%以上，如果是购买基金组合，可以持有策略指数基金合体。

策略指数合体的数量和标的不是一成不变的。后面可以进行增减标的。每年进行动态再平衡。也可以采用精简策略，即有简化版本，如持有十只中的两只。策略指数还可以与行业指数基金、QDII基金、债券基金、货币基金等做大类资产配置。总之，投资者可以用Smart Beta策略指数做公司组合的价值投资，也可以做基金组合的资产配置，争取长期好的超额收益。

策略指数之间，可以做动态平衡，也可以利用策略均值回归原理，选择重仓近几年受规模、风格和行业等影响的收益比较差的策略，未来收益可能不错。

此外，对同一只策略指数来说，策略指数基金之间也有不同。中证红利指数基金，前几年富国中证红利增强效果比较好，随着规模变大，增强效果下降，而且费率比大成红利指数基金高些，富国中证红利指数增强基金近几年业绩变得逊于大成红利指数基金。还有用增强调仓因素影响，这些都需要观察做出决策；建信央视50指数基金的费率高，2019年成立的中融央视50ETF指数基金和央视50ETF联接指数基金费率低，也可以从那边切换过来。

总结

1. 策略指数以策略而非公司市值加权方式编制，主要的策略因子包括基本面、价值、红利、低波、质量、动量因子等。策略类的指数的因子编制主动选股一般是指数公司管理，而基金公司只管被动跟踪操作。

2. 价值投资大师的投资策略也与低市盈率、低市净率、高股息率等策略因子有关。

3. 长期红利、低波、价值、质量、动量、成长、规模、基本面等策略因子在各市场都有不同的优异表现。

4. 了解策略指数、策略指数基金和利用策略指数自建组合。

5. 用好多策略指数组合，稳步取得超额收益。

第 6 章

用指数基金的逻辑构建你的
公司股票组合

第1节　指数化的组合——用指数基金的逻辑指导你买股票

在配置指数基金之外，我们可以通过配置上市公司股票来取得收益。每个市场都有少数的优秀的上市公司，如果具备了一定的甄别能力，也可以做个性化的公司组合，来争取稳健的收益。

长期持有优秀上市公司的股票，在指数基金平均收益的基础上争取跑赢市场。指数基金可以跑赢八成市场参与者，做得好的优秀上市公司组合可以跑赢九成市场参与者。这样，在定性和定量上都有要求。定性上对上市公司的发展有大局观、洞察力；定量上对上市公司的财务分析像策略因子指数基金那样，进行筛选做出组合。而最重要的是长期持有公司股票组合的心态问题。指数化的组合可以做到按照原则并且心态制胜。

我们来思考一个问题，为什么很多基金的重仓股，都是当期涨得比较好的？主动基金各有各的原因，被动基金也是这样。然而对于被动基金来说，最重要的原因是自动优胜劣汰的功能。比如，易方达沪深非银ETF（512070）的中国平安的仓位可以从2016年底的23.21%上升到2018年年底的40.21%。为什么？因为指数成分公司有涨有跌，上涨得比较多的公司仓位自动变得越来越重，下跌得比较多的公司仓位自动变得越来越轻。市值加权且不限制权重的指数，在每期的持仓变化中尤为突出。

投资者不是选不到好公司，而是拿不住好公司。有投资者会问事先怎么知道是好公司？其实，即使选了少数的好公司和多数的差公司，只要长期持有，上涨的公司涨幅不止一倍，下跌的公司顶多下跌成零。这也是指数基金可以自动优胜劣汰的一部分原因。

举个例子，投资者选了5只公司的股票平均分配同时持有，每个公司各投了2万元，一共10万元的市值。其中一个公司翻了10倍，其余的4个公司全部倒闭，这样变成了20万元的总市值，即是原先的2倍。而现实的操作中，往往恰恰相反，很多投资者喜欢把盈利的抛了，尤其是利润变成亏损，在成本线上下波动几次，一旦有了盈利赶紧抛掉，怕下跌回去到手的利润没了；一旦亏损了却认为现在割肉了就亏了，最后在漫漫下跌中持有到底。指数化的组合，不用必须卖掉亏损的，但是一定要拿住盈利的。举个现实中的例子，倘若2007年末买了中石油和贵州茅台，前者剩下了1/3，贵州茅台上涨了6倍多。如果卖了上涨的，补下跌的，贵州茅台上没盈利多少，全亏损在了中石油上。即使高抛低吸跑赢了中石油一倍，也仍然是亏损的。如果同时持有，不做任何操作，那么收益则是（0.33倍+6.66倍）/2=3.5倍。贵州茅台的仓位自动上升到了95%，中石油的仓位自动下降到了5%。

这和全仓一只进出相反。如果全仓一只下跌了一半，换与不换都是必须上涨100%才能回来，多少乘以零都是零。但是如果分散一些，其中一个翻了N倍，完全可以把市值拉起来，其余的仓位归零都不怕。所以，能力圈再强大，也要防止黑天鹅，相对集中适度分散。一般投资者可以持有不同行业的3至10只股票，每个行业和每只公司根据情况设置合理的上限，既是为了防止小概率事件的影响，也是为了平衡仓位。基本面类的策略指数一般包含公司数量很多，长期收益比包含公司数量多的宽指和包含公司数量少的宽指都优秀一些。比如，央视50指数、基本面50指数、创业蓝筹指数50只、创业成长指数50只、中证红利指数100只、中金优选300指数等，策略指数优秀在了策略集中。因此，原则和策略比组合中的公司数量重要得多。

公司股票之间，不要轻易做动态再平衡。因为公司不是指数基金，有好有坏甚至可以归零。否则又是好的公司股票上涨赚得少，差的公司股票下跌亏得多，最后跑输了指数基金。可以在每期定期报表披露后，先充分了解了基本面，再优胜劣汰做平衡。

巴菲特推荐指数基金，因为长期多数基金会跑输指数基金。巴菲特有选股能力，所以集中投资精选个股。但是，对大多数普通投资者来说是没有能力精选个股的。所以，建议个人投资者做低成本的指数基金是最好的选择。"对你的能力圈来说，最重要的不是能力圈的范围大小，而是你如何能够确定能力圈的边界所在。如果你知道了能力圈的边界所在，你将比那些能力圈虽然比你大5倍却不知道边界所在的人要富有得多。" 所以，这也是能力圈的一种体现。

用指数化组合的方法做公司股票组合也是一种不错的方法。由于上市公司每年4月底统一披露完上年度报表和本年度第一季度报表，每年8月底统一披露完中报，每年10月底披露完第三季度报表。我一般习惯在4月底和10月底进行大调仓，即半年调仓一次。8月底时间间隔得少，适当调整一点。实践总结起来，指数化的组合有以下优点。

（1）涨跌自动优胜劣汰——化劣势为优势。如果一只全仓进全仓出，下跌一半必须上涨一倍。如果同时平均持有两只股票，其中一只股票下跌了一半，其中另外的一只股票上涨了一倍，那么还是可以取得25%的利润。建立一个足够数量的组合，随着时间的推移，随着公司业绩的增长，持有的长期组合中有一半的上市公司的股价实现翻倍及以上，另一半的上市公司股价即使归零，组合依然能盈利。长期经济正常运转，做到翻倍及以上不难，全都退市很难。只要不乱卖上涨的公司，不乱买下跌的公司，长期整体组合盈利不难，反而亏损难。

（2）对业绩预期、业绩地雷的防范。有时候的业绩预期和在报表披露期之前，股价有了反应。如果认为低了买入，说不定买入后就踩上了一个业绩地雷。尤其是踩了一个业绩地雷后又换到的这只上面。反之，持有的不及业绩预期的公司股票开盘下跌，如果很快卖掉，之前股价可能已经反映过了，如2017年披露季报预期的胜宏科技，一开始比较弱，业绩披露低于预期后，开盘跳空低开后，一路上涨，到了全部上市公司报表披露完毕后的月底，上涨幅度跑赢了市场指数。这不是说通常都是不换比换好，而是像指数基金一样按规则地定期调整，业绩也可能由于股价的过分反应，有时候长期持有最好。这也是指数基金跑赢多数市场参与者的原因之一。

（3）按照原则、知行合一、只借鉴公司分析。原则和心态是最重要的，知行合一地持有公司。如果抄一些有着定性能力的大V的作业，可能这个大V进出时机不会完整地告诉你，即使会也是有判断错误的时候。与上条是一样的，截至定期调仓期末，有时候中途可能换入的另一只不如持有原先的那只收益高，而且经常发生。按照自己的原则体系来，只借鉴分析的公司，定期调入调出，也是很不错的方法。

（4）只有系统性风险，而且长期可以抹平系统性风险。这点等同于指数基金的效果。自己能拿住自己的公司组合，即你就是自己的基金经理。

（5）定期调入调出，持有中省出精力分析公司。像指数基金一样，对定期调仓的公司在平常的严格跟踪筛选中已经有了了解。这相当于一次次的期末考试，如每半年考察一次学生们的学习情况，进行筛选。半年换仓一次的机会也会十分珍惜，经过深思熟虑后换仓，而不会是由于平常换仓多了而懈怠了。

总之，指数化的组合可以以心态制胜，有利于做好长期投资组合。

第 2 节　建立价值投资理念

理财的核心是开源节流。理财不能以玩的心态来做。同样，投资环节的核心是寻找好公司、好价格，也不能以玩的心态来做，而要认真经营寻找来的优秀资产组合。穿越了牛熊周期后，至少要持平市场，争取跑赢市场，取得绝对盈利，实现长期复利。

理念是最重要的。买入环节：好公司和好价格，包括定性分析好公司、好行业、好管理层、好的规划、好的竞争产品等；定量分析公司的市盈率、市净率、市销率、股息率、净利润增长率、净资产收益率、现金流、存货和应收账款、周转率等。持有环节：知行合一地坚持，尤其是在市场涨跌诱惑中，能够在持有中对低估的有价值的标的不离不弃。在好公司出现好价格时不离不弃，到了公司成长起来才有收获。卖出环节：卖出的条件是公司基本面变差、高估、有更好的标的可以代替。

买入、长期持有并且坚持、卖出，这也是难点。一是难在合理判断公司价值，二是难在逆向思维。这些也是我们需要修炼成长的地方。好在我们现在有了指数基金，先保证平均收益，再争取超额收益。首先我们懂得我们会成功在哪里，失败在哪里，坚定地走正确的道路，规避容易失败的道路。比起基金机构，散户有调研信息不对称，对公司价值容易有认知偏差等劣势。而散户也有一定的优势，持有一些小市值的公司没有流动性的限制、不用因为排名压力变换风格，可以做到风格稳定、知行合一等。

简单地说，价值投资的核心是价值、价格、安全边际和能力圈。在能力圈的范围下，寻找好行业的好生意，通过安全边际的价格买入有价值的公司耐心持有。在能力圈中寻找简单易懂的公司，进行合理估值，进行组合配置。

理解好收益和波动之间的关系，让时间成为长期复利的朋友。价值投资长期持有优秀标的，宁可要"颠簸的"15%的年化收益，也不要四平八稳的5%的年化收益。波动不是真正的风险，穿越了牛熊周期后，不仅抹平了波动的风险，还带来了真正的长期复利回报。所以，不能资金期限错配。即至少五年最好十年以上的长期闲置资金配置指数基金和公司组合，尽量不用杠杆，这样时间会成为长期复利的朋友。

自建公司股票组合需要多学习，可以从策略指数基金和优秀基金的持仓中学习、从公开组合中学习、从读书和实践中学习，最终让你的指数化公司股票组合穿越牛熊稳健盈利。

第3节 向策略指数和公开组合学习选公司股票

向基本面类的策略指数学习选公司做股票组合，在策略指数章节的最后部分已经介绍过了。有指数基金的基本面50指数、央视50指数、消费红利指数等，没有成立指数基金的盈利估值指数等的成分公司都是透明的，都是可以复制的。可以找一些好的策略的、换仓率不高的且成分公司数量少的指数进行复制，不用每一只公司都买，可以从中精选一批公司。

精选公司可以结合行业特性的财务指标选重合的公司。有一些财务指标有行业适用性。如银行行业适合观察市净率、拨备充足率、不良贷款率、银行业务结构等；白酒和水泥行业的销售同质性强，则适合观察市销率，如果市销率偏低的同时，市净率和市盈率也偏低，则可能会是机会。如果公司在扩张期的费用偏高，市占率由于扩张陆续提高，收入迅速增长，利润也会很快释放出来；医药和科技行业同质性弱，变化快，则定性要远远大于定量，如果不能深入了解这些行业，最好的办法是买入这些行业的指数基金。

然后是对公司定性了。一些行业龙头公司是在行业独一无二的。如中国平安不同于其他的保险公司，中国平安整个商业模式从人寿保险、财产险延伸到了相关各种领域。银行（平安银行）、资产管理（平安信托）、证券（平安证券）、互联网金融（陆金所）、医疗健康服务（平安好医生）、账户管理（金融一账通）、支付积分管理（壹钱包）。金融生态圈和医疗服务生态圈之外，还有房产金融生态圈和汽车生态圈。中国平安的剩余边际释放、回报和经营偏差、会计估计变更也会带来稳定的利润。平安的寿险业务和互联网业务保障利润高增长。未来5年的利润高增长仍然值得期待。这是简单的定性分析，再结合定量分析，中国平安的收入高、现金流好、分红中等、波动小，所以中国平安是基本面50指数、央视50指数、恒生中国龙头指数、红利低波指数等、红利类和价值类指数里面的成分公司。中国平安的市值通常在内含价值的1.2倍左右。定性分析和定量分析结合后，进行组合配置。

对一个行业和一个企业的了解有限，可以参考网上的一些公开组合。如雪球论坛的一些公开组合，也可以参考被动型和主动型的基金的公开组合。参考雪球组合和主动型的基金组合主要是以定性为主，参考被动型的基金组合主要是以定量为主。

（一）雪球论坛等公开组合

现在是网络信息发达时代，不同于以前信息有限，必须盼着定期的报纸和杂志获取，而且几乎不能与主理人进行交流。现在从网络上与主理人进行交流非常简单。但是信息多了，也容易鱼龙混杂。如何分辨一个组合好与不好？在跑赢市场的雪球组合里面，我把组合的可跟踪性、可复制性、低换手率、知行合一这些因素作为首要优选条件，与自己的投资理念进行结合，在自己的投资理念下选取标的。

可跟踪性和可复制性是最重要的，换手率低是保证，知行合一、品质好的管理者，公司的历史越久越好。如果组合的这些条件都不具备，即使是一年六倍的收益，跟踪者可能也会亏损。只有极少数有投机天赋的公开组合，每年可以保持数倍业绩的复利增长。大多是靠不断试错与不断止损，抓住了几只大牛股后才实现的利润。虽然是公开组合，但是能跟上的寥寥无几，能持续跟上的几乎没有。为什么？因为经常需要止损的公司股票，可能刚买到手就要止损，而有潜力的牛股，可能因为市场追捧股价涨高后不再回调，需要付出高些的价格才能买入。同样卖出也是，想要换掉的股票需要付出低些的价格才能卖出。随着跟踪的投资者多了，这些还有很多的市场冲击成本。投机的组合需要天天交易，如果每周跟丢4%，那么一年会跟丢约4%的50次方，即丢掉约7倍的收益。有些投资者过分关注这些组合是真实的还是模拟的，其实我们只是从组合中学习构建组合。那些换手率高而且收益非常高的组合，即使是真实的，我们也复制不了；像编制的指数一样，换手率低而且进出比较有规律的组合，即使是模拟的，哪怕原创实盘落后，也和我们无关，反而在学习复制后我们的收益比原创实盘更高。

无论是雪球等论坛的公开组合还是公募基金的组合，如果数量太多，要各行业均衡配置挑选几只，绝不能只买组合下跌得最多的那只，貌似抄了组合主理人的底，实际上和自己补仓自己下跌得最惨的那一只股票的道理一样，往往最后能上涨的公司股票不在手里，会下跌的公司股票都砸在手里了。做组合的初心是分散持有以弥补我们投资体系中选标的的能力的不足的问题，而因为盈亏破坏了组合的结构，违背了初心，结果也会导致失败。所以，即使组合不能被完全复制，也要客观分析从中挑选标的均衡配置。

跟踪雪球等论坛的组合优点是实时性，缺点是组合容易关停，我们只能再重新找下一个可供跟踪的组合。所以，我们只能把优秀的公司汲取到我们的投资体系中来。下面举的例子，查看一下主理人的风格，有仍然打理中的，有已经关停了的。建议以学习思路为主。

雪球的公开组合可以与指数比较，也可以与策略指数比较。我长期跟踪统计了36只长期组合，其中31只组合满了5年以上，其中14只组合满了10年以上，对这些组合的年化收益与年化超额收益做了记录，并在我的公众号价值人生（life198012）上写了一篇《三十六只组合的长期年化收益率与年化超额收益率》的文章。有些组合已经不再打理了，但是数据极具说服力。

这些组合有些是十多年的，跟踪都有八年以上的时间了。从价值和成长的角度上，价值类的组合满仓穿越牛熊的占绝大多数。能力圈范围内的安全边际最重要。对36只组合满5年以上的31只组合的不同统计区间的表现进行统计，即主理人的31只组合在不同统计区间年均跑赢标普红利指数7.7%，标普红利指数年均跑赢沪深300指数7.7%，主理人的组合年均跑赢沪深300指数正好是16%（107.7%×107.7%−1=16.0%）。市场年化收益率是8%，标普红利指数年化收益率是16%，公司组合年化收益率是25%。价值投资长期组合的普遍年化收益率是两三成，价值投资长期组合的年化超额收益率是一两成。

这不要简单地与长期价值投资的全球顶尖大师比较收益率，一方面中国在这段时间里面经历了高增长，另一方面M2的增长、通货膨胀和资金规模等因素都会影响收益率。过去的年化收益率不代表未来的年化收益率。一些策略是我们可以学习的，比如东博老股民的实验账户是在银行行业的低估和成长之间的再平衡、定性和定量结合选出来的，24年换仓13次，换仓频率极低，年化收益率三成多；陶博士的每年年初选择十只公司等权做组合，里面结合动量因子选出来的，也取得了超额收益；编程浪子的双五组合和R15组合，运用了市盈率5倍以下，股息率高于5%的策略和ROE高于15%的策略，这两个策略长期均能跑赢市场，至今仍在维护；Lagom是公司组合、指数基金以及仓位动态再平衡的策略；还有很多是以定性分析为主，结合定量分析做出来的组合，如某只组合里面的中国平安是行业龙头，组合里面的陕西煤业、海螺水泥都是ROE高的、稳定的、资产负债率低的、净利润现金含量高等综合条件筛选最好的公司，而且属于低市净率。我们找到了定性和定量的依据，找到了组合主理人和自己的契合点，这就成为了自己配置公司的依据。

这些组合也说明长期组合跑赢像标普红利指数、央视50指数等优秀的指数不容易，即使是分阶段跑赢了，长期可能也不分彼此。所以要有稳定的风格和稳定的体系，如果没有稳定的风格，很容易在风格变换中迷失，而坚持稳定的风格，无论是大盘还是小盘、价值还是成长、混合平衡还是指数基金，长期总有收获平均盈利的时候。通过其他组合同期和标普红利指数、央视50指数等优秀的指数比较的结果，也能从不同风格的组合中感受到风格变化带来的收益影响。

长期持有指数基金是投资者达到"二平"的工具。非常出色的策略指数基金，如央视财经50指数基金是投资者可以长期跑赢九成以上的参与者，能在普通宽基指数基金的基础上年均提高5%左右的收益，做优秀的公司组合可以再另外年均提高5%左右的收益。重点是要注意配置好，做好均衡配置，不能犯配置的错误，否则长期可能会跑输策略指数。长期指数基金年化收益率为近一成，策略指数基金年化收益率能到一成多，而做优秀的公司组合用均衡策略配置的年化收益率能到两成多，这是做资产配置组合所追求的预期高收益。**一个长期有效的优秀策略，不可能时时有效，但是策略长期有效。方向正确，长期复利，必有收获。**

以上提到的有些投资组合已经停止更新，有些优秀的组合正在不断涌现。这需要读者根据自己的投资体系经常进行动态跟踪。

（二）被动型的公募基金持仓组合

这部分包括宽基指数基金、行业指数基金和Smart Beta指数基金的持仓组合，这些工具的介绍贯穿了本书的主线。指数基金的成分公司可以从各个指数公司网站中实时获取，这些工具如果用得好，会带来超额收益。从行业上和策略上都可以为我们筛选出优秀的公司。

从行业上，如央视50指数的成分公司涵盖了全部十个一级行业，当市场消费行业值得投资的时候，可以从中挑选相应的消费行业的龙头公司，当市场科技行业有潜力的时候，比如2019年下半年，可以从中挑选相应的科技行业的龙头公司。

从策略上，如配置创业板的公司，可以从创业蓝筹指数和创业成长指数的成分公司中寻找，而且双创指数的成分公司有部分会交叉重叠。当市场成长类型的公司受到追捧，价值类型的公司受到冷落，消费类科技类的公司受到追捧，金融类的公司受到冷落，可以慢慢地调成低估的沪深300价值的成分公司，可以从沪深300价值指数里面找到。

复制指数成分公司有个好处，即持仓公司何时买何时卖，不用焦虑，可以当成指数配置，当指数调出基本面差的公司时，再跟着一起调出就行。缺点是各个指数的调仓时间不同，可能还会有冲突，比如一只公司同时被几只指数调入调出，有时只调入调出其中一只指数，有时调入调出是相反的。所以，必须有自己的投资体系，而且选标的和调仓这些行为必须融入自己的投资体系之中。

（三）主动型的基金持仓组合

主动型的公募基金十多年来跑出了一批比较牛的基金，这些基金以混合型基金为主，仓位配置灵活，风格多种多样。

比如，兴全趋势投资混合（LOF）（163402）从2005年11月份开始运营，收益了20倍以上。兴全趋势投资混合基金换了几任基金经理，取得优秀的业绩。所以，取得连续优秀的业绩，不仅是基金经理的优秀，而且是基金公司的文化优秀。在2007年高点和2015年高点，兴全基金都有劝投资者赎回基金的行为，实属不易，如下图所示。

（图片来源：天天基金网2020.05）

富国天惠成长混合A（161005）同样从2005年11月份开始运营，成立以来有20倍以上的收益。基金经理一直是朱少醒经理，成立以来没有换过。这样的基金可能靠的是基金经理的能力了，此类的基金属于多数，如下图所示。

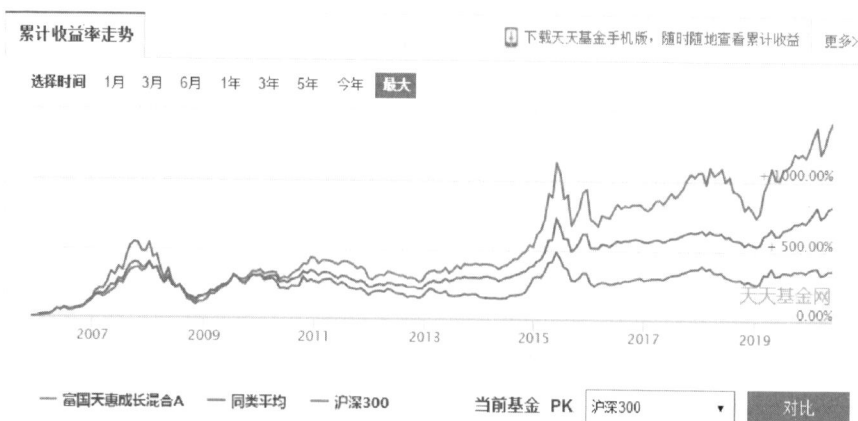

（图片来源：天天基金网2020.05）

对于主动型基金，要分析：基金公司的管理层和文化，基金经理的持仓风格，基金经理的持仓风格是否会发生漂移，基金经理是否会调任，基金的优秀业绩是否与市场偏好有关，基金费率高不高等。实际上不比选优秀公司股票容易。美国很多最近十年业绩优秀的基金，下个十年的业绩不怎么样。最近一年的业绩更是如此，中国的公募基金和私募基金的前一年的冠军，后一年经常落后甚至排名在垫底区域。因为市场风格经常变化，基金经理的风格也会变化，而且有时候业绩好与不好只是踩对了市场热点和没有踩对市场热点的偏好而已。2015年国泰基金杨飞经理任职国泰估值优势混合等数只基金，持仓基本相同，是以小盘价值投资为主的持仓。2016年和2017年，即使是小盘跑输大盘的市场，这些基金的收益仍然出色。可是，2018年持仓发生了漂移，行业频繁更换，导致基金业绩排在了同类排名的倒数。但是，2019年杨飞经理再次坚持了价值投资理念，持仓慢慢地固定下来，取得了非常出色的成绩。这与市场风格转换影响不大，这与基金经理的风格是否固定有关。所以，能选择长期持之以恒的价值投资理念的主动型的基金并不容易，这需要投资者有自己的投资体系，并且进行充分的跟踪，这些价值投资理念的主动型的基金持仓才可以为我们所借鉴。兴全趋势混合、富国天惠成长混合这些基金，每期的持仓变化不多，其持仓优秀的公司可以纳入我们的公司组合。

选择一个行业的好标的，尤其是不易懂的竞争激烈的行业，可以从基金持仓中进行选择。比如,科技类的行业,不仅可以从策略指数中选择,也可以从主动型基金中进行选择,像立讯精密、信维通信等比较牛的科技类的公司,2019年至2020年第一季度都是很多优秀基金的交叉持仓;像东方雨虹、国瓷材料、隆基股份等公司,2019年至2020年第一季度在很多优秀基金中交叉持仓。2021年我持有了质量ETF中的一些医药行业公司。如果我们能够厘清持仓逻辑,纳入我们的指数化的持仓组合,也能获得丰厚的收益。

公募基金的持仓可以拿来做指数化的组合,私募基金的持仓也可以。虽然私募基金的持仓不是公开的,但是每个季度上市公司的报表都会披露哪些基金持仓了公司,我们搜索私募基金名称能够查询得到部分持仓明细。

优秀投资者和优秀基金的组合,只能作为参考,纳入我们自己的投资体系,进行选择标的使用。我们选好跑道,借鉴所选标的用来丰富行业配置和策略配置,争取超额收益。

第 4 节 多读书,没坏处

这些组合能长期坚持做出稳定的业绩,是与不断地学习分不开的。如同世界投资大师们的精选公司的方法与基本面类的策略因子是相通的一样,世界投资大师们的价值投资理念的一些相通点值得我们学习,这也是决定着我们长期拥有理性思维和穿越牛熊的良好心态。

如,从彼得·林奇投资的25条投资法则中我们可以学习到以下投资心得:

◆ 作为一个业余投资者,你的优势并不在于从华尔街投资专家那里获得所谓专业投资建议。你的优势其实在于你自身所具有的独特知识和经验。如果充分发挥你的独特优势来投资于自己充分了解的公司和行业,那么你肯定会打败那些投资专家们。在任何一个行业,在任何一个地方,平时留心观察的业余投资者就会发现那些卓越的高成长公司,而且发现时间远远早于那些专业投资者。(注:我们可以聚焦细分专业领域,作为消费者有调研体验消费公司的优势,而且没有排名压力,可以长期持有。)

◆ 避开那些热门行业的热门股。冷门行业和没有增长的行业中的卓越公司股票往往会成为最赚钱的大牛股。当你持有好公司的股票时，时间就会站在你这一边；持有时间越长，赚钱的机会就越大，耐心持有好公司股票终将有好回报，即使错过了像沃尔玛这样的优秀公司股票前5年的大涨，未来5年内长期持有仍然会有很好的回报。但是如果你持有的是股票期权，时间就会站在你的对立面，持有时间越长，赚钱就会越小。在过去的10年里，美国股市的平均投资收益率在全球股市中仅仅排名第8，因此，你可以购买那些投资于海外股市且业绩表现良好的基金，从而分享美国以外其他国家股市的高成长。（注：独立思考、长期持有、不要资金期限错配、做好资产配置。）

◆ 每只股票背后都是一家上市公司，去了解这家公司在干什么。拥有股票就是拥有一家公司的一部分所有权。作为投资者的我们不应当过于关注股票价格在短期的涨跌，而应当去把更多的精力花在去研究一家公司的基本面上，即一家公司业绩的好坏以及未来的成长如何。因为这才是长期决定股价的重要因素。投资要有耐心，当你持有好的公司股票时，时间就站在你这一边。

（注：把握以价值为基础的市场规律，以心态为基础的人性规律。理性和耐心是投资中最重要的事情。简单的方法不会都复制，因为很多人喜欢赚快钱，总是想着一夜暴富，结果导致亏损累累。）

◆ 股价低迷时候不离不弃，不要在下跌中放弃便宜股份。投资是反人性弱点的事情。（注：反贪婪反恐惧。赚一点就跑害怕下跌、赚了一点还想在低位接回来、上涨得好又加大投入、跌一点就想加仓扳回、跌深了无奈斩仓吓得逃跑、下跌后刚刚开始上涨怕再跌赶紧卖出等这些不以价值为依据的非理性的操作都是人性的弱点，而唯一的依据是客观标的的价值，是与主观成本价格毫无关系的客观标的。巴菲特和罗杰斯都认为，历史和哲学比商学院的经济重要。认清长期历史规律和哲学规律，即认清市场规律和人性规律，反恐惧、反贪婪，长期才能做好滚雪球。）

◆ 尽可能地去构建一个投资组合，稳定的组合有着抗风险的能力。避开多样化恶化的公司，真正能够长久保持增长的公司一定是在行业中有着竞争优势的白马龙头公司，主营业务简单易懂。（注：确定性与收益性的平衡，排除业务复杂的公司，做简单易懂的公司）。

从芒格的人类的25个心理误判中我们可以学习到如下投资思维。

◆ 人类的心理误判有很多倾向。比如，热爱倾向（对热爱的事物歪曲其他事实）、怀疑倾向（在压力和焦虑下尽快作出决定，从而消除怀疑的倾向）、妒忌倾向（"驱动这个世界的不是贪婪，是妒忌。"——巴菲特）、受简单联想影响的倾向（经验简单结论、广告简单联想应用——对策：客观冷静分析，特别是概率的应用）、简单避免痛苦的心理否认（沉溺、逃避）、基于经验的高估倾向、过度乐观的相信倾向（客观冷静分析、应用数学概率）、前景理论应用和负面的效应放大、社会认同倾向、对比错误倾向、压力影响倾向、错误衡量易得性倾向（别只是因为一样事实或者一种观念容易得到，就觉得它更为重要）、权威错误倾向、重视理由倾向（哪怕毫无意义或者不准确的理由，也容易让人遵从）、Lollapalooza倾向（数种心理倾向共同作用造成极端后果的倾向）。

芒格的格栅思维：将不同学科的思维模式联系起来建立起融会贯通的格栅，是投资成功的最佳决策模式。用不同学科的思维模式思考同一个投资问题，假若能得出相同的结论，这样的投资决策更正确。

对于普通投资者来说，可以读一些经典的投资书籍入门：建立理财意识的入门书籍有《小狗钱钱》《富爸爸穷爸爸》系列等，可以学习到开源节流，可以深刻理解长期复利；基金类的有约翰·博格的《长赢投资：打败股票投资的简单方法》以及约翰·博格的系列丛书，可以学习到指数基金和资产配置；策略类的有荷兰平·范·弗利特博士的《低风险高回报》、罗伯特·阿诺德的《基本面指数投资策略》、格林布拉特的《股市稳赚》等。

做价值投资，可以精读大师们的经典作品：

格雷厄姆：《证券分析》《聪明的投资者》

芒格：《穷查理宝典》

巴菲特：《巴菲特致股东的信——股份公司教程》以及《巴菲特致股东的信》系列

彼得·林奇：《战胜华尔街》《彼得·林奇的成功投资》

卡拉曼：《安全边际》

任俊杰：《奥马哈之雾》

西格尔：《投资者的未来》

霍华德·马克斯：《投资最重要的事》

其他：《邓普顿教你逆向投资》《约翰·聂夫的成功投资》《怎样选择成长股》《戴维斯王朝》《黑天鹅》《随机漫步的傻瓜》《门口的野蛮人》《伟大的博弈》《股市真规则》《巴菲特的护城河》《巴菲特教你读财报》《股票价值评估》《价值评估——公司价值的衡量和管理》《估值——难点、解决方案及相关案例》

这些书籍里面的投机与投资、市场的把握、建立组合的方法、理解市场的有效性以及局限性、建立估值体系、理解价格和价值的关系、理解安全边际、公司利润增长与投资者对市场的预期的关系、投资误区、投资难点、投资大师们的经历等内容都是我们的投资知识的宝典。

投资类的书籍可以使我们把握投资核心、正确分析公司。此外，我们还可以读一些社科类、管理类的书籍、行业类的书籍杂志来了解市场规律和判断公司行业优劣，可以读一些哲学心理类的书籍来了解人性的弱点，克服心理弱点。芒格的格栅思维可以帮助我们真正地学习和持续地成功，运用整体性、多样性的方式思考。

第 5 节　构建专属指数化公司股票组合之投资方法篇：把握价值投资的核心

1. 价值投资的核心

价值投资的四个核心点分别是价值、价格、安全边际和能力圈。

（1）能力圈

知道自己能力圈的边际。聪明的投资并不复杂，尽管远不能说容易。一个投资者所需要的是，能够正确地评估所选择企业的能力。注意"选择"这个词，你不必成为懂得任何公司的专家，或你也不必成为懂得很多公司的专家。

你需要的仅仅是，能够正确地评估在你能力圈内的公司。这个圈子的大小并不非常重要，然而，知道这个圈子的边际非常关键。

——巴菲特

我不会尝试跳过七尺的栅栏,我只会寻找一些可以跨过的一尺栏杆。

——巴菲特

由此可见,能力圈的重要性。在能力圈定性的基础上,选择低估值的成长好的公司,进行长期持有。低估的时候买入,像做实业一样的研究,高估的时候或者发现更好的公司的时候卖出换仓。

（2）价值和价格

投资公司股票实质上是入股一个公司,相当于利用别人的资金、技术、社会和管理关系创造利润。按照自己的理念,选择合适的价位,选择合适的企业入股。无论市场环境怎么样,以不变应万变。不预测市场、不在意市场,以投资生意的角度买股票。把跟踪研究的公司纳入股票池,然后耐心等待,等待一个合适的机会。在等待中,定期检查,把基本面变得不符合要求的排除,关注价值和价格比合适的公司。完善体系,把握价值和价格之间的关系,按计划严格遵守执行。

专注于主业的优秀的行业的公司,净利润的递增、对股东的回报、治理结构、企业文化、创新、企业高层对企业的态度和诚信、扩张、收购价格有没有泡沫、现金流情况等都有要求。

在选择公司的时候,可以按照一些条件和标准筛选,比如不选择竞争激烈的行业、选择综合毛利率高于30%的企业、管理层的薪酬和股权以及历年分红情况都要参考、公司所在的区域、平均净资产收益率高于15%的企业、有息负债合理、现金流好、应收账款和存货不能异常。即使非常确定,每只公司股票和每个行业都设置持仓权重上限,这点非常重要。

不做热门和趋势,只要企业分析透了,能够持有得住。不会进行热点趋势轮动,只关注企业自身的发展。低估时多买些,高估时出一些,可以接回也可以再用下一个进行替换。这是一种方法。确定了方法要知行合一地来做,按照什么原则买入就必须按照什么原则卖出。

（3）行业和安全边际

一定要专注研究行业。有充分行业经验的投资者可以选择里面的"婴儿的股本,行业的巨人",选择有安全边际的细分行业的龙头公司,最好是行业里面数一数二的、有产品定价话语权和风险转嫁能力的公司。没有充分行业经验的投资者可以选择如贵州茅台、中国平安、招商银行等这种耳熟能详的白马龙头公司，或者选择如格力电器、美的集团、海螺水泥等这种行业降速，龙头公司可以反吃小公司的份额而逐渐形成的市场寡头的公司。

估值是相对于未来两三年的低估值的公司、高成长的公司。参考公司所在的行业、公司所在行业中所处的地位、公司的治理结构和管理水平及规模以及公司对股东的回报即现金分红来定。

弱周期行业的公司，如消费类和医药类的公司，公司的未来两三年的复合成长性在三成以上，那么，公司的估值在25倍PE以内是合理的。寻找高增长行业里面的低估龙头公司，根据估值和成长做平衡，定期或不定期地在几个备选公司里面进行切换。在熟悉的行业里面，不断挖掘潜力品种，进行精选，集中持仓组合。对于选择买入的公司，能够熟悉地摸清公司的价格规律，不做热点，等待价值机会。

强周期行业的公司，要在产业低点进入，在产业高点退出，这点相对难以把握。

无论是对产业周期敏感与否，公司都要穿越市场周期和风格周期。市场周期即股票所在的位置，市场整体估值。市场整体低估，可以加大仓位配置；市场整体高估，可以降低仓位直到清仓。沪深300指数的估值可以参考，8倍PE以下是低估，20倍PE以上是高估。沪深市场的总市值占GDP的比值，即资产证券化率，小于70%是低估，高于110%是高估。一些市场行为也可以参考。如市场底部经常伴随大量产业资本增持，市场顶部经常伴随大量产业资本融资。市净率低于1，且市盈率低于10倍的公司和指数基金有很多，底部市场情绪非常低迷，周围的人都不愿意谈论股票，很多人停止了定投和销户；顶部市场情绪非常高涨，周围不懂的人都在谈论股票，有很多开户的和追加投入的投资者。

风格周期即股票是大盘还是小盘，是价值还是成长，是否符合当时市场偏好。根据市场偏好切换而且能够踏准节奏时大多数投资者来说都很难。2015年前大盘蓝筹不如中小盘，当时很多即使非常清楚地了解了纳斯达克泡沫的投资者, 也在找种种能够证明创业板的泡沫没有破裂的理由; 即使做大盘蓝筹的投资者, 也相信大盘蓝筹那么差, 即使中小创泡沫破裂了, 大盘蓝筹也会跌, 也仍然爬不起来。结果, 2016年开始大盘蓝筹白马公司纷纷开始上涨, 很多公司创出了历史新高, 中小创公司还趴在下面。所以, 为了不受情绪的影响, 投资者要具备大局观和把握估值的能力。准确的估值把握不了, 而大概的估值阶段是可以从市场规律和人性规律中把握的。

总之, 我们可以感知市场周期和风格周期的变化, 不要来事后解释这些理由, 而是要利用这些理由和延伸的情绪, 即对形成的一致的预期和惯性思维有独立的思考, 考虑到这些理由即使都发生了, 投资标的也下跌不了多少了或者上涨不了多少了的时候, 要逆向思维进行买入或者卖出。

除了市场周期和风格周期的影响, 弱产业周期行业的公司, 一般称非周期行业的公司, 最后只剩下企业周期了, 即企业的发展期、成长期(快速成长、稳健成长、缓慢成长)、平台期和衰退期。一般企业在快速成长期给予高估值, 成熟市场炒作得少, 越不确定的企业越给予低估值, 风险也大; 稳健成长期至缓慢成长期, 企业估值下降至合理水平, 成熟市场没被挖掘的企业在这时期确定了, 企业估值也会提升至合理水平, 在此阶段选公司应以业绩为王, 买安全边际的公司, 可以分享公司发展的利润; 有了安全边际, 也是为了防止判断错误, 减少企业进入衰退期造成的损失, 所以安全边际越大越好。

当一个行业出现问题, 牵连龙头公司暴跌的时候, 最容易出现安全边际。如: 2008年的三聚氰胺事件, 伊利股份暴跌后是机会; 2013年白酒塑化剂事件, 贵州茅台暴跌后出现的机会。因为一个行业不会消失, 一般行业龙头公司也会率先复苏起来。

一般市场周期、风格周期、产业周期、企业周期形成两三个周期的共振, 就容易形成公司持续上涨或者公司持续下跌。如果市场周期向上, 企业周期向下杀估值, 那么很可能是牛市中公司不涨; 如果市场周期向下, 企业周期向上提升估值, 则是公司穿越牛熊。在市场牛熊周期后, 一些之前的优秀龙头企业仍然占据行业龙头地位, 那么这些企业会率先创出历史新高。如2007年的"万人迷"的招商银行和万科A，是当时的银行和地产龙头，在经历了金融危机下跌后，到了十年后的2017年依然都创出了历史新高。目前招商银行仍然占据银行龙头地位，万科A虽然不是地产老大但是仍然在地产行业处于举足轻重的地位。招商银行和万科A这十多年里已经超越了大盘一倍。拿不住公司换来换去，最后长期可能连指数都跑输。

2. 以消费者的身份观察你心仪的上市公司

沪深市场无论是股票还是基金都是几千只，我们在能力圈的范围内只追求确定性的投资，慢即是快。研究公司可以读公司公告和机构研究报告，以及论坛上的分析，进行独立思考，独立分析研究。

我的能力圈有限，对于医药行业和科技行业，懂估值不懂公司可以配置指数基金，周期行业不懂可以不配置，作为消费者可以适当研究一些消费类的公司。

第一，消费领域贴近生活是比较容易进入的，而且消费行业容易有品牌垄断，消费龙头形成护城河后有定价权。第二，无论是美国还是日本，在过去几十年里，一半以上的超级牛股都是来自消费行业。沪深市场的主要消费和可选消费指数，以及主要消费红利和可选消费红利指数，也都是非常牛的指数。受益于人们追求美好生活的需求，消费行业作为刚需行业，仍然会走出长牛。第三，消费行业受周期、受政策影响少。所以，消费行业是一个很好的跑道。即使选择错了，一些公司品牌效应，也不会倒闭得快，有容错性。

我们来统计2011年开始至2019年年末，我们熟知的日常生活消费类的上市公司的股价表现。统计时间长了样本数量不足，很多上市公司是2010年后才上市的。而且为了防止"后视镜"，尽量把2011年前关注过的上市公司都统计一遍，找到了40只属于主要消费和可选消费的上市公司。贵州茅台和格力电器有10倍以上的收益，这些如白酒、电器、旅游行业收益出色；有三成多的公司仍然亏损，有些公司亏损累累折半以上，这些属于如纺织、服装、商城等没落行业，然而，这不影响整体组合能够整体盈利。这40只消费类的上市公司平均收益是2.68倍。即2011年初投资100万元平均买入，到了2019年年末，可以变成268万元，如下页表所示。

2011年至2019年这9年的年化收益率是11.6%。

公司	股价倍数
伊利股份	5.770 1
光明乳业	1.382 4
青岛啤酒	1.607 8
燕京啤酒	0.745 1
张裕 A	0.452 4
贵州茅台	10.133 6
五粮液	4.678 5
泸州老窖	2.890 3
洋河股份	2.013 5
山西汾酒	2.958 4
古井贡酒	3.720 8
双汇发展	1.436 5
得利斯	0.901 0
安琪酵母	1.865 5
涪陵榨菜	5.378 3
金字火腿	1.290 5
TCL 科技	3.099 3
青岛海尔	3.293 9
老板电器	5.991 0
格力电器	10.253 6
海信视像	1.664 1
承德露露	1.250 0
汤臣倍健	2.998 1
瑞贝卡	0.441 0
中顺洁柔	2.537 2
全聚德	0.699 9
宋城演艺	4.588 7
中国国旅	6.233 4
友阿股份	0.483 1
小商品城	0.490 5
海宁皮城	0.344 2
七匹狼	0.432 7
富安娜	1.265 1
罗莱生活	0.811 7
梦洁股份	0.945 9
苏泊尔	5.460 9
苏宁易购	0.824 0
宇通客车	2.712 5
天虹股份	0.844 0
永辉超市	2.160 5
平均	2.68

这40只消费类上市公司的涨跌,体现了中国社会近些年来的发展变迁。如果每年我们能够严格地进行定性分析和定量分析,控制每年的调仓频率,慢慢地把基本面变差的公司,一点一点地调到基本面优秀的公司上面,收益率会提

升一点点，对未来也会更有信心。

2011年初至2019年年末，沪深300全收益指数是1.58倍。主要消费和可选消费全收益指数分别是2.67倍和1.46倍。标普红利、央视50、基本面50全收益指数分别是2.17倍、2.41倍和2.59倍，平均收益是2.3倍左右。消费红利和可选红利全收益指数的平均收益也是2.3倍左右。可见，在好的跑道上，选择各行业的龙头公司做指数化的公司组合，收益也是很不错的。从消费者的角度，从中研究分析一些公司，做一个指数化的组合集中持有几只公司股票，也是可行的。

第 6 节　构建专属指数化公司股票组合之心理建设篇：让你的组合长期稳赚不赔

为什么价值投资能够长期稳定盈利却实践者的比例少？因为第一，慢，既因为公司成长有内在的商业规律限制，很难快起来，也因为价格回归价值的时间通常很慢；第二，难，既需要长期刻苦钻研与独立研究，构建完备的专业投研能力，还需要坚守纪律，忠诚自我，战胜人性弱点。

无论做什么事业，延时满足、承担责任，反人性的弱点这些都是必需的。很多时候，理性决策都是反人性的弱点的，即都是反心理的。越是符合心理的方法，越都是错误的方法。正如M・斯科特・派克《少有人走的路》里面写道：

"最好的决策者，愿意承受其决定所带来的痛苦，却毫不影响其做出决策的能力。一个人是否杰出和伟大，视其承受痛苦的能力而定。"

价值投资的成功概率高，指数基金是长期上涨的。第一，价值投资大多数投资者都能做，只要你能认真学，知行合一即可。第二，中长期走下来只有价值投资者才能大概率最终赚到大利润，从而实现自身的财务自由。说价值投资难，那么主要是难在知行合一方面。虽然已熟知了价值投资大师们的投资理念，然而一旦落实到具体投资细节上，绝大多数投资者会发现很难做到知行合一。只有经过数年甚至数十年实践打磨，投资者的理念逐渐融会贯通，并且有信心、恒心、耐心，长期才能够走向成功。多读书、多思考、站在巨人的肩膀上，是一条走向成功的捷径。

那么，是什么阻碍了投资者做长线呢？相应地又是怎么样克服呢？列举了以下几种心理。

1. 各种非理性心理的克服

（1）没有理念，分不清能力和运气。从不成熟非理性走向成熟理性是需要经历牛熊循环实践的。如果没有统一的理念，在牛市里面的方法到了熊市里面会惨遭失败，在熊市里面的方法到了牛市里面会惨遭失败，适用牛熊的方法在震荡市里又会惨遭失败。市场里面充斥着各种各样的书籍的影响，也充斥着财经媒体的各种各样的评论。有的新入市的投资者摸索到了所谓的方法，不需要做长线也能盈利。可是，一年翻几倍的有很多，几年翻一倍的却很少。分不清能力和运气，强化了暂时盈利的错误的方法，最后怎么赢的，怎么输回去。

（2）经不起诱惑以及贪婪恐惧、不会独立思考的片面错误理解等。比如，贪小便宜吃大亏。很多投资者把不及时止盈当成了贪婪，而上涨的时候没拿住，又买了"新"的公司，而这些"新"的公司的股票卖出者可能也是止盈卖出来的，结果下跌了一点就套住了。在解套的过程中十分贪婪，补仓盼涨。最后导致把能上涨的公司换成了而且是加倍的换成了能下跌的公司。敦不知市场是客观的，成本是主观的。小李买了公司A，成本价是100元，现价是60元。小王买了公司B，成本价是20元，现价是60元。于是很多投资者振振有词地解释卖了A就亏损了，可以卖了B以防下跌。现在题目是A和B是同一个公司，小李的成本价是100元，小王的成本价是20元，公司现价是60元，这又会怎样解释？同一个公司因为成本价不同给出两种建议？很多投资者的错误是不分析客观标的，反而分析主观成本，实际上成本价在市场里什么也不是，只能是客观判断的绊脚石。同一个公司不能根据客观因素判断，那么分析的结果只能是错误的。很多投资者套了就不顾一切地补仓，最后下跌深了就恐慌逃跑，或者是刚刚开始上涨就逃跑，或者是刚刚开始解套就跑掉了坚持多年的标的，错失了一波上涨。这是完全不顾或搞不懂客观规律造成的。为了小利，损失了大局，是最贪婪的。市场价格不是围绕着投资者的不同的成本价上下波动，而是围绕着价值上下波动的。

解决这些问题，还需多读一些书籍，包括历史规律和哲学人性规律的书籍，慢慢进化成为懂得怎么做的理性的投资者。还有很多心理误区，如从众、迷信权威等，可以从巴菲特、彼得·林奇等投资大师的书籍中，从芒格的25种心理误判中深刻学习到一些案例，多读书改变自己，成为理性的投资者。

芒格在如何避免因以往的成功而干蠢事中提到——谨慎地审视以往的每次成功，找出这些成功里面的偶然因素，以免受这些因素误导，从而夸大了计划中的新行动取得成功的概率；看看新的行动将会遇到哪些在以往的成功经验中没有出现的危险因素。

2. 害怕假账的心理

关于公司经常做假账的问题，这一点我一开始也认为不如直接做指数基金。后来，看着指数基金依然长期向上，国内和国外长期的收益没什么两样。问题出在哪里？虽然指数基金里面的某些成分公司有些问题，但是整体组合仍然有很好的成长。同样我模仿着用几个公司构建一个组合，按照指数化组合做，再做一些深入分析，从存货和销售收入等方面能看出点问题来，这样也是可行的。而且我们的市场暂时也没有一出了问题就闪崩退市，即便以后会有，只要我们在能力圈里把我们熟悉的简单易懂的确定的公司做成组合，这样也没有问题。

3. 害怕黑天鹅以及公司倒闭的心理

除了做假账还有政策、行业、公司治理等黑天鹅。

同理，我们的市场不会出了问题闪崩退市。即使以后，按照指数化组合操作，出现了问题也不会损失很大。问题是，我们建立优秀的公司组合是要取得超额收益的。这样势必会影响取得多少超额收益。这需要深入分析，做组合配置了。5只以上的股票配置，基本上把对组合的影响缩小到两成以下了。在深入分析后，买后还是害怕，可以想一想如果买了茅台，茅台倒闭，买了伊利，伊利倒闭，那样竞争对手会给我们多少回报。所以，不要担心一些不可能的事情。真的出了黑天鹅的情况也有，即便真的遇上黑天鹅的小概率事件，对一个组合也影响也是很微小的。比如，医药红利指数的长生生物占了5%以上的仓位，踩雷后下跌得比市场多一些，对指数整体也影响不大。

如果一个组合里，有一只公司收益几成以上，其中几只公司平庸，一只公司大跌，那么这个组合的收益率是会受上涨的那个公司影响多的。因为越上涨的公司仓位自动变得越来越大，越下跌的公司仓位自动变得越来越小。只要别乱卖优秀的公司，只要别乱补仓下跌的公司，最后，下跌的公司爆出问题后，再根据这个公司的估值决定，做出理性的决策来。因为很多时候市场已经提前反映了，可能做不做决定都一样。最后，还不如指数化组合，像指数基金一样定期调整。至少按照原则指数化的进行调仓可以把公司拿住，而且不会经常做出错误的决定。从而心理占优，心理的胜出有利于形成良性循环。尽量不做操作，而是等待组合中的成分公司在经历不断涨跌中，不断自动地进行优胜劣汰，最终优秀的公司的市值会脱颖而出，占领组合的最大的仓位，成为重仓，贡献组合的收益。简简单单地长期持有指数化的组合，可以长期取得稳定的复利。

4. 害怕系统性的风险

很多投资者害怕下跌，于是做技术分析。我分析了全球多个市场里面单纯的技术分析在各种市场平均基本上比不上长期持有，除非是特定市场、特定阶段和优化了的后视镜的量化数据。而基本面因子的量化是长期有效的，但不是时时有效。后者是前者的保证。

做多策略的组合，可以根据估值、市场情绪等因素进行仓位控制和资产配置。这样能够更好地长期安心持有组合。同时，低估时定投，当不再低估了而停止定投，转而积攒货币基金储备，以心态制胜。

5. 其他因素

娱乐因素、忍受不了寂寞等。实际上，公司分析也是一种乐趣。做资产配置也是一件有乐趣的事。当投资理念理性成熟了，而且组合上涨了一些的时候，账面上全是盈利的时候，不再害怕会跌回来，而是看着满仓红彤彤的组合，有种收获了的满足感。这和爬山一样要先起步，而最艰难的也是刚起步的路，只有一步一步坚持爬，才能看见无数不一样的风景。只有一步一步坚定地收藏有价值的公司，才能有物质上和精神上的不一样的精彩等着你。坚持是难能可贵的，坚持在市场低估区域收集优秀标的，熊市越漫长，收集得越多，等到随着公司成长和市场上涨，收获满满果实。

此外，还有很多因素，都是可以从心理上进行调节的。比如，频繁交易，一方面是因为贪婪恐惧，另一方面是根本不懂。理解并且解决了这两点，再理解了频繁交易是负和博弈，长期投资是正和共赢，这样对待投资的态度也会改变了。对待投资的态度要敬畏市场，要把风险放在首位。不仅要做熟悉的领域、独立客观分析投资标的，也要不盲从于高手，客观评价自己。与自己的人性的弱点做斗争，及时改变，磨炼性格、坚持理念、坚持知行合一。与王阳明的因势优化，与时俱进，此心不动，随机而行相通。从无知无畏到有知有畏，最后再到有知无畏。

生涯有限，知识无限。要把握大局观，找到根本，在自己的能力圈里执行，慢慢拓展能力圈。坚持持仓为主，不断优化，跑赢市场。节省精力，开源节流，提升自己的同时做好理性投资，实现物质精神双丰收。

最后，引用投资大师的一段话："当做到理性成熟投资后，我们会发现以投资而非投机的视角，股票投资成为一件值得毕生追求和实践的事业。它不再是欣喜若狂，不再是焦躁不安，不再是杀机四伏的生死博弈，而是一种对社会趋势的观察，对历史的感悟，对未来的预见，对商业模式的理解，对优秀企业家的欣赏，对复杂人性的洞察，对自己性格的再认知，对世界的好奇心，对喧嚣的远离和孤独的享受，以及对偶遇同行者的欣喜。"这才是投资的格局和高度。

总结

1. 指数化的公司股票组合是和指数基金一样的，掌握指数基金的要点，指数化的公司组合才能避免错误。

2. 价值投资的核心是价值、价格、安全边际和能力圈。

3. 多从各方面学习，多读经典书籍。

4. 克服人性的弱点，理性投资。

5. 提升自己、投资优秀标的，争取物质精神双丰收。

第 7 章

资产配置+定投指南: 指数基金+公司组合

用存量资金做资产配置，用增量资金做定投。我们在第2~6章里面介绍了资产配置，详细全面地介绍了可以用来做资产配置的工具——指数基金和公司组合，其中包括了个性化的仓位管理组合，全球范围可以配置的宽基指数基金和多种策略指数合体组合，挑选好的策略、好的行业的公司组合等。用存量资金做好了资产配置以后，可以用增量资金做定投。定投是积攒资产的一种途径。

定投的好处是投资者可以有计划地把增量资金存到货币基金和指数基金里面。当指数基金低估的时候，定投可以越跌越买，而且还可以用积攒的货币基金分批投入。

每月有增量资金的投资者适合做定投，定投更"喜欢"熊市的下跌。宽基指数基金年化收益率是一成左右，七年收益翻倍。假设第一年收益就实现了翻倍，后面六年处于熊市和震荡市，到了第七年末比起第一年末基本上持平。这种情况导致的结果是从第二年开始定投在相对高位，后面的六年里只积攒了指数基金份额，虽然可能高位买得少，低位买得多，微笑曲线却没有收获多少，只能等到下一轮市场上涨周期才能进行收获。现在换一种假设，市场前六年不涨，最后一年翻倍。市场在前六年处于熊市和震荡市，指数基金份额不是积攒了一年的，而是积攒了六年的，第七年翻倍的时候，比第一个例子多积攒了6倍的指数基金份额享受到了上涨。同理，第一个例子里面，第八年之后开始也能享受上涨。所以，定投是积攒资产"上车"，每月有增量收入的投资者是不喜欢一上来就是牛市的，前面一下子上涨了，后面积攒的资产没法上车，慢慢地买也只能等到下一轮的上涨才能实现利润。定投的关键是在熊市中慢慢地积攒资产，不理解市场涨跌规律的投资者感觉是煎熬，理解了市场涨跌规律的投资者会欣喜地加倍定投。

定投有很多优点。实践上，定投不需要复杂的理论，适合有计划的投资者。市场牛熊周期至少5~7年。投资者用长期闲置的资金，自己给自己做好长期理财规划，零存零取或者零存整取。操作上，每次即使是定投一定的金额，定投也是自带越低买的份额越多的功能。比如，1 000元在净值1元时可以买到1 000份，在净值0.80元时可以买到1 250份。如果分别在1元和0.80元买入

1 000元，则买入平均成本换算成净值是2 000元/（1 000+1 250）=0.888 9元。

定投可以是指数基金，也可以是公司组合，只要在能力圈之内，充分了解定投的标的，长期坚持定投和资产配置，必然会积累起来可观的财富。

第 1 节　"定投"和"资产配置"的"名"与"实"

定投是增量资金管理，资产配置是存量资金管理。财富积累阶段的月光族，开始培养积攒财富的习惯，从定投开始做起。当财富积累到一定的程度，穿越了牛熊周期，具备了一定的理财知识的阶段，定投的增量资金进来，对存量资金的影响越来越小了，定投变得钝化了，只能高位清仓再投，定投持续的过程中，等到了低位再进行单笔投入，这与资产配置异曲同工。

随着市场越来越成熟，市场不再暴涨暴跌，每轮市场的高位和低位的差距也没有那么明显，此时选时不如选标的。我们做好资产配置，只要市场不存在明显的泡沫，按照计划做好定投比例，持续进行定投，陆续上车到我们的资产配置就可以了。

市场上有些单纯教资产配置的方法和组合，也有些单纯教定投的方法和组合，有时候描述得模棱两可。我们需要先分清楚哪些行为是做资产配置，哪些行为是做定投。这里我们来谈谈"定投"和"资产配置"的"名"与"实"。

"指数基金长期年化收益率是一成左右。我们可以忽略市场的高和低，可以定投摊低成本，摊薄你的亏损，微笑曲线，市场还没盈利你就开始盈利了。尤其是在市场高点开始定投微笑曲线最为有效。"这是市场普遍提到的，也是普通投资者最容易接受的。

可是，上面的句子中将"定投"和"资产配置"混为一谈。如果不分清楚，就会问题多多。下面先以两个问题作为例子，再来讨论一下网上提到的"定投"和"资产配置"的"名副其实"和"名不副实"。

Q1：市场下跌摊低亏损，那么市场上涨也会摊低利润。如何解决？

对于没有存款只有收入的投资者来说，可以用定投的方法慢慢积累。如果有存款（即存量资金）可以配置，也有收入（即增量资金）可以定投，那么一定要先做好配置。我在2018年下半年持续定投过程中，曾多次提醒投资者一定要用长期闲置资金建好底仓"上车"，否则市场后面上涨，按部就班的定投只会越买价格越高。果然，2019年第一季度，沪深市场反弹，有长期闲置资金却不建底仓的投资者，越定投价格越高，同时市场也没高估，依然继续定投，2019年第二季度市场反转下跌，结果市场盈利，定投反而亏损。而且，当时在回答一些有长期闲置资金却没有建底仓的投资者咨询关于存量资金怎么处理的问题后，投资者仍然不同意建底仓，反问"既然不能判断市场高低，如果配置，那不就是违反定投方法了？"当然，只要把基金份额当筹码，不愿意长期持有指数基金资产，不在意申购赎回的费用，只看盈亏，不看资金利用效率，是可以用纯定投的方法的，即目标止盈法。买到一定程度，在微笑曲线和反微笑曲线交织的漫长等待中，到了最后一次微笑曲线向上突破，开始目标止盈，后面再涨仍然继续慢慢定投。这种纯定投的方法看起来是台湾基金教母萧碧燕老师的方法，但即使是台湾基金教母萧碧燕老师也提倡到了高位做清仓，到了低位做单笔投入。虽然是根据盈亏设置的，但是依然把根据市场的高低配置融入到了定投里。

长期有效配置资金，在一个长期上涨的市场里，定投是一定会输给长期配置的。因此，如果有长期闲置的资金，一定要建好底仓。美国有长期上涨的牛市，中国的白马股也长期上涨。我们可以看看中国白马股公司集中的央视50指数。由于中融基金的成立时间不长，我们拿建信央视50指数基金（165312）举例，以天天基金网2019年11月份的数据为参考。

"建信央视50指数基金阶段涨幅——近1年是26%；近2年是2%；近3年是52%；近5年是118%。

建信央视50指数基金定投收益——近1年普通定投、目标止盈、移动止盈是13%，慧定投是14%；近2年以上定投方式的收益范围是12%~13%，近3年以上定投方式的收益范围是19%~20%，近5年普通定投无数据、目标止盈是37%，移动止盈是44%，慧定投是47%。"

除了2018年下跌和2019年上涨形成的定投微笑曲线跑赢了配置之外, 其余的近1年、近3年、近5年的长期配置的收益都是定投的一倍左右。当然, 长期的现金流是未来的资金, 上车摊低利润也是没办法的事情。可是, 怎样计算的问题一定要搞清楚。这个后面会做介绍。

Q2: 定投到了一定程度, 影响资产比例小了, 开始钝化了该怎么办?

在上个问题中提到有可以一次止盈出局的纯定投, 如果市场长牛, 上个问题中所举例子的效果也一般。所以, 有存量资产的投资者一定要做好配置, 积累的资产到了一定的程度, 是资产配置而不是定投技巧影响投资者的整体收益。

好了, 以上分析是帮助投资者分清楚"定投"和"配置"。因为有时候文章的表述可能名不副实。

再看看下面两句:

1. "在市场定投指数基金, 长期年化收益率一成左右。"

2. "做资产配置长期持有, 市场越跌越买。"

读者们读到了什么? 在第1句中的"定投"只是一种资产积累"上车"的方式, 重点在长期持有指数基金上面。无论定投还是不定投, 指数基金这个投资标的品种的长期年化收益率都是一成左右。这句话实际是指长期配置标的的收益。而在第2句中的"资产配置"的长期持有中, 如果遇到下跌, 怎样做到越跌越买? 如果存量资金仓位从空仓调节到满仓, 这是资产配置范畴。而如果从现金流中搬来增量资金, 这则属于定投范畴。

存量资金做资产配置, 增量资金做定投。做好了, 自己定投自己的资产配置。换句话说, 资产配置是对存量资金的管理, 定投是对增量资金的管理。

明确了以上的这些问题, 我们对投资收益率的问题也会计算了。资产配置是可以按照净值法计算的, 体现的是存量资金的操作能力。无论增量资金何时"上车""下车", 均不能出现摊低亏损和摊低利润的计算。这相当于我们申购和赎回我们自己编制的基金, 按申购份额和赎回份额进行折算, 不影响我们自己编制的基金的净值和收益, 即不影响我们的资产配置组合的净值和收益。我们可以单独统计出来自己的持仓, 以及自己整体组合的持仓成本和绝对盈亏额，也可以同时配合用内部收益率法，计算自己的整体收益率。我习惯统计整体组合的持仓成本和绝对盈亏额，有时候也会用内部收益率法。这些具体计算方法后面章节会进行介绍。

理解了资产配置和定投的联系和区别，再举一些例子就容易理解了。比如，投资达人ETF拯救世界的长赢指数组合，虽然是分成若干份定投，可是这实际上与仓位配置比例相关，所以这属于资产配置。其微博中也曾提到过这一点。类似的还有各种FOF组合。

定投是增量资金"上车"的方式。在"上车"中，如果存量资金是每年增量资金的一倍以下，那么"上车"后摊薄的盈亏比例也会对存量资金产生较大影响，这时你要做的就是专注努力工作挣钱，以定投为主，账面盈亏不算什么，一年两年后的现金流，完全可以改变原先存量资金的账面投资结构和账面盈亏方向。如果存量资金是每年增量资金的十倍以上，那么"上车"后会对存量资金产生较小的影响。定投不要把现金流全部投入指数基金，即使全部投入，每年或许也只能影响10%以下，这时应专注配置比例，或许努力工作的收入越来越相对于存量资产来说是杯水车薪了。总之，定投是为了上车，处于什么阶段就有什么阶段的"上车"的方式。

比如，投资达人ETF拯救世界的S定投、银行螺丝钉的定投，都是不考虑存量资金的配置，只考虑增量资金的定投的，都是选比较合适的品种上车的，类似的还有各种估值表选出来的低估值上车品种。

总之，资产配置重于定投。资产配置按照净值法计算，体现选标的、做组合的能力。不要平常说标的长期收益如何，下跌了又说定投可以摊低亏损，上涨了却回避定投会摊低利润的事实，把资产配置和定投混为一谈。有些能够长期摊低亏损的差的标的，怎么定投也没用，弹性标的定投若几年穿越周期仍然跑输市场，则不如稳定的标的，如近十多年来，券商行业穿越周期不仅不如消费行业的收益，也不如银行行业的收益。所以，能够在定投中长期摊低亏损的标的，也不是什么好标的，长期反而会影响资产配置比例。这也是为什么各种基金组合能够帮助投资者们做好资产配置的原因。定投时不要关注单只基金的盈亏，而要关注整体组合，定投到资产配置上面。

美国市场历次崩盘，有时候是PE在10倍至20倍区间开始下跌的，有时候是从PE20倍以上的区间开始下跌的。用估值只能模糊地判断市场的高低，所以我们要做好资产配置，比如多少仓位配置股票，多少仓位配置债券等。例如，当市场处于历史估值底部，市场情绪低迷，大量公司股价跌破净资产，市值除以GDP指标值到了一半以下时，都是市场低估的时候，一定不是泡沫的时候，这时可以多配置一些指数基金，可以接近满仓。反之，市场高估的时候，市场情绪高涨，PE、PB都很高，市值是GDP指标值110%以上时，这是市场泡沫的时候，也到了降低存量资金仓位的时候，一定不能随便再用增量资金"上车"。

定投可以选择低估值标的作为定投方向，因为这些标的会有安全边际，但是也要注意，长期成长性不好的指数不如成长性好的指数的收益，如果机械地使用估值表，都不用做行研，是不可取的。例如，银行行业的估值经历了从高到低，到2017年以后行业基本面好转，PE从低逐步提高；中证500指数2017年至2019年则刚好相反；等等。限于篇幅，这里只是说明资产配置是最重要的，比起估值、定投和定投低估品种的技巧都重要。所以，无脑定投不是拒绝做资产配置的理由，如果不做资产配置，拒绝配置底仓，最后会缺失存量资产管理的能力。这样就容易陷入把标的当成筹码，而不是长期持有资产的误区。

真正理解"定投"和"资产配置"的"名"与"实"，真正做好存量资金和增量资金的管理，自己才会融会贯通，才会擅长在市场变幻中做好投资，应对自如。

第 2 节　指数基金和公司组合双轮驱动

用存量资金做资产配置，用增量资金做定投。指数基金和公司组合构成的资产配置组合是存量资产，可以用增量资金定投这个组合。指数基金和公司组合也是分不开的，公司股票的组合都可以做成基金。买指数基金也要了解底层持仓股票的类型，买公司股票也要了解公司所属的基本面因子、所属的指数等便于归类分析。买股票和场内基金一般是用证券账户，而申购基金一般是用一折申购的基金网站，如基金公司直销平台、天天基金、蛋卷基金、且慢基金等平台。为了方便LOF基金套利，也有使用证券账户购买的。指数基金和公司组合是你中有我、我中有你的关系。

从资产配置比例上，配置的指数基金和公司组合各占多少比例，一般是根据自己的习惯和偏好来决定的。根据自己的习惯和偏好，也可以完全做指数基金或者完全做公司组合，这些都没有问题。我习惯配置七成的公司组合和三成的指数基金组合。定投过程中这些比例是会有变化的。如果每月仅有一千元的定投资金，就只能定投指数基金。

公司组合和指数基金是各有优势的。

我将指数基金的优势总结了如下九点。

第一，每月定投的金额可以是几百元、几千元，最低金额1元就可以起投。

第二，场外基金还可以设置分红再投资。

第三，指数基金可以做全球资产配置、做跨资产类别资产配置。

第四，不受停牌干扰，一旦出现成分公司、黑天鹅事件一样可以卖出指数基金。

第五，有时候有折溢价套利，还可以进行跨市场轮动、跨资产类别轮动等。

第六，在市场或者行业估值极低，还没有选择好公司建仓时，可以先用指数基金配置建仓。

第七，场内基金交易费用比较低，交易费用是券商佣金，没有印花税、过户费等费用。

第八，不用额外缴纳红利税等。投资者申购的份额和赎回的份额相抵消后，基金公司实际上没有进行交易。尤其是债券基金的利息税，买债券基金可以不用像买单只债券一样考虑征税日期，到了那一天会征收一年的利息税。同理，交易QDII基金，比起直接投资境外市场，可以省下汇兑费用。

第九，一般宽基指数比较确定，相对容易分析，而且可以越跌越买。

对于公司股票组合的优势，我也总结了三点。

第一，可以用作打新市值门票，享受打新制度红利。虽然指数基金的打新收益也归基金净值，但是小规模的资金还是自己配置公司股票组合的打新收益更高。

第二，可以做个性化的公司组合，只买自己深入了解的公司。与自己喜欢的上市公司为伍，通过自己的投资来见证行业和公司的发展变迁。

第三，没有年管理费、托管费以及基金额外的交易的冲击成本和费用等。当然，随着基金运作费率降低的趋势，这些费用占比越来越低了，影响也越来越小了。

无论是指数基金还是公司组合，只要是有原则地去做，知行合一，长期持有必有回报。公司股票组合相当于一只基金，资产配置组合相当于一只FOF基金，自己是自己的基金经理。定投时，不在市场的中高估区域做定投，而在市场的低估区域慢慢定投，到了非常低的估值区域，还可以把积攒的闲置资金进行一次性的定投，虽然定投不能影响组合净值，但是"上车"的资产又增多了，未来的绝对收益也会增多。

第3节　指数基金的常用估值法配置

资金管理以资产配置为主，定投为辅；资产配置和定投中的仓位配置以长期持有核心资产为主，估值为辅。这是因为估值是模糊的正确，代替不了市场研究，也代替不了行业研究。比如，2008年美国次贷危机之后，市场到了底部，作为新兴市场的中国的沪深300指数的PE比美国的标普500指数的PE要低，随后美国市场迎来了十年的牛市，指数涨幅超过了中国；从行业上来看，美国的科技行业以及中国的消费行业的龙头公司一涨再涨，银行业的估值一降再降，虽然银行的股息率的提升，买入低估的银行龙头公司股票也没少赚，但是不如均衡组合配置价值型的标的和成长型的标的。无论是地区、行业，还是其他的配置都是这样，估值是模糊的正确，市场的底部和市场的顶部是在一定的估值区域。

在2013年股东信中，巴菲特再次表达了对指数基金的看好，"如果要立遗嘱，我对托管人的建议再简单不过了：把10%的现金用来买短期政府债券，把90%的资金用于购买非常低成本的标普500指数基金。我相信遵循这些方针的信托能比聘用昂贵投资经理的大多数投资者，获得更优的长期回报，无论是养老基金、机构还是个人。"这是最简单的资产配置。用九成的资金配置指数基金实现资金长期复利，用一成的资金配置短期政府债券保持资金短期的流动性。

提到指数基金，我们不能不提到约翰·博格。约翰·博格是世界上第一只指数基金的发明者，被称为"指数基金之父"。博格同时也是一个成功的企业家。约翰·博格还被财富杂志评为"20世纪四大投资巨人"，与巴菲特、格雷厄姆、彼得·林奇并列。博格在《长赢投资：打败股票市场指数的简单方法》一书中总结了自己一生和长达50年投资生涯，为投资者指出投资真正的长赢之道——战胜市场的最简单、同时也是最有效的方法，就是以最低成本买进并持有一个国家的全部上市公司的股票，而持有这种市场组合的最佳方法，就是投资指数基金。

巴菲特对此书大加推荐，对于绝大多数投资者来说，成本费率低的指数基金就是股票投资的最佳选择。巴菲特的终生搭档查理·芒格也极力推荐。约翰·博格的这本书更是对业内人士极有价值的贡献。对于投资者而言，盲目听从、胡乱操作是最危险的事情，简简单单才是真。那么，怎么样变现？可以依靠分红。

巴菲特和约翰博格都提倡过长期持有指数基金不卖出，靠分红获得收益。约翰·博格认为，如果客户的收入需求和指数基金的"股息分红、利息收入"等相匹配，那就没有比简单的"坚持到底"更好的投资策略了。所以长期持有，可以依靠每年的现金分红来获取现金流，满足生活所需。当然，这需要投资者有坚持的毅力、远离市场诱惑的能力等。

长期资产配置是必要的。长期持有指数基金，年均收益率在一成左右。即使买贵了一倍，经历了三十年后，对于三十年前以2元的价格买入的投资者和以1元的价格买入的投资者的年均收益率相差不到2.4%。当然，我们还是希望在此基础上运用一些资产配置和估值的技巧，避免买在高位上。为了或者适当提高一点收益，或者适当降低一些波动追求稳健的收益。这些是需要在确定性的基础上做的。有时市场波动大些，这给凭情绪高位冲入市场的投资者和凭情绪低位冲出市场的投资者带来了亏损，有些资产也有阶段性的泡沫，因此用估值法做辅助判断也是必要的。

资产配置是道，估值方法和各类技巧是术。我们还是希望在有利的时机进行买入。当市场满足以下条件时，则代表我们迎来了有利的买入时机。

1.　股息率较高时买入

对指数基金来说，分红是成分公司盈利的一部分，不受股票价格涨跌的影响，主要受公司盈利变化的影响。而且长期盈利上涨了，分红也会上涨。所以，需要在股息率较高的时候买入。

盈利收益率=公司盈利/公司市值

股息率=公司现金分红/公司市值（即股息率衡量的是公司现金分红的收益率）

分红率=公司现金分红/公司总净利润

股息率=盈利收益率×分红率

分红率是不受市场影响的。一方面，公司业绩越高，盈利收益率越高；另一方面，公司市值越低，盈利收益率越低。所以，股息率越高的公司股票和指数基金，越值得持有。

更为重要的是，公司的股息率高说明了公司的现金流好，现金分红是公司拿出的真金白银，也可以过滤一些做假账的公司。分红还有利于做长期投资，一个高股息率的组合，不用卖出，通过源源不断的现金分红，实现变现。在积累资产的阶段，当分红满足支出的时候，可以只买不卖。股息率高的时候可以进行分红再投资，股息率低的时候可以分红后变现。股息率是比较好用的指标，尤其是红利类的指数效果更佳。在市场底部的时候，很多宽指的股息率可达3%以上。股息率也有缺点，强周期的行业景气度最高的时候，也是盈利收益率最高的时候，分红最多。对于强周期的行业，要么做好行业研究在行业景气度快要提升的时候介入，要么做到不懂不碰。

2.　市盈率、市净率、市销率较低时买入

a.　市盈率（PE）：公司市值/公司盈利，因公司盈利取值不同，可以分为静

态市盈率（公司上一年度的净利润）；滚动市盈率（最近4个季度财报的净利润）；动态市盈率（按季度业绩测算的公司年末的净利润）。市盈率是公司市值与公司盈利的比率，也可以换算成每股市价与每股盈利的比率。如，A公司一年盈利10亿元，A公司市值是100亿元，那么公司的市盈率是10倍。市盈率的倒数是盈利收益率，即公司盈利/公司市值。公司市盈率越低，那么，公司盈利收益率越高。

市盈率和盈利收益率，适用于宽基指数和流通性好、稳定性好的行业指数（沪深300指数、中证500指数、创业板指数、消费行业指数、医药行业指数、各类红利指数等），不适用于夕阳行业、周期行业和没落的经济体，因为盈亏不稳定，尤其是亏损的公司是无法用市盈率来进行估值。

b. **市净率（PB）**：每股股价与每股净资产的比值，即账面价值。公司市值/公司净资产。净资产就是资产减去负债，代表全体股东共同享有的权益。当企业的资产基本上是容易衡量价值的有形资产，并且是长期保值的资产时，比较适合用市净率来估值。市净率越低越好，而且要结合市场环境、企业经营情况和盈利能力等因素判断企业投资价值。

这些净资产能否给企业带来利润是关键，所以虽然低市净率的公司组合可以跑赢市场，但是低市净率的公司参差不齐，甚至有退市的可能。市净率要结合净资产收益率来筛选。能够反映企业经营情况，即企业的偿债能力、企业的营运能力和企业的盈利能力的重要指标是净资产收益率即ROE（净利润/净资产），一般ROE越高的企业，资产运作效率越高，市净率越高。一般把ROE与PB进行比较后判断。PB/ROE是公司市值/公司盈利，结果越低越好。市净率越低越好，净资产收益率越高越好；公司市值越低越好，公司盈利越高越好。ROE/PB又不完全等同于PE，因为PB是一个时间点，PE有静态市盈率、动态市盈率和滚动市盈率（TTM）。资产价值越稳定，市净率的有效性越高。所以，容易贬值的资产慎用市净率估值。重资产折损多的、轻资产、与资产价值关系少的，如无形资产等，市净率指标没有参考价值。

市净率的适用范围：金融/银行/证券/非银金融/地产行业指数、周期行业指数等等。每次市场底部，如沪深300价值、中证红利、银行行业、恒生国企指数、上证50AH等指数都在净资产以下或者在净资产边缘了。同时，也要注意指数编制的变化，如2020年9月份恒生指数和恒生国企指数调入了从美国上市回到香港上市的阿里巴巴等科技公司，科技龙头公司将会成为这些指数的重要配置，市盈率和市净率也相应地上涨了一点。指数的行业分布比以前均衡了，适用范围也变成市盈率和市净率结合估值了。

c. 市销率（PS）：总市值与主营业务收入的比值。通常公司先有收入后有利润，而且在研发期间，很多科技行业是亏损的。这样，市销率指标就有了意义。市销率指标配合市研率指标使用，当公司产品慢慢被市场接受了，公司研发费用和营销费用等减少，利润也就释放出来了。市销率比较稳定，而且主营业务收入造假比较难，还能过滤掉非经常性损益。对于亏损企业也可以进行计算。市销率的缺点是行业参差不齐，只能是同行业进行比较。上市公司的关联交易和收购重组的收入也会影响对企业市销率高低的判断。

市销率适用于科技类的行业，还有销售比较同质的白酒行业、水泥行业等。比如，2012年的塑化剂前的老白干酒的市销率在行业中是最低的，塑化剂后白酒普遍暴跌，到了2013年的反弹，老白干酒比贵州茅台的股价反弹得还快，从下跌到上涨，区间涨幅行业第一。其余的白酒的股价还"趴"在下面。2018年低市销率的顺鑫农业的低价白酒市场扩张成功，带来了利润的增长和股价的上涨。2011年的华新水泥不仅是市销率，连市净率都是同行业水平的一半，市盈率基本与同行业水平一致，结果在随后的一段时期里面，股价跑赢了同行业的一倍。市销率还可以应用于毛利率比较稳定的商品零售业、公用事业等，这些行业竞争激烈，市销率都不足1，要结合费用和利润率进行判断。如果公司能够从困境中走出来，市场会给予双击。无论是低市盈率、低市净率、低市销率，还是其他低估的指标，都是这样。既有估值陷阱，也有公司困境反转的可能，要么做好行业研究、公司研究，要么做好多种策略，整体买入，取得多种优秀策略带来的平均超额收益。

市销率的适用范围：科技行业、商业贸易、公用事业、白酒和水泥等行业的内部公司进行比较。

3. 寻找ROE较高又稳定的公司进行买入

巴菲特认为"股市短期内是个投币机，长期来看是个称重机"。除了利用市场的错误低估买入之外，长期持有的公司要有确定性的，公司的成长性是与净资产收益率正相关的。巴菲特追求确定性，十分重视ROE这个指标。如选择净资产收益率（ROE)15%的公司、毛利率超过40%、净利率超过5%的公司、净利润增长率稳定的公司进行持有，这些都是追求的确定性。

杜邦分析法的公式是：ROE＝净利润/净资产＝(净利润/营业销售收入)×(营业销售收入/总资产)×(总资产/净资产)＝净利润率×总资产周转率×财务杠杆系数（权益乘数）。即ROE的三要素是净利润率、总资产周转率和权益乘数。这有利于理解商业模式，更好地分析上市公司。例如，2018年在去杠杆的环境下，经济下行周期很多上市公司的净利润率大幅度下降，商誉爆雷导致杠杆系数也大幅度下降，最终导致业绩骤降。高周转率指标需要关注有没有虚增收入，以及存货和应收账款的情况。连续十年以上ROE保持在15%以上甚至20%以上的上市公司，都是沪深市场的长期顶级优秀的上市公司了，如贵州茅台、格力电器等。对未来的ROE的判断，不仅要结合企业净资产增长率、现金流、无形资产、商誉、存货、应收账款等财务指标和经济环境、行业竞争环境等因素进行分析，还需要结合商业模式进行分析。基本面类策略指数章节中很多如中证红利潜力指数、国信价值指数、价值回报指数等都是与ROE财务指标相关的。

有了股息率高（现金流好）、市盈率低、市净率低、市销率低、净资产收益率高、收入和净利润增长率高这些指标，再结合高的毛利率、周转率，排除存货、应收款过高的公司，基本上定量方面就能有个方向了。再结合定性指标，比如行业发展方向、公司发展前景、地位、竞争优势、产品优势、管理层等，基本上能够选出一些优秀的标的了。

巴菲特在公司低估时买入，在公司高估时卖出、基本面恶化时卖出、有更好的标的时换标的。对于指数基金尤其是宽基指数基金来说，经济长期是上涨的，所以基本上不存在恶化的问题。因此，指数基金是非常确定的品种。投资者应该在低估时买入指数基金，高估时卖出指数基金，有更好的标的时进行更换, 投资者在资产配置和定投中考虑这些因素就足够了。

4. 博格公式法

博格公式法: 指数基金年复合收益率=指数基金投资初期股息率+指数基金年平均市盈率变化率+指数基金年平均盈利变化率

博格公式里面有三个最关键的因素: 股息率、市盈率和盈利。这是把市盈率的变化、盈利的增长结合股息率一起考察。博格认为指数回报来自市盈率的变动、盈利的增长和分红。实际上, 主要是盈利的增长和股息率这两部分组成, 市盈率的变动被博格称为投机收益率, 可能为正数, 也可能为负数, 长期这个数字对指数的影响微乎其微。标普500指数1990年至2009年的股息率是4.5%, 投资回报收益增长率是4.3%, 股息率和投资回报收益增长率总计是8.8%; 投机回报即情绪回报——市盈率的变化带来的回报仅为0.3%。标普500指数年均回报9.1%。这也与前面举的三十年前买价相差一倍, 三十年后的年化收益率仅差2.4%的例子一样, 说明了选时不如选标的。

第一, 投资初期的指数股息率, 是可以从指数公司网站获得的。股息率越高, 相对位置越低。第二, 市盈率的变化, 需要了解指数历史的市盈率区间, 最高多少, 最低多少, 均值多少, 并且当前市盈率处于历史什么水平。本书开篇提到的目标投, 是精确计算到了处于历史水平的百分位, 历史上有多少时间高于当前市盈率, 有多少时间低于当前市盈率, 当前市盈率离历史底部高多少做出来的。还是那句话, 估值的判断范围是一个标尺, 历史底部是一个区间, 历史顶部也是一个区间。当一个宽基或行业指数的基本面发生变化的时候, 超出范围甚至持续超出预期的范围都很正常。市场规律和发展变化形成的价值是道, 区间和标尺是术。明确这点, 才不会迷失方向。第三, 未来盈利增长率, 过去也不代表未来。宽基指数还是有一个大体的范围的, 行业指数需要进行行业研究和判断。

总之, 初始股息率是可以确定的, 市盈率的变动不能确定但可以参考当下市盈率的历史位置, 盈利增速不确定但宽指可以把握大体范围, 行业指数则需要投资者有行业判断能力了。一般市场整体股息率高、市盈率处于历史低位, 在此时期, 就可以买入宽基指数基金和好的行业的指数基金了。如, 沪深市场的2005年年中、2008年年底、2012~2013年和2018年年底。

博格公式是股息率结合盈利增长率和市盈率的区间来判断的。所以，与市盈率指标一样，同样适用于宽基指数和稳定的行业指数。在股息率高的时候买入；在市盈率处于历史低位时买入，买入后耐心等待均值回归，即等待市盈率从低到高。同样，博格公式法也可以应用于市净率的行业，我们也可以用PB来代替PE，在历史低位买入，买入后耐心等待均值回归，即等待市净率从低到高。比如，银行行业PB小于1倍时买入，1.5倍以上时减仓，大于2倍时卖出。有能力的投资者需要结合行业和市场情绪判断。行业成长发展阶段不同，以上数据仅是举例。

恒生指数的市盈率自成立以来，在6~30倍，一般在10~15倍。美国标普500指数一百多年来的市盈率，一般在10~20倍，最低也到过6倍，最高去掉非正常时期也到过40倍以上。2010年以来，美国经济强劲，指数的市盈率维持在20倍以上，也是比较罕见的。沪深市场的估值变化比较大，而随着市场的全流通，MSCI纳入的A股指数外资占比越来越多，估值范围也会接近成熟市场。

这样，我们可以给出沪深市场宽指的估值范围如下表所示。

沪深300指数的估值	市盈率(倍)	盈利收益率	举例
极度低估	6~10	16.67%~10%	2008年底、2012~2013年、2018年底
低估	10~15	10%~6.67%	2013年、2017年等大部分时间
中估	15~22	6.67%~4.55%	2015年中、2020年中等少数时间
高估	22~33	4.55%~3%	2007年（中证500指数2015年等）
极度高估	>33	3%以下	2007年（中证500指数2015年等）

注：市盈率和盈利收益率是大致区间范围，并且随着指数编制规则、市场制度推进、市场利率的涨跌影响而变化。如，恒生指数纳入科技公司，估值适度提升；随着沪深市场注册制的推进，估值与国际接轨，中证500指数的估值也在下移；美国降息接近零利率，标普500指数和纳斯达克指数的市盈率可以维持在20倍上下；日本实行零利率，经济有了复苏的迹象，日经225指数的市盈率降至15倍以下。宽指、行业指数、全球范围指数需要横向和纵向地综合比较。

当宽基指数的市盈率跌破了10倍以下，即盈利收益率在10%以上时，投资者可以重仓买入，定投部分越多越好，未来几年的收益率会很高。宽基包括宽基主题指数、宽基策略指数，如上证50、基本面50、中证红利指数。2018年末沪深300指数的市盈率在10倍边缘，而这些指数都到了10倍以下，而且市净率都在1倍以下，同样类似的还有H股指数，这是历史底部的超级机会。当指数的市盈率在10~22倍即盈利收益率10%~4.55%时，资产配置部分可以适当降低仓位，定投部分可以降至正常定投金额，直至停止定投。当指数的市盈率大于22倍即盈利收益率小于4.55%时，资产配置的部分资金可以调一部分用以购买货币基金和债券基金，等待下一次的机会，定投部分资金可以直接改成定存货币基金。

估值可以以22倍为标尺，也可以是20倍为标尺。这是为了方便每档做等比例计算，因为从6倍至33倍每档的乘数相近。如果习惯用20倍即盈利收益率5%来计算，或30倍即盈利收益率3.33%来计算也是没问题的。

美国标普500指数的市盈率近些年来一直维持在22倍以上这是不是意味着要卖出了？这里我们就要提到无风险品种的收益率。国债收益率、货币基金和银行理财的年化收益率约是3%，那么股票指数基金的年化收益率至少是6%，有风险品种的收益率是其2倍，才能得到风险补偿，因此具有充分的吸引力。那么，买入指数基金的最佳时机是股票指数基金的盈利收益率大于10%且大于国债收益率的两倍以上的时候。卖出指数基金的最佳时机是股票指数基金的盈利收益率小于债券基金的预期收益率，A股大约是6%~7%，即当市盈率在15倍以上时，可以考虑分批换入债券基金了。而美国市场由于长期维持国债约2%的低利率，股票指数基金的估值中枢相对上移。这也是为什么美国加息会导致股票下跌的原因。当然，估值也不是简单地仅受这些因素影响。日本零利率下的估值体系和范围又不一样，因为经济零增速，估值不能无限扩大。所以，市场估值范围可以结合市场利率和指数的成长性进行判断，但不要跑出自己的能力圈。未来取得的收益最根本的是与市场指数的编制、市场指数的成分公司的成长性相关的。

5. 各类指数估值的大致范围

各类行业指数的成长性、周期性参差不齐，一些基本面类的策略指数由于持仓行业权重不同，估值也受影响。以下历史市盈率不限于行业指数。历史平均市盈率在10倍左右的金融行业占比比较多，有银行行业指数、上证50指数、上证50AH指数、基本面50指数、中证红利、恒生指数、国企指数等。

历史平均市盈率在20倍上下的指数有地产指数、深证100指数、可选消费指数、深红利指数等。

历史平均市盈率在25倍左右的指数基本上是比较稳定的行业指数，有医药行业、白酒行业、必选消费、食品饮料、全指消费等行业指数。

历史平均市盈率在25倍的证券行业、在30多倍的材料行业以及80多倍的军工行业是不能按照市盈率估值的。而中小板、创业板和中证1000的平均市盈率在40~50倍，也是不会经常持续的。香港中小指数与恒生指数的平均市盈率在12倍左右。随着市场日趋成熟，沪深市场和香港市场中，无论是大盘类还是小盘类公司股票，估值也是会接轨的。

宽基指数如果进行了修正，如深成指数纳入了大量的中小创公司，上证指数纳入了科创板公司，恒生指数和恒生国企指数纳入了科技龙头公司，估值范围也要进行一定的调整。行业指数的估值只是参考，当一个行业充分具备了确定性的时候，可以适当重仓配置一些。如，2019年的科技行业迎来了业绩和成长的拐点，市盈率普遍在20~40倍，随后迎来了业绩和估值的双击，从2019年下半年开始，科技类的行业指数以及细分行业指数都走出了一波翻倍行情。

指数基金估值查询的网站可以分为两类：第一类是中证指数公司、国证指数公司等指数服务公司官方网站公布的估值数据；第二类是各公众号、App和网站公布的估值数据。

公众号每日估值的时间最久的是银行螺丝钉的定投十年赚十倍的公众号了。2019年1月3日是沪深市场这轮行情底部最低的一天，我们可以看到2019年1月3日的沪深市场估值极低，也是入场的五星级的机会。

现在越来越多的网站做起了估值表格。如蛋卷基金、部分券商App、部分量化网站等。虽然有些数据不是非常统一，但是可以给我们提供一个大致的参考范围。精确的数值以官方网站为准。每个网站的估值数据都不一样，因此还是需要通过自己学习一些知识，运用自己建立起来的投资体系来做出判断。

6. 估值有效性、无效性的决定因素的辩证

从估值判断的难易程度来说，由于公司是个体，而行业指数和宽基指数里面包含的公司质量鱼龙混杂，所以宽基指数难于行业指数，行业指数难于公司。估值判断的确定程度来说，由于宽基指数代表经济整体，基本与经济增长

保持一致, 而行业和公司有周期性, 可能和整体经济不同步, 个体公司也有差异, 还可能发生黑天鹅事件, 所以宽基指数比行业指数确定程度强, 行业指数比公司确定程度强。

由于指数基金的确定程度最强, 没有投资公司股票经验的投资者, 可以从投资指数基金开始。指数基金是一个整体, 市盈率、市净率、股息率这些指标, 都是可以从中证指数公司等网站上查询到的。这些指标是高了还是低了, 取决于成分公司的质量情况。估值难以像每一个公司一样精确到每一块业务, 但是指数的估值作为整体非常稳定, 一般情况下宽基指数估值变化不会太大。像央视财经50指数是龙头公司组成的指数, 龙头公司的成长是相对比较确定的, 如果投资者对龙头公司的成长有一定的判断能力, 可以把成分公司拆开进行分别估值。

我们把前面论述的内容, 举些实例来分析一下。

(1) 估值与基本面紧密相关, 但是不能超出市场情绪的预期差。

标普500指数一百多年来的市盈率一般在10倍至20倍之间波动, 有时会低至10倍以下, 有时会高至20倍以上。指数的估值与市场利率有关, 市场利率越高, 紧缩情况下相应的指数估值越低; 市场利率越低, 宽松情况下相应的指数估值越高。比如20世纪80年代, 美国国债收益率都有10%, 标普500的市盈率只有8倍左右。从20世纪80年代中期, 随着美国利率下降, 经济走强, 美股开始了长达十几年的大牛市。到2000年, 标普500指数上涨了十多倍, 纳斯达克指数的市盈率达到了八十多倍, 出现了纳斯达克泡沫。2000年, 纳斯达克泡沫破灭, 跌了八成多, 直到2015年才回到纳斯达克泡沫破灭前的高点。沪深市场的创业板在2015年的市盈率达到了一百多倍, 随后下跌了一半多, 都是同样的道理。

(2) 基本面暂时的变差导致的估值的倒退也是暂时的。

2008年美国发生金融危机, 公司质量变差, 进入了非正常时期, 标普500指数的市盈率扭曲至百倍以上, 然而这只是暂时现象, 随后很快恢复了正常。盈利不稳定的情况下, 可以用市净率作为辅助, 净资产指标还是比较稳定的。一些周期性的行业也适合使用市净率指标。但是, 如果公司、行业和国家, 如

ST类公司、夕阳行业和非洲、南美洲的一些经济倒退的国家，净资产一样会被侵蚀缩水，而净资产收益率比较差的标的就只能放弃了。成熟市场、非周期行业的估值比较确定。多数行业和周期行业、不成熟的市场需要做研判。因此，我们要把投资范围放在我们的能力圈的熟悉的领域里面。

2016年初香港市场估值极低，国企指数的市盈率一度降至了6倍以下。后来，国企指数因业绩倒退，市盈率不降反升。可是，仍处在极低估值的位置。随后国企指数迎来了估值提升和业绩提升的双击，出现了一波上涨。2019年初，中证500指数市盈率下降到了20倍以下，由于成分公司报表业绩倒退，包括一些商誉减持等原因，中证500指数的市盈率反升至20倍以上。这与中证500指数和创业板在2015年牛市高峰报表业绩两位数的增长恰恰相反。2019年第一季度财务数据，沪深300指数的增长率在11%以上，但是中证500的增长率不到4%。随着鼓励中小创公司的发展、科创板的成立，很多小市值的上市公司轻装上阵，2019年业绩和估值迎来了双击，又一次带动了创业板、中小板、中证500等指数的上涨。

我们从这些例子里面可以看出估值的作用，可以得到很好的辩证。2016年初，当香港市场低迷的时候，市场低估，虽然业绩大幅度下滑，但是依然赶不上估值下滑的速度。2015年牛市高峰的时候，沪深市场的中小创高估，虽然业绩大幅度提升但是依然赶不上估值增长的速度。这种极端低估和极端高估的市场，就赋予了估值的有效性。所以，估值底部和顶部是一个区域。宁要模糊的正确，不要精确的错误。然而一些强周期性行业，有色、煤炭、券商、传媒行业，可能就没这么简单了。所以，宽指的确定性要高于行业指数。如果不具备行研能力，那么必须做好长期穿越市场和产业的牛熊周期的准备。

（3）基本面的变化是本质，如果不能深入理解，必须做好资产配置。

虽然宽基指数比行业指数具备确定性，但是要做一个宽基取得超额收益也并非易事。上例中，中证500指数的估值变化，是因为在过去几年中小盘股票的高成长很多是靠并购。在我国中小盘股票估值高，通常都是40倍PE，如果一个40倍PE定增并购一个20倍PE公司或者项目，盈利增速马上就上来了，但是现在这种游戏是不能继续下去了。而且很多项目并购之前是20倍PE，并购之后质量反而下降了。所以，要在一个指数里面取得超额收益，市场估值、行业判断、市场情绪、市场偏好等各方面都要考虑。这些都说明了不能刻舟求剑，在估值极端低迷和估值极端高涨的时候，虽然业绩下滑和业绩上涨，只要有预期差，依然会反向运动。反之，估值如果不处于极度低迷和极度高涨时，最好长期持有，做好资产配置，可以运用一些技巧，不能一意孤行地认为市场一定会朝着反向运动。

在指数基金标的之间的选择也是如此。资产配置中配置境内市场指数基金的同时，还可以配置一部分境外市场指数基金。2008年金融危机前，新兴市场的估值比美国市场的估值高，预期新兴市场会有高成长。2008年金融危机后，新兴市场的估值比美国市场的估值低，预期新兴市场的一些经济泡沫带来的问题还有待解决，美国迎来了近十年的牛市。如果只从估值上做判断，那么一定会错过美国市场的十年牛市。而且，美国经济随后强劲提升，也是历史上罕见的。美国经济未来会怎么样，要么有做深入研判，要么就做好长期资产配置。比如，新兴市场与发达市场的长期年均回报率相当，而从20世纪初以来的历史走势上观察，领涨的市场是十年河东、十年河西。如果像股债一样做动态平衡，指数基金会比股债的平衡收益高一些。

所以，做好资产配置，做好动态平衡，可以适当地重仓配置确定性的品种。

（4）用资产配置应对估值判断的不准确性。

宁要模糊的正确，不要精确的错误。这也是为什么巴菲特提倡在经济和市场估值极度低迷、情绪极度低迷的时候买入，在经济和市场估值极度泡沫、情绪极度高涨的时候卖出，大部分时间要长期持有，不要经常轻易地判断市场。

资产配置可以根据自身情况进行配置。资产配置是选择各类相关度低、不相关或者负相关的资产做组合，实现平衡收益，如行业指数之间、境内境外市场之间、股票债券大宗商品之间等。举个例子，因为长期指数基金的收益最高，所以可以做九成指数基金和一成债券基金的动态平衡；对于保守稳健的投资者，也可以做五成指数基金和五成债券基金的动态平衡。指数基金内部又可以用行业指数、策略指数、境内境外指数做好平衡。

（5）理性看待资产配置和估值的工具，做好个性化的投资策略。

运用估值、分位、市场周期等做资产配置，股债动态平衡、二八轮动、行业轮动、全天候策略等，有的是为了追求高点的收益，尤其是在沪深不成熟的市场，波动比较大些；有的是为了资金管理和降低波动率的需要，有了原则便于管理。这些策略万变不离其宗，有一些做资产配置，有一些做选股选时。有一些策略在不同市场上可能失灵，有一些策略在不同时期可能失灵。比如，二八轮动策略，在波动小的成熟市场就不如长期持有。比如，不同风格策略可能会在市场不同风格各领几年后由相对盈利变成了相对亏损。这些策略在应用时需要独立思考，根据市场所在的环境，判断可能会面临的问题等。选时不如选股，在资产配置的指数基金部分，可以精选优秀基本面类策略指数基金来获取超额收益，用一些简单的选股策略做组合，可以通过优秀公司组合中的公司成长取得超额收益。

利用估值在极度低估和极度高估的情况下之外，还有一些机会可以判断出来。比如，在整体行业出现萧条时，选龙头和行业指数基金就很有用。有一段时间，白酒行业塑化剂事件跌出了白酒行业的底部，白酒龙头公司的安全边际高而业绩下滑没有那么多，此时买入后，一旦业绩转好，就可以迎来业绩提升和估值提升的双击。总之，要理解价值与价格的关系，在能力圈下做确定的安全边际越高越好的投资。安全边际高是在估值和成长之间寻找平衡，所以，对于估值来说，宁要模糊的正确，不要精确的错误。很多网站各估值表中相同标的，按照不同的标准定义，可能给出的极其低估、低估、中估、高估、极其高估的尺度也会不一样。这没关系，就像我们不带表也可以知道这是白天还是晚上，这大体是上午还是下午。我们最好利用估值知识建立适合自己的估值体系，估值表格相差再大，也不会把同一只标的同时写成极其低估和极其高估，如果真有那样，说明这只标的具有不确定性，直接放弃这只标的就好了。

对于市场衍生出来的各种策略，比如利用估值做动态再平衡、二八轮动、行业轮动和全天候策略等。有些策略如同目标日期基金和目标风险基金一样，不是追求跑赢市场，而是可能牺牲部分收益来追求低的回撤。很多策略适合承受不同波动程度的投资者使用。现在很多的智能投顾，也是为了帮助投资者们建立适合自己的个性化的资产配置，掌握了本书知识的读者们自己就可以做个性化的资产配置。下面我们简单了解一下这些策略和智能投顾。

第 4 节　利用指数基金制作各种轮动策略和智能投顾

有了各种基金工具，作为底层资产，可以制作基金组合，即FOF基金了。如，各种智能投顾的底层资产，都是把各种类型的基金组合进行搭配，来匹配投资者的各种需求。种类再多，万变不离其宗。本书提到的目标日期基金和目标风险基金都是FOF基金，作者自己制作的Smart Beta基金组合也相当于制作成了自己投资的FOF基金。下面我们来具体了解一些基金组合。

（一）FOF基金策略

1. 动态再平衡

可以配置50%的股票指数基金加上50%的债券基金和货币基金做组合。当股票下跌导致股票指数基金资产占组合比例下降时，卖掉一部分债券基金和货币基金，买入股票指数基金，重新恢复至"50%+50%"的比例，这是再平衡策略。当股票下跌以后，估值降低，可以适当提高股票指数基金的比例，60%的股票指数基金+40%的债券基金和货币基金做组合，这是动态再平衡策略。动态再平衡策略注重资产配置和估值，市场波动越大越有效。

一些基金开始尝试这种做法。如：天弘港股通精选基金的发行招募说明中写道："当恒生指数成分股的整体估值水平市盈率PE（TTM）处于近十年估值水平的90%分位，此时市场估值较高，本基金将降低股票资产整体配置比例，股票资产占基金资产的比例为0%~30%；当恒生指数成分股的整体估值水平市盈率PE（TTM）处于近十年估值水平的80%~90%分位，本基金将调整股票资产整体配置比例，股票资产占基金资产的比例为30%~70%；除上述两种情况以外，本基金股票资产占基金资产的比例为70%~95%。在这一阶段，基金的收益主要源自自下而上的个股研究和选择，通过定性分析和定量分析相结合的办法，挑选具备较大投资价值的上市公司，以合理的价格买入优质公司的股票，并采用长期持有的投资策略。"这是有原则地进行资产配置仓位管理。还有农银汇理区间策略混合基金等。这是一只基金的内部的股债配置。FOF基金是选取股票基金和债券基金进行仓位配置，这在资产配置上是一样的道理的。稳健偏好的投资者和到了财富自由阶段的投资者，自建的投资组合也可以采用这种策略。

2. 二八轮动策略

"二"代表数量占比20%左右的大盘权重股，"八"代表数量占比80%左右的中小盘股票，二八轮动就是指在大盘股与小盘股中间不断切换，轮流持有。当前有些平台的策略增加了一个择时指标，在市场不好的时候，股票空仓，转入债券或者货币基金。

二八轮动策略有很多种。如雪球蛋卷的二八轮动指数是按照趋势跟策略编制的，成分标的包含沪深300指数、中证500指数和国债指数。具体为每日收盘后对比当日收盘数据与20个交易日前的收盘数据进行选择轮动标的指数中涨幅较大的一个，于下一个交易日收盘时切换为持有该指数。

即判断市场好的时候，在大、小盘股票上进行轮动，持有涨势较好的指数。判断市场不好的时候，指数都下跌的时候，就卖掉股票，转入风险较小的国债产品。二八轮动策略实质是一种"动量效应"设计的一种"追涨杀跌"的趋势投资方法。

雪球大V张翼轸的二八轮动策略是每周一次。在每周五(或者本周的最后一个交易日)临近收盘时，将沪深300指数和中证500指数切换到周线状态，分别查看两者过去4周的累计涨幅。如果过去4周涨幅大的那个指数在4周中能够获得正回报，那么就在收盘前买入对应的ETF持有1周，直至下一次切换；但是如果过去4周涨幅大的那个指数在4周中依然是亏损的，那么就选择空仓，直至下一次切换。

3. 行业轮动策略

我们来看看广发基金做的行业轮动策略。行业轮动是利用市场趋势获利的一种主动交易策略，其本质是利用不同投资品种强势时间的错位对行业品种进行切换，以达到投资收益最大化的目的。通俗点讲，就是根据不同行业的区间表现的差异性进行轮动配置，力求能够抓住区间内表现较好的行业、剔除表现不佳的行业，在判断市场不佳的时候，降低权益类仓位，提升债券或货币的比例。

行业轮动策略是动量效应，选择强势行业。该策略以广发基金旗下的10个行业（主题）指数基金对应的标的指数、债券指数为回测基础，策略调仓周期为1周，每周五用模型对该10个行业（主题）指数的量价走势进行判断，从中选出满足条件的2个最优行业指数基金，并按照模型计算的比例进行配置；若模型判断市场处于弱势格局，则相应调减权益类基金的仓位，增加低风险的债券与货币基金的仓位。也就是说，该策略不但带有行业优选的机制，还带有择时的功能。

蛋卷基金的八仙过海也是类似的策略，只是参数不同。

行业轮动策略与动量因子有些相似。动量因子在美国成熟市场的一定阶段有着一定的有效性，然而因为过分炒作的原因动量因子在沪深市场不是一个好的策略。而行业轮动策略在美国成熟市场有时候会变差。美国的基金公司与基金投资者，在20世纪50年代都开始尝试基金投资中的行业轮动策略了，但是不幸的是参与这项策略的投资者均是亏损，导致行业主题基金规模缩水，最终结果是基金清盘。1984年富达与先锋发起行业主题基金的竞争，这次行业轮动的结局再次与1950年的结局一样。动量因子比行业轮动策略考察的时间更长，所以市场越成熟，动量因子比行业轮动策略越有效。

4. 全天候策略

桥水基金的全天候策略是做资产配置，四等份进行风险分配：① 高增长：股票、大宗商品、公司信用产品、新兴经济体信用产品；② 高通胀：通胀联系债券、大宗商品、新兴经济体信用产品；③ 低增长：普通债券、通胀联系债券；④ 低通胀：股票、普通债券。

全天候策略与美林时钟有些相似，但是区别很大。美林时钟是按照经济周期的过热、滞胀、衰退、复苏这四个不同阶段来看资产配置的，但这四个阶段特征越来越不明显，尤其我国的经济周期不明显，经济的周期性、规律性和市场化的程度与成熟市场有着很大差距，因此美林时钟效果很差。

不同类型的资产在不同市场情况下表现不同。在经济增长上升期，股票、商品、企业信用债、新兴市场债券会有较好的表现;在经济增长下降期,普通债券和通胀挂钩债券表现较好;在通胀上升期,通胀挂钩债券、商品、新兴市场债券表现较好;在通胀下降期,股票、普通债券表现较好。低风险、低回报的资产可以通过引入杠杆转化为高风险、高回报的资产。桥水基金认为,适度的杠杆加上高度分散的组合,可能比一个无杠杆、不分散的组合风险更小。

全天候策略则认为绝大多数投资者是无法准确判断经济周期的,所以4种状态的资产都配置一些;重配置而不看指标的实际趋势,看的是指标与市场预期的差异,并将宏观环境分为四种状态:增长超预期、增长低于预期、通胀超预期和通胀低于预期。

简单说,全天候策略不是分散资产,而是分散宏观状态。把股债平衡的模型又进一步做了资产配置。 全天候策略的分散更主要是对不同宏观状态的分散,而不是传统上理解的股、债和商品等大类资产类别之间的分散。全天候策略是不预测、只配置、在低风险的债券资产中加了杠杆,使得收益平衡追上全仓股票收益,风险波动比全仓股票收益小。当然,这几十年处于债券利率下降周期,当债券利率处于上升周期时,这种配置又会出现不稳定的因素了。

全天候交易策略投资选择了承认不能预测的事实,所以进行了长期资产平衡配置。南方全天候FOF、嘉实领航资产配置组合、盈米全天候海外平衡的且慢组合、蛋卷安睡全天候(海外)系列等都是全天候的配置策略。选择FOF基金,要清楚FOF基金的投资目标、投资风险和投资策略,还要注意该基金是投资的是基金公司内部的产品还是基金公司外部的产品,这涉及双重收费的问题。

FOF基金的底层基金的基金经理、产品、风险和历史业绩也要了解的。像南方全天候FOF的投资目标、投资理念、投资范围和投资策略等,都需要了解后再配置。

同样,你可以通过指数基金组合建造一只自己的FOF基金,比如可以利用全球指数不同步的特征,构建一只QDII全天候指数基金组合。

从1997年至2017年标普500指数增长了3.61倍、纳斯达克指数增长了5.35倍、恒生指数增长了2.22倍、上证指数增长了3.61倍、深成指增长了11.17倍、德国DAX增长了4.49倍。在这21年里，这6个指数平均收益约5.07倍。而涨跌幅度、涨跌周期和波动程度各不相同。经过测试，长期在各市场之间做指数再平衡，每年最多带来2%以内的超额收益，但是长期波动小的同时收益比持有一只市场指数稳定得多。

自建基金组合就没有双重收费、不清楚底层基金的运作、不清楚目标风险策略等问题了，这也是我们为什么要学习基金知识，学习指数基金，做适合自己的资产配置。

5. 知名大V的各种基金策略

雪球、且慢、天天基金网等，除了张翼轸的二八轮动策略，还有很多比较知名的大V的基金组合策略。下面列举部分基金组合的策略。

① 长赢指数投资计划是雪球用户ETF拯救世界做的资产配置策略，运用仓位管理，配置低估值的境内境外指数基金。此外，还有一个S定投计划。公众号：长赢指数投资。适合有资产配置规划，承受风险波动能力中等，目标收益中等，可以长期穿越牛熊的投资者。

② 极简投资组合是简七理财做的资产配置，主要的原理来源于威廉·J.伯恩斯的《有效资产管理》。采取资产配置再平衡的策略买入五类相关度低的资产——纯债、境内大盘、境内小盘、境外大盘、境外小盘指数基金，进行定期再平衡的方法。公众号：简七读财。适合倾向全天候平衡收益的投资者。

③ 银行螺丝钉组合。定投低估值的指数基金策略。根据估值表的数据，策略依据是运用盈利收益率法和博格公式法来判断指数估值区域，进行定期不定额买入。适合以做定投为主的投资者。公众号：定投十年赚十倍。

④ Lagom低频轮动组合。风格均衡，兼顾强周期品种。主打逆向投资、择机大波段止盈的全攻全守的定投组合；进行跨品种轮动（预计每12~24个月）、或大波段止盈（预计每2~4年）的组合；为进一步实现超额收益，主理人每隔3个月会结合动态估值、波动率等数据，决定是否微调下个阶段的投入

持仓配比和定投金额。组合比较灵活，适合定投初期的投资者跟投。公众号：Lagom投资。

⑤ 绿巨人组合是雪球大V望京博格。组合中有主题基金趋势策略，也有成本控制策略。指数基金投资是实现资产配置成本最低的方法。适合有高风险承受能力、主题趋势把握、争取高收益的投资者。还建立了医药赛道的李时珍组合和科技赛道等的基金组合。公众号：望京博格投基。

我在这里用简单的语句进行特点总结：

长赢投资组合——全面的资产配置和定投；

极简投资组合——极简的全天候的资产配置；

银行螺丝钉组合——有计划地根据估值定投；

Lagom组合——均衡、逆向的投资组合；

绿巨人组合——控制成本、主题趋势把握。

除此之外，定投和资产配置还有很多有特色的策略FOF组合，如大V满仓穿越牛熊精选主动基金的一石二鸟的价值五剑组合；根据风险承受能力分策略的阿牛定投组合；并用多种策略的力哥七步定投；用估值和市场趋势判断做组合的理财魔方，组合分了十种风险等级，根据承受能力选择合适的仓位比例等。

这些组合有公司的、有大V的，投资者可以根据自己的风险偏好、投入的资金和时间频率、目标年化收益率，选择跟投的智能组合。长期坚持适合自己的策略，无论哪个组合，至少需要三年以上的时间，才能看到效果。为了能够让自己在长期持有中减少怀疑，有一个平和的心态，必须从一开始就认真根据自己的需求，慎重考虑后做出选择。

大部分的智能组合平台，实际上是第三方的基金销售平台，申购赎回的基金从各个基金公司网站中能够查询到，即使是第三方基金销售平台关了，资产仍然能够从基金公司中找回。只要是证监会批准的基金代销机构的平台都是非常安全的。

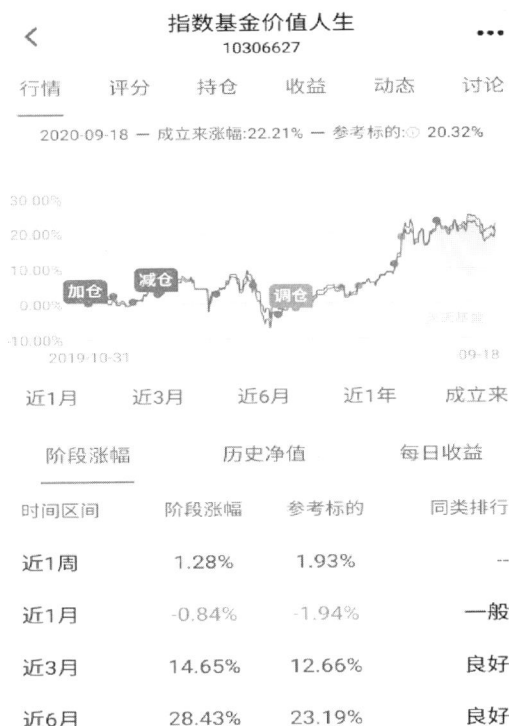

（图片来源：天天基金App）

笔者目前主要建立了两个基金组合。一个是多策略的Smart Beta组合，是以Smart Beta指数基金为主，以行业基金、QDII基金为辅，构建的多策略的组合，目的是利用多策略取得稳定的收益。另一个是指数基金价值人生组合，是以优秀基金和债券基金做的股债平衡组合，目前的优秀基金配置的是央视财经50指数基金。根据市场估值，在合理的范围内，适当调整央视财经50指数基金和债券基金的配置比例，目的是贯彻价值投资理念，运用仓位管理，做好长期投资。这些组合是天天基金的实盘跟投组合，也都是属于我自己的资产配置部分。

（二）智能投顾：从卖方市场向买方市场的转变

基金越来越多，如何选择基金和时机，对于没有投资基础的投资者，选择起来比较困难。往往市场行情好的时候，投资者申购得多，这时基金也比较好销售，市场也到了相对高点；往往市场行情差的时候，投资者申购得少，这时基金也不好销售，市场也到了相对低点，但基金照样收取管理费、托管费、销售费等。美国智能投顾的兴起，收取投顾费用，为投资者解决这些问题，同时同质化的指数基金的费率不断下降。从卖方市场到买方市场，站在投资者的角度，为投资者提供个性化地选标的基金和选时机的服务。

智能投顾在中国刚刚兴起，现在的智能投顾类似FOF基金，而随着未来收费方式的转变，投顾业务机构收取费用的同时，减免底层基金资产的管理费，才是真正的智能投顾。我们学习了基金资产配置和定投的知识后，我们自己也可以成为自己的投顾了。

现在我们来分析几款智能投顾，不管是接近真正的智能投顾，还是只是FOF基金，列举一些学习经验为我们所用。前面提到的理财魔方工具也属于此类，下面再介绍几种工具。

1. 摩羯智投

招商银行在2016年底发布了摩羯智投，嵌入在招商银行的App中，加入了Fintech理念，把金融和人工智能进行了结合。摩羯智投的底层资产是全球资产配置的基金组合。

摩羯组合的部分是根据投资期限和风险投资级别，为投资者选取相应的基金组合，股票类、固定收益类、现金及货币类及其他类分别各占多少仓位比较。自助选基是根据投资者的投资期限和风险承受能力的问卷选项，为投资者选取相应的基金，为投资者筛选出优质基金。聪明定投也是从这些方面选了一些基金，写明基金特性，由投资者进行基金挑选。此外，还有基金诊断、摩羯星空、问问摩羯等智能售后功能详见下图。

智能投顾构建的基金组合多数是从投资期限和风险承受能力这两方面进行评级的，这两点是影响投资者的资产穿越牛熊周期的最核心的因素。我们可以根据智能投顾的资产配置，得出对应的预期收益率，看看是否与我们需要的一致。

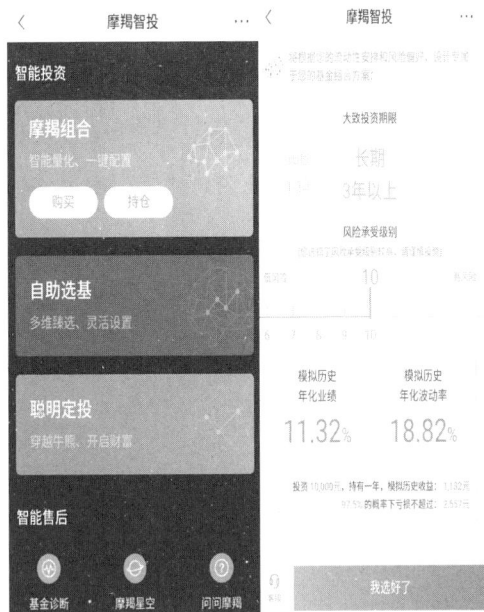

（图片来源: 招商银行App）

2. 蚂蚁金服"帮你投"

进入2020年, 卖方市场向买方市场转变, 真正收取投顾费的智能投顾业务开始了, 银行、券商、公募和金融科技巨头开始纷纷做了起来。蚂蚁金服和全球最大公募基金公司Vanguard集团独家合作的投资顾问服务"帮你投"正式上线, 这也是国内首家合资基金投顾。只需要800元, 就能体验专属服务。

根据投资者的风险特征和投资目标, 得出了安睡增值策略投资（中低风险、投资目标2.5%）、稳步增利策略（中低风险、投资目标3%）、安逸求盈策略（中低风险、投资目标4%）、安稳回报策略（中低风险、投资目标5%）、步步为营策略（中风险、投资目标6%）、稳中求胜策略（中风险、投资目标7%）、攻守兼备策略（中风险、投资目标8%）、动态进攻策略（中高风险、投资目标9%）、锐意进取策略（中高风险、投资目标10%）、全面进攻策略（中高风险、投资目标11%）, 分别对应着股票类基金和固收类基金的不同持仓比例, 在此基础上选择底层资产进行配置。这些策略不是一成不变的, 核心是为投资者提供了投资目标和投资期限的相应的基金组合品种。

（图片来源：蚂蚁财富App）

智能投顾刚刚起步，里面也有很多问题。比如，收取了投顾费用，同一个策略给出的持仓完全相同，未来还可以再进一步细化投资者的个性化需求。尤其是保守型的投资策略，货币基金的费率本来就很低，还要收取投顾费用，未来可以进一步优化。从资产配置的角度，FOF基金能做到的股债配置部分，混合型的基金也能做到。如果自己懂得了选标的、选时，自己买指数类基金和其他类型基金进行资产配置，自己的FOF基金策略也会很好。国外的智能投顾比较细化，收费模式除了固定收费型，还有根据咨询耗费的时间收费型、根据客户的资产规模收费型、根据业绩绩效收费型。客户会选择绩效好、费率低的智能投顾。好消息是随着智能投顾的推出，作为底层资产的基金费率会大幅度减免。

我们可以借鉴一些智能投顾的组合，来完善我们的投资理念和配置方案。

3. 从智能投顾策略中选择相应的配置

智能投顾是有投顾牌照的专业团队从全市场的基金中，根据资产配置和风险偏好，精选优质基金，做个性化的定制方案。智能投顾是全账户委托自动调仓的，不是跟投跟调的，而且用像资产配置模型等的量化模型和动态管理，通过对基金产品风格、风险调整后的收益、暴露因子、配置思路等因素进行筛选优秀基金制作基金组合，把回撤和收益力争做得最好、最可观。我们可以搜索到各基金公司的智能投顾，华夏基金"查理智投"、南方基金"司南智投"、嘉实基金"嘉贝智投"、中欧基金"水滴投顾"。银行、券商等金融机构的智能投顾也开始批量上线了。

我们打开智能投顾的界面，根据介绍基本上是可以有一定的了解的。拿华夏基金"查理智投"举例，我们可以了解到"查理智投"是通过华夏旗下财富管理平台开展业务的。类似的还有嘉实财富和中欧钱滚滚。而南方基金是与第三方基金销售机构开展合作，投顾费率在0.8%~1.5%，高于华夏基金的0.2%~0.5%，缺点是费率高，优点是借助第三方平台，客户流量多，详见下图。

（图片来源：华夏财富网站）

如上图所示，我们可以看到华夏智能投顾有优选智投系列、教育智投系列、养老智投系列，分别是择时性资产配置、阶段性资产配置、全生命周期资产配置。择时性资产配置是根据用户的风险偏好做的，类似目标风险基金；阶段性资产配置是根据用户不同教育阶段的经费储备需求，根据学龄场景做的，计算好提前储备年限，规划资产配置；全生命周期资产配置是基于TDF生命周期理论，结合资产配置模型构建基金组合，类似目标日期基金。

（图片来源：华夏财富网站）

我们能够查询到组合历史收益、历史持仓、起投金额、投资目标、适合人群、组合策略、费用结构等情况信息。如基金组合的费用结构，基金组合如何避免重复扣费，如何给予费率优惠，都写得非常清楚。

我们做资产配置之外，还要建资金储备池，同样可以选择相应的FOF基金组合，无论是普通的FOF组合还是智能投顾组合。如，货币基金的"货币三佳组合"，债券基金的"我要稳稳的幸福组合"。

"货币三佳"，是根据每月市场上货币基金的表现挑选其中综合表现最好的三支货币基金进行配置，持续优化超越了货币基金的平均收益。

货币三佳

七日年化收益率走势图

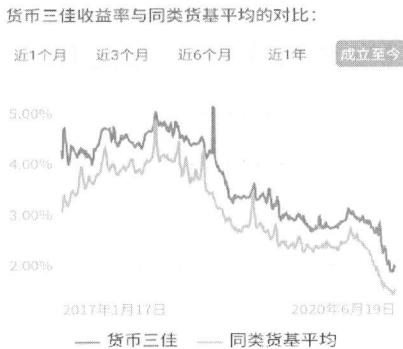

（图片来源：且慢App）

"我要稳稳的幸福"组合是交银施罗德基金用债券基金、债券增强基金、混合基金等做的组合，成立以来收益非常稳健，可是集中在以一家基金公司为主的旗下的产品，不像别的FOF基金组合的成分基金持有很多家的基金公司的产品，不过组合业绩的稳定性是非常好的。如下图所示。

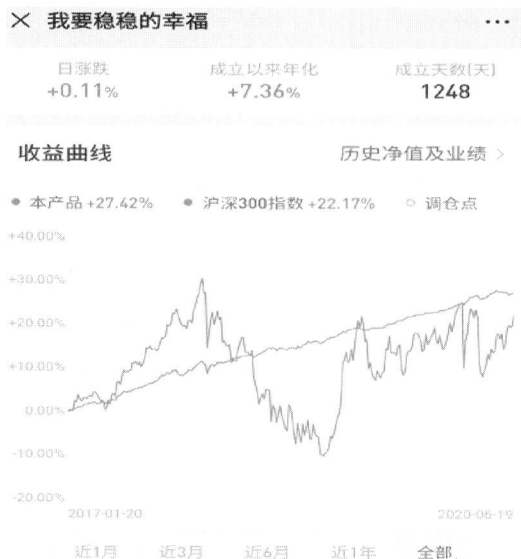

（图片来源：蛋卷基金）

　　智能投顾部分就介绍这么多。智能投顾产品刚刚兴起，未来会雨后春笋般地涌现，可是再多也是万变不离其宗，需要投资者了解自己的需求，选择适合自己的资产配置。

第5节　挖个自家的资金储备池

　　平常积攒的货币基金、超短债券基金等类现金的资产，是重要的一环。此类资产是生活备用金，平常不计入资产配置里面。这部分资金当作资金储备，一般留足半年至一年的生活费。 积攒的超出的部分可以在有机会的时候用作定投。在市场估值偏中高的情况下，不再定投指数基金和公司组合，资金储备池会很快地积攒起来。在市场估值偏中低的情况下，每月把收入减掉支出的一半资金存入货币基金、超短债券基金等类现金的资产，另一半定投指数基金，仍然能够积攒起来一些固定收益类的资产。市场在大部分时间里面都会合理估值，可能偏低，可能偏高，所以大部分时间不会消耗资金储备池里面的固定收益类的资产。待到市场从中低估值跌至极低估值的过程中，可以加大定投金额，减少放到固定收益类的资金储备池里面的资产了。市场到了一定的点位，有了低估值的投入机会，在这过程中就可以启用资金储备池的固定收益类的资金，分批次地投入，捡便宜的标的作为收藏品了。资金储备池的建立是长期资产配置组合的后盾和保障，可以为长期资产配置组合提供源源不断的现金流。仓位够了，收入足了，可以在合理的位置进行有计划的分批次投入。持有是一种等待，定投也是一种等待。为什么不是在下跌的过程中很快投完了，而是会有源源不断的现金流？因为市场下跌有现金不是定投的理由，市场下跌得超级便宜了才是定投的理由。同理，持有的指数基金和公司组合，盈利了不是卖出的理由，市场上涨得超级高估了才是卖出的时机。计划好了，市场涨也开心，跌也开心，到时按计划来即是。

超级低估区域可以一次性投入，需要消耗资金储备池，这个时间点要把握好。比如，宽基指数的PE低于10倍、中证红利指数的PB低于1倍、市场开始出现了很多销户的，都是情绪指标。包括指数的长期均线都可以作为参考。美国在2000年和2008年跌破10年均线后都出现了上涨。上证跌破10年均线的时间段：① 2004年10月~2006年4月；② 2008年10月~2009年1月；③ 2012年6月~2014年11月；④ 2016年1月~2016年3月；⑤ 2018年7月~2019年2月。指数每次跌破之后都会上涨。如果未来收入减掉支出剩下的资金充裕，可以多加倍定投，多消耗一些资金储备池里的资金；如果未来收入减掉支出剩下的资金相对紧张，最好正常定投，不要加倍定投，首要任务是要留住资金储备池里的满足生活开支的资金。

通过开源、节流建造自家的资金储备池，市场超级低估时，半年至一年的必要开支之外的部分可以供给指数基金和公司组合，市场超级高估时，可以从指数基金和公司组合里面回流进来。这样，股债平衡部分、资金储备池部分、源源不断的现金流部分都为长期持有的存量资产配置组合在回调中提供了安全垫，并且增量资金有了"上车"的机会。

第 6 节　定投心理准备——定投前先想好方法、买卖点和持有的时间

定投有很多种方式，有不做资产配置的单纯的定投，也有做资产配置的定投。前者是定投摊低成本，微笑曲线效果最佳，可以做目标赢，越跌越买，达到小目标就止盈走，然后可以再做下一轮的定投。后者是定投后作为资产配置的一部分，按照净值法计入资产配置组合。做长期资产配置的投资者，定投时注重资产配置的比例、仓位比例、估值等因素，在低位时满仓+加倍定投，在高位时停止定投+降低仓位。

定投首先保证定投资金是可以长期投资的。其次，选择好方法、买卖点和持有的时间。我实践的是用增量资金做定投，用存量资金做资产配置，定投是为了积攒资产，做好长期资产配置，即资产配置和定投结合估值法的长期配置方法。本节讲述一下定投的这些方法。

我的定投是用净值法考察操作能力，用内部收益率法考察操作能力、资金利用效率和进出能力。下节再来讲述定投收益计算方法。

我们先来了解一下定投的几种方法。

（1）累计收益率止盈法和年化收益率止盈法

定投可以积攒资产，市场下跌还可以降低成本，从下跌到上涨，出现定投微笑曲线时，因为在低位摊低了成本，还没上涨到第一笔买入价格，就已经实现了盈利。比如，津津乐道的台湾投资者张梦翔的持续定投的真实的例子，在经历18年熊市的日本股市，张梦翔锲而不舍地定投日本股票基金11年（1996年至2007年），最后赚得年均19%的回报率。在此期间他进行了两轮定投，都是市场先下跌再上涨，都是每轮市场还没涨回第一笔建仓买入的位置就开始盈利，盈利到了一定位置，及时停止盈利出局。这种方法是累计收益率止盈法，即达到绝对收益率时，止盈全部卖出。比如，目标收益率是三年内30%，当三年内收益达到30%时，立即止盈全部出局。我们知道近二十多年来，日本GDP极度低迷，日本市场也同样增速低迷。在日本，定投能够翻倍，基本上是估值的

变化了，清仓再重新定投，不会踏空。然而，在最近十年的美国牛市里，这种方法无法在上涨行情中充分获利，经济增速促使市场估值下降，继续慢慢定投极其容易长期踏空。一些基金app的目标投，对于初学者没有存量资金，只有增量资金，不考虑资产配置，只考虑定投，达到目标止盈时全部撤退，紧接着再进行下一轮，一般多是累计收益率止盈法。

在中国这种波动比较大的市场中，微笑曲线可以获利。可是，遇到假的微笑曲线，即下跌后开始上涨，仍然低估，还没上涨多少，没有达到止盈目标，进而再转下跌，变成了反微笑曲线。那么，在最近上涨过程中投入的份额就会变成亏损了，尤其是没有底仓、没有在低估区域一次买入的情况下。定投可以摊低亏损，也可以摊低盈利。如果指数是长期震荡，延长了止盈的时间，等待下一轮上涨时，到了目标位，可能仍然低估就卖出了。

定投方法还可以用年化收益率止盈法。达到账面年化收益率时全部卖出重新定投。账面年化收益率可以设置10%、20%等。同样，这种方法的缺点也是无法享受充分上涨的利润。而且，如果没有达到止盈年化收益率的目标，进入长期震荡，可能无法止盈。年化收益率IRR和XIRR的计算，我们在后面的净值法和年化收益率法中会做介绍。

年化收益率法可以结合估值法进行一次性的定投。比如，台湾定投教母萧碧燕老师的定投操作方法。止盈不停扣——牛市严格止盈，做适合自己的定投止盈计划、做好适合自己的资产配置，投资回报率（下文简称投报率）不能负太多负太久、止盈后股市来到高点，要减仓坚持不停扣来度过熊市。这个投报率即可以用年化收益率来表示。举个例子，定投在市场低位（每月扣2 000元，止盈点为50%）、在市场中低位（50%赎回，每月扣1 000元，止盈点为30%）、在市场中高位（30%赎回，每月扣500元，止盈点为15%）、在市场高位（15%赎回，每月扣300元，止盈点为10%）。当定投的投报率出现负30%，每月改扣2 000元，止盈点设回50%。

清仓后的资金再分24个月或36个月进行定投，也可以投入到新的基金里面，以基金养基金。同样也是收入减掉必要支出的一半用来定投，关键是不能断供。定时定投，定期检查绩效，基金过去的绩效不代表未来的绩效。做好资产配置，核心资产细水长流。止盈不停损、不在乎过程，只在乎结果、傻傻地买，聪明地卖，稳稳地赚、涨也开心、跌要更开心、纪律投资胜过追逐市场趋势。

（2）网格止盈法、价值平均策略和趋势止盈法

网格止盈法是设置网格进行止盈，如每上涨10%卖出10%，每下跌10%买入10%。市场持续上涨就持续收割利润，市场持续下跌就慢慢入场。与之类似，价值平均策略是以资产市值的逐年增长作为长期目标的机械化操作。保持一定的市值，市场上涨多了就止盈超额部分指数基金，市场下跌多了就追加资金买入部分指数基金。期初设置好了市值轨迹增速后，定期审视即可。

这种策略必须有充足的现金流和风险承受能力，现金流也要合理安排。可能会遇到越跌越补，最后没有能力追加足额指数基金填平的情况，解决办法是可以限定每次投入的最高上限。这需要控制调整频率，在下跌中，如果调整频率低些，反而可能会游刃有余，在上涨中，如果调整频率低些，反而可能会实现更高的收益。

网格策略和价值平均定投策略自带低买高卖策略，所以能够获得比普通定投高得多的内部收益率IRR，但是绝对收益额却有限。这适合远期现金流即远期收入较充裕或是长期不用的现金类资产比较充足的投资者。

在震荡市里，价值平均策略的收益会比定投的方法好，但是在单边市里，价值平均策略会弱于定投，会错失趋势性的机会。趋势止盈法是在保证一定盈利的基础上，只要回撤超过一个阈值，则进行止盈或部分止盈。而且还有轮动策略，如前面介绍过的二八轮动策略、行业轮动策略和八仙过海策略。但是，在震荡市中趋势止盈法、趋势轮动等趋势策略会两边挨打，得不偿失。

累计收益率止盈法和年化收益率止盈法是关注收益率，网格止盈法、价值平均策略和趋势止盈法是关注逆势和顺势。虽然可以结合估值，但是一些策略冲突，即使结合，效果也不会很好。

（3）资产配置和定投的估值法

资产配置和定投，在市场和情绪低迷的时候做满仓和加倍定投，在市场和情绪高涨时停止定投并降低仓位。在指数之间也是水往低处流的状态，把

高估的指数换成低估的指数。估值法是有效, 但是市场尤其是行业经常变化莫测, 可能会导致估值失效。所以宁要模糊的正确, 不要精确的错误。长期投资为主, 调整仓位为辅; 配置宽基指数基金为主, 行业指数基金和QDII指数基金为辅; 配置基本面类策略指数基金为主, 指数基金之间的切换轮动为辅。

长期资产配置是道, 定投和调节仓位是术, 最终的目的是持有的标的整体上有好的质量, 持有的整体组合有好的净值收益。举个例子, 指数基金投资活跃用户ETF拯救世界做的长赢指数组合, 在市场高估时清仓, 然后把资金分成了150份建仓, 建仓资金留在组合内。这种严格地不能称作定投, 因为这是存量资金管理, 而非增量资金管理。这不是一种定投, 而是一种资产配置。长赢指数投资组合的做法是把资金分成了150份在市场下跌过得中慢慢买入, 即慢慢加大仓位, 中间偶尔也低买高卖, 上涨到高估的时候全部清仓。长赢指数投资组合在2015年7月份开始启用第三次定投计划至今, 仍然在进行。

如果不按照净值法和内部收益率法计算, 下跌时定投摊低亏损, 上涨时定投摊低利润, 每次买卖(进出)一笔影响组合原先的盈亏比例和组合净值。长赢指数投资组合是高位清仓后, 存量资金留在了组合的里面当作现金, 即卖出了部分仓位。市场下跌投入时, 仓位会慢慢变大, 即完全反映在组合净值当中, 买卖(仓位调整)一笔不影响组合原先的盈亏比例和组合净值。

很多投资者把这两者混为一谈, 有很多的长期可配置的现金, 却在市场低估的时候只做定投不建底仓。结果是在上涨的时候很多资产没能上车, 市场没涨到高估区域, 转而下跌, 后面投入的部分, 把微笑曲线变成了反微笑曲线导致亏损。比如, 2019年初至2019年6月10日, 标普红利中国机会指数基金净值从0.8406元上涨到了0.936 9元, 期间上涨了11%。如下页图所示, 如果每月10日定投1 000元, 遇到节假日顺延, 会在1月、2月、3月、4月、5月和6月份分别以0.855元、0.883 3元、1.008 5元、1.134 5元、0.984 1元和0.936 9元投入。费用忽略不计, 累计份额是6 258.232 7份。6 258.232 7份×0.936 9元=5 863.34元。亏损136.66元或2.28%。

日　期	投入（元）	净值	份额	市值（元）
2019-1-10	1 000.00	0.855 0	1 169.590 6	
2019-2-11	1 000.00	0.883 3	1 132.118 2	
2019-3-11	1 000.00	1.008 5	991.571 6	
2019-4-10	1 000.00	1.134 5	881.445 6	
2019-5-10	1 000.00	0.984 1	1 016.156 9	
2019-6-10	1 000.00	0.936 9	1 067.349 8	
总计	6 000.00		6 258.232 7	5 863.34

如果按照资产配置，在低估区域先把底仓配置好，超低估区域基本满仓，定投增量部分占存量部分很少，即使上涨过程中按部就班地投了，存量部分的利润也会收益很多的。反之，定投在市场高位定投时的一些方法是清仓，再把清仓后的现金分成几份重新设置定投，也是为了防止存量资产的拖累，因为如果不清仓，存量资产下跌的亏损，是定投的那一点增量资金弥补不过来的。而资产配置也是可以先降低了仓位，再结合定投做的。资产配置和定投的估值法，比起累计收益率止盈法、年化收益率止盈法、网格止盈法、价值平均策略和趋势止盈法是大局观，只有在市场出现比较确定的极低估、低估、中估、高估和极高估区间变化的时候，才调整资产配置仓位和定投计划。

此外，资产配置还可以结合标的特性和自身情况进行调整。对于不能长期持有的周期性品种，可以止盈得激进一些；对于分红较多的品种，可以止盈得保守一些；对于自身情况的收支平衡，可以选择相应的或是激进或是保守的进出方式。

总之，做定投就按照做定投的方法，在存量资金很少的时候，存量资金亏损了再积累资产继续定投，等待下一轮的市场上涨。如果有长期可配置的很多的存量资金的时候，一定要先做好资产配置，再做定投。

资金初具规模，可以用存量资金做资产配置管理，用增量资金做定投管理。定投组合的复利可以用净值法和内部收益率法来计算。具体是怎么算的，请阅读下一节内容。

第 7 节　定投组合的复利的计算——净值法和内部收益率法

无资产配置的定投，可以直接摊低亏损和直接摊低盈利。如果市场先跌后涨，基金定投走出了"微笑曲线"，则定投的收益远远好于一次性投资的收益。如果市场震荡向下，基金定投能有效降低总平均成本，即使亏损，幅度也小于一次性投资。如果市场震荡向上，基金定投的平均成本不断上升，收益是小于一次性投资收益的。如果市场先涨后跌，基金定投走出了"反微笑曲线"，定投在高位时多次买入，收益远远不如一次性投资。所以，无资产配置的定投在市场高估的时候进行，比起一次性投入来收益效果最好；在市场超级低估的时候开始进行，比起一次性投入来收益效果最差。而且能够长期反复出现微笑曲线的标的也不是什么好标的，能够长期上涨的标的才是真的好标的，不能机械地、轻易地做止盈卖出。微笑曲线并不是定投的一种具体的方法，也不是买了差标的的安慰的方法，而是一种坚持纪律投资、坚持逢低加码、越便宜越买的理念。所以，计算组合收益率的方法用的是净值法和内部收益率法。

一次性投入并长期持有，相当于资产配置的存量部分，计算复利比较容易。年初10 000元，年末变成了11 000元，那么一年的收益率是10%。定投即增量部分的投入，可以与资产配置即存量部分一起计算复利，计算复利的方法我们来介绍一下净值法和内部收益率法。

基金净值法是像基金公司那样，每天按照资金进出折算成净值。我们作为普通投资者，没有必要精确到每天，可以精确到每月末，我们的工作量就省了多半了。

使用净值法统计的优点：不会因本金的增减，使统计账户出的净值曲线失真，充分了解自己的真实投资水平，易于与指数进行长期比较。如果有合伙人，还可以用净值法进行权益划分。

基金净值法是把投资账户当成自己管理的基金，初始资金拆成份额，初始净值是1；每期收盘后的总市值/基金份额=每期基金净值；增减资金时，增减的资金/当期账户基金净值=增减的基金份额；每次资金进出，当期调整基金份额；总市值/基金份额=基金净值；期末基金净值与期初基金净值比较，可以得出在这期间的收益率。

净值法是资金进出不影响净值。我一般习惯每月对当月的进出资金进行基金份额折算。因为我是按月做规划，没必要精确到日；还有另一个原因就是市场低估的时候用资金储备池的资金进，留出未来一段时间的备用资金，市场有机会就进，月中进后月末之前有"犹豫期"，如果市场出现反弹迅速并开始高估，或者没有考虑好是否可能会用到这部分资金，可以出掉，这样就是当债权了。

如果买入后继续下跌，继续低估，或者打算长期配置这部分资金，那么就作为权益类"上车"计入净值。这样做比较灵活，不是那么机械，可以当成债权即自己给自己融资，有时候也是两三个月把当作债权类的资金转换当作成权益类的资金。如果不是要求十分精确，灵活点也无妨。这点读者可以根据自己的情况来做选择。

净值法可以反映账户的运作能力，但是无法反映进出能力。账户的盈亏反映的是账户运作和资金进出的能力——这也是为什么基金赚净值而很多基民亏市值的原因。粗略的绝对收益用加减法计算一下即可，年化收益率需要用到内部收益率来计算。内部收益率法不像净值法一样必须每期衔接起来，只要有期初资金和盈亏后的期末资金，用年化收益率进行折算就可以了。

内部收益率法又称内部报酬率法，在投资项目决策中经常应用。内部收益率法是反映进出水平与操作水平的相结合的回报，不能完全反映运营组合的能力。比如，年初转入，第一个月收益了10%，到了年末的总收益仍然是这10%，那么一年收益10%；如果年初转入，第一个月收益了10%，然后全部清仓并且转出，到了年末内部收益率法的计算是一个月10%或1.1倍，一年就是3.14倍了。所以，净值法是时间加权（分红再投入），反映组合运营情况；内部收益率法是资金加权（折现现金流），反映资金运营效率情况。我们需要把净值法和内部收益率法结合起来使用。

1. 净值法的演算应用

净值法用EXCEL列表演算应用。举例，期初投入20 000元，第1个月末未变，第2个月末增加了20 000元，第9个月末增加了10 000元，其余月末都是未变。统计期限为一年，即这一年里总共投了50 000元。

具体统计表格如下。

期初投入	总市值（A）	期末份额（B）	期末净值（C）	新增市值（D）	新增份额（E）
第 1 月	20 000.00	20 000.00	1.000 0	—	—
第 2 月	19 800.00	20 000.00	0.990 0	20 000.00	20 202.02
第 3 月	40 600.00	40 202.02	1.009 9	—	—
第 4 月	42 200.00	40 202.02	1.049 7	—	—
第 5 月	43 500.00	40 202.02	1.082 0	—	—
第 6 月	42 000.00	40 202.02	1.044 7	—	—
第 7 月	40 000.00	40 202.02	0.995 0	—	—
第 8 月	41 000.00	40 202.02	1.019 8	—	—
第 9 月	39 200.00	40 202.02	0.975 1	10 000.00	10 255.36
第 10 月	51 100.00	50 457.64	1.012 7	—	—
第 11 月	53 500.00	50 457.64	1.060 3	—	—
第 12 月	50 000.00	50 457.64	0.990 9	—	—

月份之后是第1列A，即期末总市值，一开始投入的是20 000元，折算成20 000份。

第2列B，即期末份额。第1个月和第2个月都是20 000份。B=上期B+上期E=上期期末份额+上期新增份额。

第3列C是期末净值=总市值/期末份额，即C=A/B。

第4列D是新增市值，增用正数，减用负数。

第5列E是新增份额，E=D/C=新增市值/期末净值。这个经过折算计算出来的E为新增份额的数值，相当于上期末即本期初增减变化的份额，会加减在本期的B期末份额里面，即影响本期的份额。

这样，每期的净值就计算出来了。

最后，还有一项任务，就是计算盈亏，即整体组合的市值和持仓整体组合的持仓成本价。进出不影响净值，如果高位进得多了，赚了净值不赚钱；如果低位进得多了，亏了净值也赚钱。 这样把组合操作能力和进出能力分出来，把资产配置能力和定投能力分出来，还是非常清楚的。

粗略地计算一下总市值的相对数的盈亏，可以用乘除法，但是盈亏比例是不准确的；计算绝对数的盈亏，可以用加减法。

先计算整体持仓组合的持仓成本，即总投入金额/期末份额。本例是50 000元/50 457.64份＝0.9909元，即投入了50 000元，折算成50 457.64份，整体组合投资成本是0.9909元。现在组合净值是0.9909元，运作组合亏损1%。由于低位进了一些资金，持仓整体组合的持仓成本是0.9909元，市值是5000 0元，不盈不亏。这是粗略计算盈亏比例的结果。

有细心的读者会发现，组合成本的计算不也可以单独列出一列么？是的，这栏可列可不列，运作能力已经在净值栏里面记录了。账户市值的成本一般关心的是当期的。如果非要计算，那么拿当期累计投入总金额除以当期期末份额，会很容易汇总并计算出来了。如果当期进出变化不多，也可以用当期总金额除以当期累计投入金额，粗略计算出来当期总市值的相对数的盈亏和净值做对比。

这样，运作能力和进出能力有了，都体现在当期的账户市值中。

（1）基本进出情况：全年投入50 000元，分别是在期初净值1.0000元的时候投入了20 000元、在净值0.9900元的时候投入了20 000元，在净值0.9751元的时候投入了10 000元。

（2）组合运营能力：期末净值是0.9909元。即全年亏损了1%。

（3）整体账户盈亏：因为低位进了一些资金，持仓整体组合的持仓成本是0.9909元，份额是50 457.64份，期末总市值仍然是50 000元。所以，整体账户不盈利不亏损，收益为零。

净值法是反映账户的组合运营水平的，体现组合的资产配置能力，无法体现进出能力。如果本金变动不多，或者为了简单，把进来的资金当作融入的资金进入，按照债权法计入，不按照权益法"上车"，转出相当于撤掉融资，那么可以只用净值法计算。如果本金变动较多，也要按部就班的"上车"，定投按照净值法计入，那么需要粗略计算盈亏或者用IRR函数精算内部收益率，即精算长期年复合投资收益率。

2. 内部收益率法的计算

内部收益率法用两列即可，如下表所示。无须搞清楚历史净值，只要把每期的月投入记录清楚，用IRR计算即可。

下面EXCEL表格的第1列填写的是时间，第2列是月投入金额（可以是正数、零和负数），第3列是单月投入的金额，计算出来现金流。填写后，现金流这一列的终值金额等于月投入这一列的终值金额。最后，就可以计算月化收益率和折合年化收益率了，如下表所示。

时间	月投入（元）	现金流（元）
期初	20 000	−20 000
第1月	0	0
第2月	20 000	−20 000
第3月	0	0
第4月	0	0
第5月	0	0
第6月	0	0
第7月	0	0
第8月	0	0
第9月	10 000	−10 000
第10月	0	0
第11月	0	0
第12月	0	0
终值	50 000	50 000
月化收益率 IRR		0%
折合年化收益率		0

月化收益率输入的IRR是从期初至终值，即IRR(C2:C15)，得出（单期）月复利。

折算成年化收益率是（1+月化收益率）^{12}−1，即（1+C16）^{12}−1，折算成年复利。

内部收益率法是只需要进出和终值的变量。比如，还是同样的进出时间和进出金额，终值是40 000，那么月化收益率是−2%，年化收益率是−23%；终值是60 000，那么月化收益率是+2%，年化收益率是+23%。

如果每一期是年、月或日，还有一个指标是XIRR。用XIRR可以精确定义资金进出日期，直接计算出年化收益率，如下表所示。

时间	月投入（元）	现金流（元）	资金变动日期
期初	20 000	−20 000	2016-12-31
第1月	0	0	2017-1-6
第2月	20 000	−20 000	2017-2-6
第3月	0	0	2017-3-10
第4月	0	0	2017-4-20
第5月	0	0	2017-5-9
第6月	0	0	2017-6-6
第7月	0	0	2017-7-17
第8月	0	0	2017-8-31
第9月	10 000	−10 000	2017-9-5
第10月	0	0	2017-10-16
第11月	0	0	2017-11-14
第12月	0	0	2017-12-15
终值	60 000	60 000	2017-12-31
年化收益率（XIRR）		24.55%	

计算年化收益率（XIRR）比IRR需要多做一列日期栏，终值栏一行里面写上终值日期。最终是直接计算年化收益。图表示例中，年化收益率XIRR为24.55%，即XIRR（C2：C15，D2：D15）。

如果是长期计算，时间越长，IRR和XIRR的年化收益率数据越是趋于一致。因为如果每月定投，每月中的短期波动是随机的，时间越长，效果越是趋同；同样如果每周定投，每周中的短期波动是随机的，时间越长，效果越是趋同。

第8节　定投常见问题解答

Q1：定投是一次性投入还是分次投入？

增量资金按期分次投入，存量资金一次性建好底仓即做好资产配置。在低估区域还可以把积攒的货币储备池的资金进行分批投入。比如，中证红利指数的市净率跌至1.2倍的时候，开始计划把货币资金储备池的原有的部分在中证红利指数的市净率是1.2倍、1.1倍、1倍和0.9倍的时候分四批投入，在此过程中新的货币资金储备继续生长。这样可以保持源源不断的现金流。

Q2：按月定投、按周定投还是按日定投？

按月定投、按周定投、按日定投、按双周定投等，长期差别并不是很大。

随着定投时间越长，收益差距越来越小。因为大部分时间内，市场波动平稳，极端波动只占极少部分时间。如果按周四定投有效，那么完全可以在周四收盘前的买入ETF，周五卖出ETF，一年收割几十次，事实是差别无几，这是无效选择。无论一个月定投一次、两次，还是一个月定投三次、四次，定投时间越长，各种定投频率的策略比较起来，收益差距会越来越缩小。因为随着时间越长，平均价格曲线也会变得平滑。所以，选择定投日期和定投频率的长期收益相差无几。基金定投的核心是买入并持有，从长期来看，月定投与周定投收益相差无几，而且选择频率多了还耗费时间与精力。这个可以根据投资者的时间与精力制订相应的定投计划。

每月定投，可以按部就班地到日扣款。如果具备了一定的知识，也可以灵活变通一下。比如，在低估区域市场仍然下跌，可以在下跌比较猛的那几天的收盘前选择定投，未来现金流平稳充足的情况下，还可以提前支取货币基金储备池的资金进行多一些的定投，待市场反弹后可以比原计划减少定投或者停止定投。2018年下半年市场的下跌远远超出了预期，从低估区域跌至超级低估区域，即中证红利指数的市净率跌破了1。中证红利、上证50、上证50AH、沪深300价值、国企指数、沪港深价值、银行指数等都在净资产以下。中证红利作为宽指的红利指数，比较有代表性。我把货币基金储备池的资金基本上全部搬到了指数基金里面。市场下跌到超级低估区域，随着时间的推移和业绩的上涨，只要有足够的时间，现金流充足稳定，就能等得起。2019年第一季度市场反弹，虽然还在低估区域内，我没再做定投，而是把之前已经枯竭的货币资金储备池又开始积攒起来了。这是资产配置和定投、存量资金和增量资金、收入和支出平衡按计划地根据实际情况灵活变通的应用。

定投的初衷，不用择时，不用盯盘，用最低的时间成本获得收益。长期定投收益来源的核心是投资标的的业绩带来的。定投频率的选择只是完善自己的定投计划与自己的定投性格相匹配。可以根据每月开工资的日期来制订自己的定投计划，可以根据自己的关注市场涨跌的程度来制定定投的频率，接近市场、生怕落下每一次机会的投资者可以定投频率适当高一些，但是每月的定投金额要按照计划执行，不能凭感觉随意加大或减少定投的金额。

Q3：定额定投还是不定额定投？

在同等时间段、同等的估值下，定期定额定投。随着时间的推移，指数成分公司业绩提升，推动指数基金价格上涨，可能估值不变，物价和收入水平在提高，需要我们多投入。这就像买一个馒头，1元钱可以买2个，涨到2元钱买2个馒头，我们可能会省吃俭用拿1元钱只买1个馒头。而随着收入的翻倍提高，2元钱买2个馒头就不算贵了，那么我们可能会拿2元钱买2个馒头了。

所以，这里面有两个变量，一个是估值的变化，一个是收入的提高。估值越低，投入的金额会越多；收入越高，投入的金额也会越多。此外，资产配置和定投还可以从年龄、未来收支、现金流等角度进行调节。

Q4：定投是现金分红还是分红再投？

公司盈利增长是一部分收益，分红也是一部分收益，上市公司的分红是盈利的一部分。欧美等成熟市场上市公司每年拿出大约四成的盈利进行分红，剩下的六成盈利进行再投入生产；沪深市场的上市公司每年拿出大约三成的盈利进行分红，剩下的七成盈利进行再投入生产。公司有了盈利会进行分红，即使不分红也是盈利的一部分。同样，基金拿到了成分公司的分红，可以作为盈利归为净值的一部分，也可以把分红派分给基金投资者。每只基金的分红率都是不确定的。

基金现金分红是红利部分直接以现金的形式派发给投资者，基金红利再投资是以份额的形式发放给投资者。即基金现金分红相当于免费赎回基金红利部分，红利再投资相当于基金红利部分继续持有。对于长期投资者来说，一般会选择红利再投资，而且定投即不断的积累基金份额，如果是选择现金分红方式，现金分红后再定投，又要多交一次申购费用。

下列情况下也可以把分红再投资设置修改为现金分红。第一，市场是高估的时候，现金分红正好是顺便卖出；第二，已经实现了财务自由，每年从投资组合中支取一定的开销，现金分红正好是可以少交赎回费用；第三，不打算再定投这只基金了，也可以继续持有，后续降低这只基金的仓位。此外，场内二级市场的基金不支持分红再投资，只能是现金分红。

Q5：基金一级市场（场外申赎和场内申赎）和基金二级市场（场内交易）的区别在哪里？

一只基金发行后到场内上市交易，这样这只基金既是场内基金也是场外基金。基金的申购赎回和基金的交易还是有一定区别的。

基金一级市场申购赎回，可以在银行、基金公司、基金第三方代销平台操作，证券账户里面也有代销的场内申赎基金操作。证券账户里面的主要是LOF基金可以用来进行一级市场与二级市场套利，此类基金的代销渠道包括了证券公司，可以在场内进行申购赎回，完全同场外申购赎回。

基金二级市场交易比较基金一级市场申购赎回的优势具体如下。

第一，相比一级市场申购赎回基金，证券交易可以买到封闭式基金、PE基金、定增基金、科创板封闭运作基金等这些成立后封闭若干年以上的类型的基金。因为这些基金只做有限的特定项目，所以只能封闭运作。比如，嘉实元和，是做中石化一级市场混改销售公司上市的公司，募集资金，运营数年，没有别的项目，所以不可能开放，只能在二级市场买卖。还有一些基金为了保护投资者的利益，定期开放申购，封闭运作有利于提升业绩的稳定性，但是其中有些基金在封闭期内可以在证券市场进行交易。

第二，还有一些基金公司的QDII基金，由于外汇额度已满，不能申购，但是可以二级市场买卖。

第三，基金二级市场买卖有着折价溢价，可以和一级市场基金进行套利，这也是买卖场内基金的优势之一。

第四，基金二级市场的交易费用低、交易灵活、到账快、转换快。证券公司的最低费率一般万分之几，甚至是十万分之几，比起基金一级市场的申购赎回基金的最低一折费率的千分之几的要低。

基金二级市场交易时间灵活、到账快。当天可以在盘中进行交易。最重要的是到账快，基金二级市场是T+1交易，而且大部分的境外基金是T+0交易，这是在现有的交易制度下给上市交易的QDII基金的一种"特赦"。比如，恒生ETF、黄金ETF等，都是一天可以买卖多次的。而QDII场外基金申购赎回一个来回，即使忽略从申购之日起七日之内赎回的高额的赎回惩罚费用，也至少得需要近两个星期的时间才能到账。现在场外基金的一些代销网站也做了一些改进，非QDII基金当天可以进行超级转换，当日免费垫款确认，这一点是很不错的。

第五，基金二级市场交易可以做纯正的ETF。由于ETF是公司股票换购，仓位可以无限接近100%。基金一级市场申购赎回只能买ETF联接基金，购买相应的ETF的仓位一般是95%左右，需要留出资金应对流动性。

基金二级市场交易比较基金一级市场申购赎回的劣势具体如下。

第一个，相比场外基金，品种不是非常丰富。场内基金主要有ETF、LOF和封闭式基金，不是所有的基金都在场内交易的。即使申赎基金，证券账户也不能完全代替基金账户，因为场内可申购赎回的基金品种不是非常丰富，而且场内基金申购赎回费率不全部是一折。

第二个，二级市场交易的流动性问题。一些场内基金成交量少，流动性非常差，甚至没有对手盘，无法进行买卖操作，所以只能选择场外基金申购赎回操作了。

第三个，基金一级市场可以进行分红设置，分红再投资适用长期投资，基金二级市场是设置不了分红再投资的。

第四个，管不住手。这点像做股票一样，可以随时交易。如果做股票管不住手，如果买基金或者定投基金，那么还是建议申购场外基金或者定投场外基金。否则，高换手率带来高费用。申购场外基金，像天天基金网站场外基金可以做超级转换，资产配置调整非常方便。

第五个，场外基金C类份额可以免费申购赎回转换。基金C类申购免费，赎回超出一定期限免费，只收销售费用。基金二级市场不能免费交易。这点对长期投资影响不大。而且现在基金A类份额场外申购费率一折，很多A类份额长期持有赎回费率还是递减。持有A类份额一年以上，一般都比基金C类份额划算。C类份额基金即使在二级市场上市交易，也是要花费佣金，买二级市场上市交易的C类基金份额等于花费佣金和销售费用没必要重复的两份费用。

所以，基金一级市场配置适合长期持有，也可以做C类轮动；基金二级市场配置可以做一些灵活的轮动。场内交易基金可以与公司组合一起长期配置，进行多策略的资产配置和全球化的资产配置，还可以在折价或者溢价时进行套利。以上这些都事先要考虑好了进出费用。

Q6：LOF基金是怎么套利的？

一级市场基金即场外申赎基金和场内申赎基金，二级市场基金即场内交易基金。能够在两级市场套利的，一般是指LOF基金和ETF基金。ETF基金套利是公司股票进行换购，是百万元以上资金做的。这里我们了解一下普通投资者可以做的LOF基金套利。

LOF基金同时拥有二级市场实时交易价格和一级市场基金当日净值两种价格。当同一只基金的两级市场的两种价格相差比较大，套利扣除费用后划算时我们可以进行套利。

溢价和折价对应着两种套利方式。

（1）溢价套利

当二级市场交易价格大于一级市场基金净值，且幅度大于交易费（包括一级市场的申购费用和二级市场的交易费用的总和），可以进行溢价套利操作。具体操作步骤如下。

1）T日，一级市场场内申购LOF基金。登录证券账户，选择证券交易下的"场内基金申赎"，输入基金代码，点击"申购"和购买金额完成申购；

2）T+1日，基金份额确认；

3）T+2日，当日可在场内二级市场卖出基金完成套利。

场外基金转成场内基金的操作，套利是经常使用的。因为有些LOF基金限购，所以场内交易炒成了溢价了。这样，可以利用场外基金转场内的方法进行套利。如果是基金直销网站天天基金网的"场外基金申赎"，具体操作步骤如下。

第1步，T日，一级市场申购LOF基金，选择天天基金网的"场外基金申赎"，完成申购；

第2步，T+1日，基金份额确认；

第3步，T+2日，当日提交场外转场内申请；

第4步，T+4日，确认场外转场内份额；

第5步，T+5日，二级市场卖出，和卖股票操作是一样的。

（2）折价套利

当二级市场交易价格小于一级市场基金净值，且幅度大于交易费（包括二级市场的交易费用和一级市场的赎回费用总和）时，此时便可以执行折价套利操作。具体操作步骤如下。

1）T日，登录股票账户，选择证券交易，和买卖股票一样，输入基金代码买入LOF基金；

2）T+1日，可在证券交易下的"场内基金申赎"进行赎回基金；

3）T+3日，资金到账。

这些套利方式，需要注意的是，第一，套利其实都是有时间差，除非套利空间即溢价率和折价率非常大，否则可能得不偿失。第二，场内赎回基金不足7日要收1.50%的手续费。 第三，一些流动性差的，或者业绩非常好或者非常不好的基金，折价率和溢价率可能会是常态。所以，套利建议初学者在积累到一定经验的时候再做。

还有一种方法，做到"实时套利"，可以算是捷径。如果在货币基金充足的情况下，可以提取出来作为"实时套利"的桥梁。如果一级市场和二级市场两边都有相同的LOF基金。这个LOF基金在一级市场和二级市场出现了溢价率和折价率的时候，可以在15点收盘前的十分钟内进行操作。

比如，标普红利中国机会指数A（501029）的二级市场在收盘前依然保持着2%以上的折价，那么转入证券账户货币基金买入该指数基金，同时赎回一级市场等额的该指数基金。标普红利中国机会指数A（501029）的二级市场在收盘前依然保持着2%以上的溢价，那么用货币基金申购一级市场的该指数基金，同时卖出证券账户中等额的该指数基金。

LOF基金的折价率和溢价率的信息。一是可以通过查询持有指数基金的上个交易日的净值，和当前交易日的相关指数的实时行情，计算出实时折溢价率。二是可以通过集思录等网站查询浏览LOF/ETF基金的折溢价率。

ETF基金在证券软件里面有参考实时净值IOPV，参考实时净值是实时更新的。无论做套利还是不做套利，在二级市场买卖场内基金，LOF基金和ETF基金的折价和溢价情况是需要了解的，一些基金在特定时期，如封闭期还有很长、QDII基金额度不够、流动性差便于炒作等等原因会造成大幅度的折价溢价，只有在了解参考了实时净值后，再买卖场内基金才能不会受到损失。

Q7: 避免噪声，如何严格落实计划——如何更好地坚持定投基金？

长期持有指数基金，一般年化收益率在一成左右。如果低估定投，高位降低仓位，收益还会高些。道理都是知道，就是做不好，其实是因为没有执行计划，没有知行合一。一方面，选择好的标的，遵循历史规律很重要；另一方面，严格执行计划和做到知行合一，战胜人性规律的弱点也很重要。我们平常做好基础的事情，利于严格落实计划，更好地坚持定投基金。

建立与资产配置结合的定投计划，并且记录下来，有助于贯彻执行和检查。

第一，需要充分了解自己的存量资金和增量资金的情况。存量资金的资产配置，是否适合市场当前的估值、自己的风格、自己承受风险的程度、检查是否与未来的现金流相匹配、检查资产配置的资金是否与投资期限相匹配；增量资金的定投，检查定投计划是否与市场当前的估值相匹配、检查是否与未来的收入支出的现金流相匹配。

第二，做好开源节流的方案、做好用长期可以投资的资金与自己实际情况相匹配的投资计划的方案。

第三，选择合适的标的做资产配置和定投。

第四，选择好定投渠道、定投时间和频率，做好定投策略，即与市场估值和自己实际情况对应的买入卖出策略。

第五，定期检查持仓品种、定期调整优化资产配置和定投计划。

第六，定期进行复盘，与自己制定的业绩比较基准进行比较，检查哪些地方可以提升。

避免噪声，严格执行定投计划。低估是一个区域，在低估区域中涨跌不定，一开始心理可能也会起伏不定。制订了计划，经常想想自己的初心，只要长期不用的资金熬过市场的低迷，等待业绩带来回报，市场的上涨必有收获。自己在投资中也会越来越成熟。个人投资还有优势，即在投资之外的工作可以带来源源不断的现金流。资产配置中的不相关的资产包括债券资产是第一道后盾、货币资金储备池是第二道后盾、投资之外的工作带来的源源不断的现金流是第三道后盾。只要资金和期限不错配，我们的投资计划完全可以长期好好地运作，投资组合完全可以长期好好地经营。指数基金是长期收益率最高的资产，指数基金的背后是一篮子的成分公司，与优秀的公司管理人合伙，让优秀的上市公司为我们产生利润和创造价值。

用存量资金做资产配置管理，用增量资金做定投管理，把计划记录下来严格执行——做好自己的纪律管理，长期坚持下来一定会取得年化一成或者更高的收益率。选择基本面优秀的上市公司和指数基金，在低估区域坚持定投，长期会取得年化一成至两成的收益率。

Q8：选择基金定投总体上要注意哪些问题？

选择基金在了解自己承受风险波动、未来收入支出现金流等情况的基础上，做出适合自己的资产配置，在资产配置的基础上做定投。根据情况设置定投日期、定投方式、定投渠道。

基金一般选择透明的、低费率的被动型指数基金。以宽基指数基金、基本面类的策略指数基金为主，以行业指数基金、QDII指数基金为辅做资产配置。

跟踪同一只指数的基金优选费率低的、仓位足的、历史业绩优秀的；优选有历史业绩的老基金，对优秀策略的新的指数基金要有观察期；要选择规模在1亿以上的基金；在费率和规模出现新的情况的时候，要及时进行基金切换。

Q9：选择什么样的智能基金组合进行跟投？

像公司组合一样，基金也有很多大V组合和智能投顾组合。选择跟投首先必须了解这种基金组合的理念，而不是只看组合的收益率。还需要了解费率等问题。

Q10: 基金操作还需要避免的错误行为有哪些?

某大公司准备以高薪雇用一名小车司机，经过层层筛选和考试之后，只剩下三名技术最优良的竞争者。主考官问他们：“悬崖边有块金子，你们开着车去拿，觉得能距离悬崖多近而不至于掉落呢?”

“二公尺。”第一位说。

“半公尺。”第二位很有把握地说。

“我会尽量远离悬崖愈远愈好。”第三位说。

这家公司录用了第三位。

知道会在哪里失败，就不会去哪里。与开车一样，投资不是竞技，安全是最重要的。远离悬崖，离诱惑越远越好。我国公募基金成立二十多年来，股票基金平均年化收益率16%左右。而很多股民和基民亏损累累。买透明的低成本的指数基金，也需要坚持长期持有，坚持远离诱惑，如下图所示。

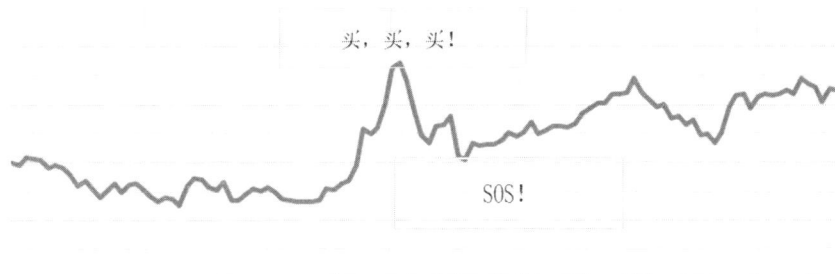

此外，还有以下一些错误行为需要避免。

盲目跟风、跌了割肉、频繁交易贡献手续费、追涨杀跌、贪婪恐惧、没有资金的长期规划。

基金一直上涨，反复止盈，踏空了再换基，实际上还不如不换，结果上涨过程赚得少；基金上涨中认为还会上涨，加大仓位买进，买在了高估区域；因为上涨中赚得少，因为加大仓位买进或者换基等原因造成的，才开始下跌一点，就开始亏损的过程了，补仓老基金或者买进新基金。

亏损了几年忍受不了了底部割肉，亏损了几年终于扭亏为盈了，捂了几年的老基金解套出局或者新基金抱不住盈利出局，卖在了低估区域，忘记了买基金是为了长期复利而不是为了解套。

根据星级选择热门基金，不了解基金风格转换，最后基金评级降级，不知道有时候可能是十年河东，十年河西。

依赖量化和数据回测做出判断，忽略指数基金与业绩比较基准比较的实际运作的相对回报。

认为净值低的基金好、新的基金好，不知道基金背后挂钩的标的的价值。

选择费率贵的、换仓频率高的基金，自己频繁交易，不知道选择同类低成本的基金（基金利润减去运作费用是基民长期持有基金的利润，再减去申购赎回费用或者基金买卖费用后是基民的最终收益）。

盲目跟着止盈止损，不根据自己的风险承受能力而定。

……

只要是公司股票的基本面没有变差，指数基金是优秀的，公司组合和指数基金组合可以越跌越买，止盈点也可以没有，除非是市场极度高估。然而，不是所有投资者都能够有这种认知和长期投资心态，这需要经历了市场牛熊周期，找到匹配自己的性格的合适的方法。

总结

1. 了解公司组合和指数基金的优势，进行合理的资产配置。

2. 通过开源、节流建造自家的资金储备池，为组合提供源源不断的现金流。

3. 选择适合自己的资产配置策略和定投策略。

4. 用净值法和内部收益率法计算定投收益。

5. 制订好适合自己的投资计划，学会解决投资中遇到的问题。

第 8 章

做好资产配置与定投，规划美好人生

从指数基金、公司股票组合的资产配置到定投，我们学习到了如何选择策略做资产配置和定投。用好的标的做工具，用好的策略做组合，我们的长期组合的长期复利雪球越滚越大，从而可以规划实现我们的美好人生了。

第 1 节　做好资产配置与定投——长期组合，长期复利

现在读者们已经理解了资产配置和定投了，资产配置和定投并不矛盾，管理存量资金做好资产配置，管理增量资金做好定投，同时做好资金储备池的定存。这样，保持充足的现金流长期在合适的低估区域定投你的资产配置组合。用净值法计算你的选标的的操作能力，用内部收益率法计算你的操作能力和进出能力。资产配置指数基金年化收益率一成，配置优秀基本面基金和优秀公司股票组合，在低估区域定投，年化收益率可以争取一成多。

资产配置可以是多元化的品种配置。包括指数基金、货币基金、债券基金、银行理财、优秀公司股票、QDII基金、REITS基金、黄金、原油、开公司、购置房产等。可以根据自己的风险承受能力和目标收益率制定合适的资产配置组合。

定投是一种"上车"策略。通过开源节流，让定期、不定期的产生的现金流"上车"。不做预测，在低估中慢慢存资产，在长期中取得资产收益。可以根据自己的风险承受能力和收支平衡能力制定合适的定投计划。

这里讲讲资产配置与定投的关系。

（1）在没有多少资产的初期，可以用定投的方式慢慢积攒资产。在没有低估机会的情况下，少投或者不投，留下资产等到有机会的情况下多投或者将之前留存的部分进行一次性的资产配置。在低估区域逐步完成家庭资产配置，最终做成一个资产配置组合。

（2）在有了一定的规模的资产配置组合的情况下，市场泡沫时清空一定的仓位是必要的。因为资产配置资金越多，定投资金影响组合仓位越少。这有优势也有劣势。优势是在市场震荡时期，因为有低估区域做的资产配置作为底

仓，定投不会因为产生倒微笑曲线导致满盘皆输；劣势是市场继续下跌，定投对资产配置的仓位影响不多，定投无助于内部收益率的提高。而且各类资产不是完全不相关，如2018年各类资产可能同时下跌亏损。所以，积攒的资金储备池，在低估区域再布局是十分必要的。在资产具有一定的规模的情况下，要以稳定的收益为主，通过资产配置动态再平衡，通过调整不相关的资产配置比例，形成稳定的现金流。

在财富初级阶段，开始通过积累的资金，进行合理的资产配置，此时开源节流的现金流，每积攒到一定的时期，都可以买下为数不多的资产配置组合。此阶段可以指数基金仓位多些，追求高一些的收益率；而到了工作自由阶段，此时定投影响资产配置仓位不多，做一个稳健的资产配置组合是必要的，从追求高一些的收益率到追求稳健平衡一些的收益率了。

厘清了资产配置与定投的关系，我们长期持有组合，实现的长期复利，可以用于教育金、养老金的规划。资产配置和定投的收益率，我们将在下节中用实例演示一下。

第 2 节　用指数基金做好教育金、养老金的规划——资产配置和定投实例

理财是一种手段，最终是利用理财的手段实现人生的目标。可以根据内部收益率演算的时间价值，用好指数基金，制订各种理财规划。根据不同的特点，制订不同的规划。如子女教育金理财规划和养老金的理财规划。

子女教育金规划，可以在子女上大学时赠送给子女一笔教育金。首先算好到了大学的时间点，然后从子女出生到上大学的这十多年里，前几年指数基金的仓位可以多一些，低估买入，在市场高估的时候可以多降低一些仓位，存入银行理财，以备几年后的变现。

养老金的规划，可以有书中开篇提到的养老目标日期基金，根据年龄调节仓位配置。收入充裕的也可以有只进不出的规划，分红再投资，等到积累的资

产足够多了，资产的4%可以覆盖生活支出了，不限退休年龄，达到财务自由。届时调整成现金分红，如果基金分红不够，可以卖出一定的基金份额，为自己的生活相应开支定期提供现金流。

无论哪种规划，我们都必须有长期耐心的等待。有一笔资金准备进入市场，预期收益是多少？后面的资金如何配置？本节用本金10万元，每月还有一定的收入定投为例，统计定投一只基金的10年来的定投收益。

历史不代表未来，然而资本市场长期上涨。客观的历史规律和经济规律未来依然会延续。

指数基金是完全复制指数，拥有低成本、低费率的指数基金跑赢八成的市场参与者。只要坚持定投指数基金，不受各种因素的干扰坚持，长期一定会有可观的收益。指数基金是永续的，而且有优胜劣汰机制。中国基金市场发展了20多年，年化收益也有16%，然而基金的收益不代表基民的收益。市场低迷的时候也是经济最差的时候，基金份额赎回高峰。市场最高的时候也是经济最好的时候，基金份额申购高峰。只要投资者规避了羊群效应、克服了因为恐惧贪婪造成的不能知行合一等的弱点，长期投资指数基金是可以共赢的。

指数基金是永续的，标的不是问题。以基本面为策略的富国中证红利指数增强基金为例，探讨一下未来继续定投，我们的收益会是多少。假设不考虑估值因素，只是坚持长期持有和机械定投。存量资金一次性建仓，增量资金每年一次定投到组合里面。

存量资金是指资产配置组合中的资产，来源包括但不限于存款、长期闲置的资金，用这些资金已经建立了底仓成了组合配置的一部分。假设有10万元的初始资金一次买入。2008年年末是刚刚经历完了金融危机，当时不知道金融危机能延续多久，但是市场已经处于低估位置了是可以知道的，就像2018年末一样。这十年期间沪深市场正好是从一轮熊市底部到了另一轮熊市底部。

增量资金是指每月可以定投的现金流，一般收入减掉支出后的一半，剩下的一半可以放在货币基金里面作为储备，用于消费或者以后市场低迷时的一次性的投入资金。本例中完全机械的定期不等额的定投。2008年末至2012年末每年年末可以投入10 000元，2013年末至2017年末每年年末可以投入

20 000元，因为这十年来物价和工资都上涨了都不止一倍。所以，前5年每年年末投入1万元，共投入5万元，后五年每年年末投入2万元，共投入10万元。10年总投入共15万元。

富国中证红利指数增强基金中间有分红，我们进行分红再投资。为了便于计算，直接把分红再投资的净值计算出来（根据基金公司提供的基金自然年度每年涨跌幅计算净值）。同样为了便于计算，把按月定投金额转换成12个月的累计金额按年定投。2008年年末一直买到2017年年末，正好10年，每年年末投入一次，一共投入10次。增量资金定期不定额的定投十年。

富国中证红利指数增强基金是2008年11月20日成立的，净值到了2008年年末基本上没变。假设2008年末净值是1元，那么中间不分红到了2018年末净值是2.594 9元。这样，10年前的10万元存量资产，到了2018年末约25.95万元，十年增长了159.49%，年化收益率正好是10%。

2008年年末1元，定投10 000元的份额是10 000份。

2009年年末1.678 3元，定投10 000元的份额是10 000/1.678 3≈5 958份。

2010年年末1.523 3元，定投10 000元的份额是10 000/1.523 2≈6 565份。由此，越下跌定投的金额不变的情况下，定投的份额可以越多。所以，定投喜欢下跌而不是喜欢上涨。定投份额越多，后面收获越多。

2011年年末1.284 2元，定投10 000元的份额是10 000/1.284 2≈7 787份。

2012年年末1.413 8元，定投10 000元的份额是10 000/1.4138≈7 073份。

2013年年末1.316 0元，定投20 000元的份额是20 000/1.316≈15 198份。基金从2009年年末的1.678 3元下降到了2013年末的1.316元。经历煎熬，不少投资者退出了市场。而定投者获得的份额越来越多。

2014年年末1.953 8元，定投20 000元的份额是20 000/1.953 8≈10 236份。

2015年年末2.545 8份，定投20 000元的份额是20 000/2.545 8≈7 856份。基金上涨翻倍，买到的份额变少。可是之前退出的投资者大涨后又回来了。长期持有不做判断，就已经成功一大半了。

2016年年末2.517 1元, 定投20 000元的份额是20 000/2.517 1≈7 946份。

2017年年末3.102元, 定投20 000元的份额是20 000/3.102≈6 447份。

至此, 持有富国中证红利的总份额是85 066份。为了便于计算, 申购费率统一按照0.15%从中一并扣除, 份额是乘积数不影响最终结果, 这样得出结果最终持有的份额是84 938.4份。2018年末的净值是2.594 9元, 那么增量部分约220 400元。即十年来存下来的15万元, 增长成了22.04万元。

10年前的存量资金的10万元, 通过投资基金变成了25.95万元。增量资金部分累计起来的15万元, 通过投资基金变成了22.04万元。这样, 存在基金里面的25万元, 变成了47.99万元。

那么, 假设现在有20万元, 前5年每年定投20 000元, 后5年里面每年定投40 000元。即存量资金和增量资金都翻倍。基金年化收益率仍然是10%, 我们可以得到十年后的收益约为2×（25.95+22.04）=95.98万元。这就是收获的胜利果实。

定投不影响净值, 所以资产配置和定投的收益等于富国中证红利增强年化收益率是10%。内部收益率法计算是9.368 1%。把IRR表格中"月化"换成"年化"两个字, 前面展示的表格是月化收益率的通过公式转换成年化收益率, 现在的表格本来就是年化收益率, 所以就不用进行转换了, 如下表所示。

时间	年投入（元）	现金流（元）
2008 年末	110 000	−110 000
2009 年末	10 000	−10 000
2010 年末	10 000	−10 000
2011 年末	10 000	−10 000
2012 年末	10 000	−10 000
2013 年末	20 000	−20 000
2014 年末	20 000	−20 000
2015 年末	20 000	−20 000
2016 年末	20 000	−20 000
2017 年末	20 000	−20 000
终值	479 900	479 900
年化收益率	IRR	9.37%

这是机械的定时不定额的定投。如果可以用一些定投技巧做判断进行低

位多买和高位停止买入或退出，收益率还可以更高一些。

如果我们有了现有资金、期望目标终值、投资年限和预期目标年复利，我们可以通过PMT指标来求出每月需要定投的资金。假设现有资金是10万元，期望目标终值是100万元，投资年限是10年，预期目标年复利是10%，则每月需再投入3 560.23元。计算公式如下图所示。

F2				f_x	=PMT(B2/12,D2,0-A2,C2)
	A	B	C	D	E	F
1	现有资金	目标年复利	期望终值	投资期数	年数	每月需再投
2	100 000	10%	1 000 000	120	10	¥-3 560.23

如果我们有了现有资金、目标每月投入资金、预期目标年复利和投资年限，我们可以通过FV指标来求出到期后资金终值。假设现有资金是20万元，投资年限是10年，预期目标年复利是10%，每月定投2 500元，则到期后的资金终值是105.35万元。（"A2，0"的部分输入时EXCEL表格会有提示，资金每期末投入为0，资金每期初投入为1。）如下图所示。

F2				f_x	=FV(B2/12,D2,0-C2,0-A2,0)
	A	B	C	D	E	F
1	现有资金	目标年复利	每月定投	投资期数	年数	最终值
2	200 000	10%	2 500	120	10	¥1 053 520.75

其实保险理财产品也是这么设计的。一般很多持有的保险理财产品按照现金价值，5年以上才有可能拿出来不亏，持有10年以上基本上才有了点利息收益，拿到约定利息最基本的时间要求了。利息和指数基金的收益是没法比的。 我们用指数基金为我们自己做一份理财，不仅可以养成开源节流的好习惯和好的生活方式，还能积攒下来一笔养老金或子女教育金。资产配置和定投指数基金是最好的方式，制定5年以上最好10年以上的长期配置计划然后严格执行，知行合一，达到彼岸。

像记录收支一样，我也每月记录好了每个月末的资产配置组合状况。

如下页图所示是我的公众号价值人生上面的总结收益的部分。从2011年至2020年，收益高的线是我的资产配置组合收益，净值是从1元到了3.728 7

元，年化收益率是14.07%；收益低的线是沪深300全收益指数的收益，相当于净值是从1元到了2.053 4元，年化收益率是7.46%。此外，价值投资的央视财经50全收益指数的收益，相当于净值是从1元到了3.017 5元，年化收益率是11.68%。做好优秀公司组合和优秀指数基金组合，资产配置组合取得了年均回报一成以上的收益率。

看似指数化的组合和指数基金，长期取得年化一成以上的收益率非常简单，其实没有那么简单。我的组合2011年、2012年、2013年这三年的收益基本颗粒无收，2014年、2015年翻倍，2016年、2017年、2018年这三年不仅没有收益还亏损了些，2019年、2020年收益翻倍再多一两成。长期组合穿越周期，三年持平，五年翻倍是常态，预期也要匹配。如下图所示。

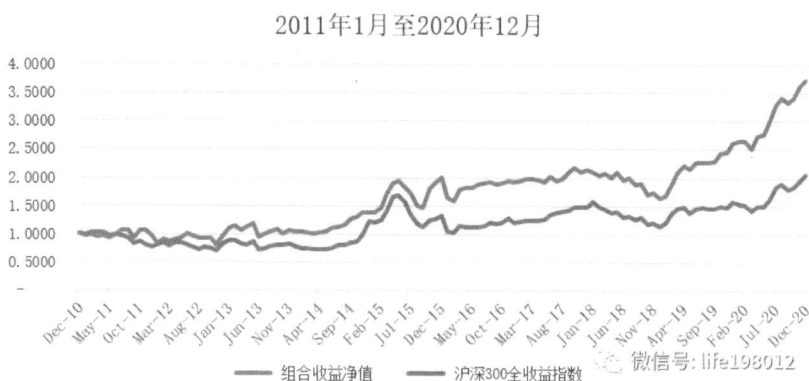

2011年1月至2020年12月

年份	年度收益	净值
2011	-3.88%	0.9612
2012	-0.25%	0.9588
2013	9.01%	1.0452
2014	32.79%	1.3880
2015	44.06%	1.9995
2016	-3.99%	1.9198
2017	11.21%	2.1350
2018	-23.22%	1.6391
2019	59.71%	2.6179
2020	42.43%	3.7287
2011年至2020年	年化收益率	14.07%

学习理财，从开源节流开始，从人生的目标开始，养成良好的习惯，培养良好的行为，远离诱惑和看似简单实际上不切实际的操作，远离低级错误和陷阱，构建成熟的投资理财体系，坚持、耐心、独立思考、多元思维、遵守纪律、

知行合一、怀着感恩的心与优秀公司一起成长。这些都是学习理财的目的。

第3节 理财就是理人生——做好资产配置，规划美好人生

理财从开源节流并且修炼成好的性格品质，做好收支计划，做好投资规划，到坚持资产配置和定投，坚持长期持有，整体贯穿到了人的一生当中。好好工作，努力赚钱，做好家庭资产配置规划，用理财知识做养老金和教育金规划，做个性化的适合自己的资产配置。所以，理财就是理人生。

我们还可以把我们学习到的知识应用到生活中的方方面面，计算一些日常生活中的开销，理性对待。如信用卡为我们提供了相当的便利，我们的资金可以放在货币基金里面生利息，开支刷信用卡或者支付宝的花呗等。最后，到了还款日期，再一次性地进行还款。

信用卡或者支付宝的花呗等有分期还款的功能，如果10 000元的年利率是7%，10 700元分12个月进行还款，每个月需要还约891.67元。因为利息是随着本金每月一起还的，所以实际利率应该比7%高。我们可以用IRR法计算一下，最后得出实际利率是13%左右。所以，我们尽量避免分期还款，还是量入为出，一月一清，如下表所示。

时间	月还款（元）	现金流（元）
初始		−10 000
第1月	891.666 666 7	891.666 666 7
第2月	891.666 666 7	891.666 666 7
第3月	891.666 666 7	891.666 666 7
第4月	891.666 666 7	891.666 666 7
第5月	891.666 666 7	891.666 666 7
第6月	891.666 666 7	891.666 666 7
第7月	891.666 666 7	891.666 666 7
第8月	891.666 666 7	891.666 666 7
第9月	891.666 666 7	891.666 666 7
第10月	891.666 666 7	891.666 666 7
第11月	891.666 666 7	891.666 666 7
第12月	891.666 666 7	891.666 666 7
终值	10 700	10 700
年化收益率（IRR）		12.68%

学会了理财知识，可以对财务目标有了设定，能对收入支出管理、资产配置组合和资金储备池等做好管理。理财可以开阔眼界，分清资产和负债，合理规划生活。养老金、子女教育金、生活零钱开支、组建家庭、买房、买车、旅游等方方面面，都会有更成熟的更好的决策。进而实现生活目标。

养成良好的理财习惯，无论经济环境起落，从容不定地经历财富各种阶段，从财富积累阶段、财富初级阶段、工作自由阶段到财富自由阶段的历练，学会不为自己的错误找借口。在消费盛行的社会，无论人生的哪个阶段，都有不断被刺激消费的欲望，一些消费打着投资自己的名义，点燃起来内心的欲望消耗着自己的现金流。有控制力的品质，能够开源节流，合理的预算收支平衡，理性和节制的消费，不会轻易消耗现在的钱，更不会随意透支未来的钱。钱少也要尽早投资，建立自己的投资理念和投资哲学，掌握正确的投资方式，在时间复利下积累出来一笔可观的资产。

理财不仅体现在物质上的富足，更重要的是体现在精神上的富足。开源节流、合理消费、合理资产配置、稳健投资、不追求暴利反贪婪反恐惧、在低迷时不离不弃，在高涨时才有收获，这些都离不开正直、节俭、自律等优秀的品质和性格。理财可以培养优秀的品质和性格。同样一件事情，成熟度和心情不同，自然解释不同。市场上涨，感恩市场带来的收益；市场下跌，感恩市场带来的慢慢定投的机会；牛熊周期循环下来，感恩自己的坚持和付出得到的回报。感恩者积极向上，随着市场的价值回归，自己的领悟和积累的资产都上了一层台阶。心境的不同，结果也不同。首先实现心灵的富足自由，离着财务自由也就不远了。世界价值投资大师也是哲学智慧大师，在价值投资的路上，拥有健康的生活习惯、生活品质和心态，自然也能够健康长寿。

理财是整理财富状况和心绪，扫清杂乱，让内心的人生目标变得越来越清晰，在前行的路上，随着时间的积累和沉淀，在物质和精神上双丰收，实现美好的价值人生。

总结

1. 管理存量资金和增量资金,用资产配置+定投的方式配置构建的基金基金+公司组合。

2. 根据不同阶段的实际情况,选择匹配的资产配置和定投的策略。

3. 会用内部收益率法演算规划人生目标,实现长期复利。

4. 深刻理解开源节流,培养好的理财习惯有利于培养好的性格,进而影响人生。

5. 理财不仅体现在物质上的富足,更重要的是体现在精神上的富足。理财让内心的人生目标变得越来越清晰,在前行的路上,随着时间的积累和沉淀,在物质和精神上双丰收,实现美好的价值人生。

后 记

　　指数基金的发展进入了快车道，不仅有境内指数基金，还有境外指数基金，不仅有股票、债券、货币指数基金，还有REITS、商品、黄金原油等各类指数基金可供资产配置。指数基金未来的增长空间巨大。中国指数基金规模和指数基金规模占权益基金的比例，都远远不及美国。2019年以来，各种Smart Beta指数基金、各种境外指数基金，包括大类资产指数基金等类型的产品都开始纷纷成立。指数基金的发展是一片红海，业余投资者用低成本的、透明的指数基金做科学的资产配置和定投，往往可以战胜大部分的专业投资者。

　　在完成本书时，沪深300全收益指数、央视财经50指数等一些宽基指数和优秀策略指数均不断地创出并且刷新了历史新高，此类指数的收益也是价值投资者普遍能够达到的收益。用存量资金做资产配置，用增量资金做定投，做好指数基金和公司股票组合，长期持有，在人生的道路上滚好财富的雪球，做好合理的理财规划，实现美好的价值人生。

　　最后，感谢家人、朋友、读者、指数公司、出版社以及社会各界人士的大力支持，协助作者完成了本书。希望本书能够给投资者们带来一些启发，祝投资者们找到自己的方法，实现自己的价值人生，拥抱美好的未来！